Teaching for learning：
Research on the
learning-centered teaching

雷浩 著

为学而教

学习中心教学的研究

华东师范大学出版社

·上海·

图书在版编目(CIP)数据

为学而教：学习中心教学的研究/雷浩著. —上海：华东师范大学出版社,2021
ISBN 978-7-5760-1749-6

Ⅰ.①为… Ⅱ.①雷… Ⅲ.①中小学－课堂教学－教学研究 Ⅳ.G632.421

中国版本图书馆 CIP 数据核字(2021)第 131167 号

为学而教：学习中心教学的研究

著　　者　雷　浩
责任编辑　彭呈军
特约审读　聂夏北
责任校对　刘伟敏　时东明
装帧设计　刘怡霖

出版发行　华东师范大学出版社
社　　址　上海市中山北路 3663 号　邮编 200062
网　　址　www.ecnupress.com.cn
电　　话　021-60821666　行政传真 021-62572105
客服电话　021-62865537　门市(邮购)电话 021-62869887
地　　址　上海市中山北路 3663 号华东师范大学校内先锋路口
网　　店　http://hdsdcbs.tmall.com

印 刷 者　上海锦佳印刷有限公司
开　　本　787×1092　16 开
印　　张　18.25
字　　数　296 千字
版　　次　2021 年 9 月第 1 版
印　　次　2021 年 9 月第 1 次
书　　号　ISBN 978-7-5760-1749-6
定　　价　58.00 元

出 版 人　王　焰

(如发现本版图书有印订质量问题,请寄回本社客服中心调换或电话 021-62865537 联系)

推荐序

　　随着互联网技术的发展,以人工智能、互联网、大数据等为代表的新一轮科技革命和产业革命给社会带来的激烈竞争前所未有。国家之间竞争的核心是人才竞争,即如何培养出适应未来社会发展的人才是竞争的核心所在。人才培养的关键是学校教育,学校教育的主阵地是课堂教学,在一定程度上可以这样说:有什么样的课堂教学,就会培养出什么样的人才。正因如此,国际社会普遍关注课堂教学变革。在这一背景下,美国推出了基于 21 世纪技能的课堂教学变革①,日本也开始了基于学生学力的教学变革②,欧盟更是尝试着开展指向核心素养的课堂教学变革。③ 然而,这些教学变革均有一个重要的指向,即聚焦学生学习。因此,传统的以教师教授为主、学生被动接受的课堂教学形式已经不能适应现代社会发展需求,学习中心教学研究必然成为国际课堂教学研究的主流趋势。

　　在我国,学习中心教学也受到了持续关注。2001 年 6 月,教育部颁布的新课程改革纲领性文件——《基础教育课程改革纲要(试行)》中明确指出:"改变课程实施过于强调接受学习、死记硬背、机械训练的现状,倡导学生主动参与、乐于探究、勤于动手,培养学生搜集和处理信息的能力、获取新知识的能力、分析和解决问题的能力以及交流与合作的能力。"④由此可见,该文件指出教学是课程实施的重要路径,并且指明了未来教学的变革方向:改变以教师为中心的讲授教学,走向学习中心的教学。随后,学习中心教学研究开始引起教育理论和实践研究者们的广泛关注。到了 2010 年,教育部颁布了《国家中长期教育改革和发展规划纲要

---

① National Research Council. Education for life and work: Developing transferable knowledge and skills in the 21st century [M]. Washington, DC: National Academies Press, 2012.

② 钟启泉. 新《学习指导要领》的理念与课题——日本教育学者梶田叡一教授访谈[J]. 全球教育展望, 2008,37(8): 6—11.

③ 裴新宁,刘新阳. 为 21 世纪重建教育——欧盟"核心素养"框架的确立[J]. 全球教育展望,2003, (12): 89—102.

④ 中华人民共和国教育部. 基础教育课程改革纲要(试行)[EB/OL]. (2001 - 06 - 08)[2021 - 08 - 06]. http://www.moe.gov.cn/srcsite/A26/jcj_kcjcgh/200106/t20010608_167343.html.

(2010—2020 年)》，该纲要的总体工作方针是："优先发展、育人为本、改革创新、促进公平和提高质量，即把教育摆在优先发展的战略位置；把育人为本作为教育工作的根本要求；把改革创新作为教育发展的强大动力；把促进公平作为国家基本教育政策和把提高质量作为教育改革发展的核心任务。"①这再一次强调了"以人为本"的教育理念，而要实现以人为本的教育，教学是一个关键环节。2014 年，教育部颁布的《关于全面深化课程改革　落实立德树人根本任务的意见》也指出，学科教学要全面落实学生为本的教育理念。② 由此可见，学习中心教学研究已经成为深化和推进课程改革的重要抓手。

　　学习中心的教育思想源远流长，③但是学习中心的课堂教学实践却只有短暂的历史，甚至"学习中心"（Learner-centered/Learning-centered）这一词语直到 20 世纪中期才被广泛接纳和应用。④ 19 世纪末随着进步主义教育思潮的兴起，以及建构主义和人本主义心理学思潮的发展，教学实践中逐渐出现了"动手做""活动""小组合作"等课堂教学方式来取代传统讲授的样态。在这种教学实践中，学生可以和教师共同决定课堂学习中做什么、怎么做。当然，这种教学实践的前提是学生能够建构自己的学习。杜威批判传统教学忽视儿童与社会生活之间的联系，不利于学生开展学习，提出了教育即生长的论断。⑤ 维果茨基提出，学生的课堂学习是一种社会建构，即在情境中，个体通过与他人互动来进行学习。⑥ 人本主义心理学家罗杰斯则提出了指向学生自我实现的非指导性教学。⑦ 因此，学习中心教学旨在改变传统教学中教师中心或者内容中心的状况，并将教学重心转移到学生学习。

　　从立场来看，学习中心教学强调学生对自己的学习负责任。学习是学生的责

---

① 中华人民共和国教育部. 国家中长期教育改革和发展规划纲要（2010—2020 年）. [EB/OL]. (2010 - 07 - 29)[2021 - 08 - 06]. http://www.gov.cn/jrzg/2010-07/29/content_1667143.htm.
② 中华人民共和国教育部. 教育部关于全面深化课程改革落实立德树人根本任务的意见. [EB/OL]. (2014 - 04 - 08)[2021 - 08 - 06]. http://www.moe.gov.cn/srcsite/A26/jcj_kcjcgh/201404/t20140408_167226.html.
③ Chung, S., Walsh, D. Unpacking child-centredness: A history of meanings [J]. Journal of Curriculum Studies, 2000, 32(2), 215 - 234.
④ Plowden, B. Children and their primary schools [M]. London: H. M. S. O., 1967.
⑤ Dewey, J. Experience and education [M]. New York: Macmillan, 1997.
⑥ Vygotsky, L. S. Thought and language [M]. Cambridge, MA: MIT Press, 1986.
⑦ 张大均. 教育心理学[M]. 北京：人民教育出版社，2011：87.

任,学习中心教学通过提升学生学习参与度来帮助学生成为学习的主人,对自己的学习负责任。正如厄尔·凯利所讲:"自我的成长必须要感觉到自己投入其中,只有这样才是真正的成长。"①学习中心教学中,学生对于课堂学习有自己的理解,而不再被动接受安排。为了促进学生获得学业成功,学校会安排可供选择的课堂活动;课堂学习方式上也因人而异,学生通过自主探索形成适合自己的学习方式,这不仅促进了当前的学习,还有利于促进终身学习。从自我决定理论的角度来看,学生在衡量自身学习的时候,学习本身就变成了一种对后续学习的激励。也就是说,学习是个体成长的一种重要方式,学生可以根据自己的学习感受来反思和调节自身的学习实践。在这种课堂教学中,学生不再只是信息的被动接受者,还成为内化加工信息的主体;教师不再是信息传递者,而成为了学生学习的引起者、维持者和促进者。

从目标来看,学习中心教学指向学生素养的培养。传统教学的出发点聚焦于知识和技能的记忆、理解;而学习中心教学更加注重学生知识和技能运用之后所形成的关键能力,还关注学生必备品格以及价值观念的培养。传统教学为了实现其目标,在学习方式上学生对教师所灌输的知识和技能进行简单记忆背诵和重复操练的特点比较突出;而学习中心教学则聚焦于学生素养目标,在课堂教学中采用学习任务、项目化、主题式、问题解决式的方式。以问题解决教学为例,教学不再是简单地向学生头脑中灌输信息,而是引导学生提出问题,并且创造机会让学生建构或者设计问题解决方案以及指导问题解决。学生提出问题和设计问题解决方案的过程就是学生学习的过程,不再是被动等待教师的答案。因此,学习中心教学针对素养目标,并且提供了相应的学习方式来落实这一目标。

从组织方式来看,学习中心教学能够助力学习共同体的建立。一个良好的学习共同体主要涉及主体、愿景、目标、场所、方式等内容。在学习中心教学中,主体包括教师和学生,改变了传统教师灌输、学生被动接受的样态,形成了学生主动参与、教师促进学生学习的新样态。在愿景上,传统教学中,教师关注教学内容的完成情况,学生只关注学业成绩;而在学习中心教学中,教师和学生的共同愿景指向

---

① Combs, A. Perceiving, behaving, becoming [C]. Washington, DC: Association for Supervision & Curriculum Development, 1962.

实现学生素养发展。在目标上，从知识和技能目标，走向聚焦于学生核心素养的发展。在场所上，改变教师"一言堂"的课堂，走向教师和学生共同参与、各自分工的课堂。在方式上，从信息的单向传递，走向基于信息的师生互动和生生互动。

由上述分析可知，学习中心教学已经成为国内外课堂教学的主要趋势。然而，目前我国学习中心教学情况如何呢？雷浩博士的成果聚焦于学习中心教学理论模型建构，然后结合访谈和"中国学校课程与教学调查项目"（Investigation of Curriculum and Instruction in China，ICIC）大型数据库，对我国学习中心教学展开了系统研究。

该成果的主要内容是：其一，通过质性研究方法，验证并修订了布伦伯格的学习中心教学理论框架；其二，编制了学习中心教学评估工具；其三，揭示了我国学习中心教学的现实状况；其四，探讨了教师信念和学校管理因素对学习中心教学的影响机制；其五，检验了学习中心教学对学生非学业成就和学业成就的影响程度；其六，基于上述研究发现，提出了深化我国义务教育阶段课程教学改革的建议。

该成果基于理论，采用质性和量化研究方法，深入研究了我国义务教育阶段学习中心的教学。其重要意义体现在以下三个方面：其一，澄清了学习中心教学的理论框架，为后续学习中心教学理论和实践研究提供了重要的知识基础；其二，该成果结合质性和量化研究方法开展课程与教学研究，为该领域的研究提供了重要的方法路径支持；其三，该成果揭示了我国义务教育阶段课程改革的现实状况，为后续课程改革深化推进提供了重要的实证依据。

雷浩博士的此项成果涉及"国家需求、学术前沿、教师关切"，具有一定的独创性、新颖性与引领性。期待有更多的同仁投身到这一新时代的伟大事业之中！

崔允漷

2021 年 8 月

（教育部人文社会科学重点研究基地华东师范大学课程与教学研究所所长，教授，博士生导师）

目录

第六章　综合视域下学习中心教学的形成机制和功能机制检视　181

第七章　综合视域下学习中心教学研究的趋势与展望　237

第一章
为何要研究学习中心教学

　　教学是一项专业性和实践性都非常强的工作,如何实施有效教学和改进教学质量是教育理论和实践研究者都需要回应的重要话题。然而,要实施有效教学或改善教学质量一方面应该站在合适的立场,思考什么样的教学才是有效教学;另一方面,与传统的教师中心和内容中心的教学相比,学习中心教学是研究者们都认可的一种有效的教学方式。[1][2] 这种教学改变了教师控制的教学传统,指向教师创造条件帮助学生实现自主和负责任的学习。我国基础教育新课程改革也一直在倡导"学习中心"教学。鉴于此,本研究聚焦于学习中心教学的研究。

　　学习中心教学是世界教育变革的重要产物,我国新课程改革也极力推崇这种课堂教学形式。目前学习中心教学的研究显然已经成为了教育教学变革中的一个重要话题。然而,支撑这一话题深入研究的实践和理论又是什么呢? 这些实践和理论研究背后又存在什么样的潜在危机呢? 这些危机的根源在哪里呢? 要回应这些问题,需要我们对目前的课堂教学状况做出客观和准确的判断。

一、学习中心教学的研究——新课程改革的实践诉求

　　教学承载着课程理念和思想,它是实现课程目标的重要策略,是关系课程改革成功与否的关键。综观世界各国的课程改革,无一不把教学变革摆在突出的位

---

[1] McCombs, B. , & Whistler, S. The learner-centered classroom and school: Strategies for increasing student motivation and achievement [M]. San Francisco, CA: Jossey Bass, 1997.

[2] Blumberg, P. Developing learner-centered teaching: A practical guide for faculty [M]. San Francisco, CA: Jossey-Bass, 2009.

置,甚至在一些语境中课程改革直接被称为教学改革。自上世纪末的新课程改革以来,世界各国均极力倡导学习中心教学,虽然各国具体做法不大相同,但是也呈现出了一些供借鉴的共同特征。

(一)国际课程改革的实践经验:学习中心教学

当今社会正处于大变革大调整时期,文化的多元化、经济的全球化和政治的多极化深入发展,科技进步日新月异,人才竞争日趋激烈。而人才是通过教育来培养的,正因如此,各国都在开展课程变革来提高人才培养的质量,增强人才的国际竞争力。而教学是实现课程目标最直接的方式,因此世界各国都把提高人才质量寄托于教学变革。经过教育理论和实践的持续探索,各国均认识到传统的、只关注传授知识和技能的教师中心教学已经远远不能够满足当今人才激烈竞争的要求,更无法满足学生终身发展的需要。在此背景下,学习中心教学开始受到各国教育界的重视,并且逐渐成为各国课程改革的标志性词汇之一。

学习中心教学成为课程改革必须涉及的内容,众多国家均以学习中心教学为载体来展开教育变革。早在20世纪六十年代英国普劳顿报告书(The Plowden Report)就指出传统的教师中心教学已经不能适应社会发展的需要,因此该报告倡导实施学习中心的教学方式,之后这一概念在英国被广泛地采用。[1] 随后,在英国的课程改革中,学习中心教学扮演着重要的角色,每一阶段学习中心教学的内涵也都在不断完善。日本在1984年的新课程改革中提交的第一份报告就把重视学生个性作为首要原则,这份报告还包括:培养学生的创造性思考能力和表达能力,扩大学生受教育的机会等内容[2]——这些内容无一不指向学习中心教学。1998年,日本教育审议会提交了《从幼儿期开始的心灵教育》的咨询报告,该报告的核心就是学生的心灵教育。[3] 2008年日本颁布了《学习指导要领》,该文件启动了日本的新课程改革,这次课程改革的目的在于形成每一个儿童的"扎实学力"。[4] 由此可见,日本课程改革也指向学生。

---

① Plowden, B. Children and their primary school [R]. HMSO, London, 1967.
② 顾明远. 课程改革的世纪回顾与瞻望[J]. 教育研究,2001,22(7):15—19.
③ 顾明远. 课程改革的世纪回顾与瞻望[J]. 教育研究,2001,22(7):15—19.
④ 钟启泉. 新《学习指导要领》的理念与课题——日本教育学者梶田叡一教授访谈[J]. 全球教育展望, 2008,37(8):6—11.

美国是学习中心教学研究的主要阵地。美国心理学会（American Psychological Association，APA）于1993年最先提出了学习中心的原则，这一原则最初是作为学校课程变革的基础而提出来的。[①] 该原则主要包括：认知与元认知方面、动机与情感因素、发展与社会因素、个体差异因素。[②] 后来麦库姆斯和米勒（McCombs & Miller，2007）进一步发展完善了该原则，并且在此基础上建构了学习中心教学的分析框架，该框架是根据学段的不同来建构的。[③] 这一框架被实践研究者们用于指导他们自己的课堂教学改革实践。[④] 另外，美国学者韦默（Weimer）于2002年根据自己的教育教学改革实践建构了新的学习中心教学的分析框架，该框架主要是从教育的视角出发进行建构的，其主要内容是：教师角色、学习责任、内容功能、权力平衡以及目的与评价过程。[⑤] 布伦伯格（Blumberg，2009）在韦默的基础上，结合自己的教学改革实践将这一框架进一步分解，并且建构了学习中心教学的评估模型。[⑥] 之后，这一模型被广泛运用于教育教学改革中。[⑦]

在我国，学习中心的教学也被新课程改革所强调。2001年，我国新课程改革的纲领性文件——《基础教育课程改革纲要（试行）》中明确指出："改变课程实施过于强调接受学习、死记硬背、机械训练的现状，倡导学生主动参与、乐于探究、勤于动手，培养学生搜集和处理信息的能力、获取新知识的能力、分析和解决问题的

① Chou，C. C. Formative evaluation of synchronous CMC systems for a learner-centered online course [J]. Journal of Interactive Learning Research，2001，12(2)，173－192.

② McCombs，B.，& Whistler，S. The learner-centered classroom and school：Strategies for increasing student motivation and achievement [M]. San Francisco，CA：Jossey Bass，1997.

③ McCombs，B. L.，& Miller，L. Learner-centered classroom practices and assessments：Maximizing student motivation，learning，and achievement [M]. Thousand oaks，CA：Corwin Press，2007.

④ Deakin Crick，R.，McCombs，B.，Haddon，A.，Broadfoot，P.，& Tew，M. The ecology of learning：factors contributing to learner-centered classroom cultures [J]. Research Papers in Education，2007，22(3)，267－307.

⑤ Weimer，M. Learner-Centered Teaching：Five Key Changes to Practice [M]. San Fransisco，CA：Jossey-Bass，2002.

⑥ Blumberg，P. Developing learner-centered teaching：A practical guide for faculty [M]. San Francisco，CA：Jossey-Bass，2009.

⑦ Al-Zu'be，A. F. M. The difference between the learner-centred approach and the teacher-centred approach in teaching English as a foreign language [J]. Educational research international，2013，2(2)，24－31.

能力以及交流与合作的能力。"①自此开始,教学成为了课程实施的重要策略,即这时候我国的课程改革已经明确提出了改变以教师为中心的讲授课堂教学,进而走向学习中心的课堂教学。随后,研究者们开始探索学习中心教学的理论和实践。到了 2010 年,教育部颁布了《国家中长期教育改革和发展规划纲要(2010—2020年)》,该纲要的总体工作方针是:"优先发展、育人为本、改革创新、促进公平和提高质量,即把教育摆在优先发展的战略位置;把育人为本作为教育工作的根本要求;把改革创新作为教育发展的强大动力;把促进公平作为国家基本教育政策和把提高质量作为教育改革发展的核心任务。"②这又一次强调了"以人为本"的教育理念,而要实现以人为本的教育,教学是一个关键环节。因此,目前开展学习中心教学的研究和实践已经成为我国课程改革的重要方向之一。

虽然世界各国在课程改革实践中均强调学习中心的教学,并且在课堂教学实践中也取得了许多有价值的研究成果。然而,当前的教育教学实践状况远没有我们想象的那么乐观,有些问题还需要进一步探究。

(二) 我国课程改革的实践困境

1. 摆脱低效教学和被动学习的困境:让学生主动体验学习过程

如果我们去调查,会发现:随着新课程改革的推进,新课程改革所倡导的先进的教学理念已经被众多教育学者和教育教学实践者所接受,③甚至有的研究者认为:"新课程改革实施以来,教学理念已经发生了实质性的改变(从教师转向学生)。"④然而,在现实的课堂教学实践中,由于受传统文化的影响,教师占据着主导地位,主宰着教学流程,拥有特殊的话语权,学生处于被动学习的地位。⑤ 以教师控制为特征的低效教学和被动学习状况仍然大量存在。迄今为止,在中小学的教学实践中,教师中心、书本中心、课堂中心仍然是重要的特征,学习活动紧紧地围

① 中华人民共和国教育部. 基础教育课程改革纲要(试行). [EB/OL]. http://www. moe. edu. cn/publicfiles/business/htmlfiles/moe/moe_309/200412/4672. html, 2001.
② 中华人民共和国教育部. 国家中长期教育改革和发展规划纲要(2010—2020 年). [EB/OL]. http://www. moe. edu. cn/publicfiles/business/htmlfiles/moe/moe_838/201008/93704. html, 2010.
③ 崔允漷. 基于课程标准:让教学"回家"[J]. 基础教育课程,2011,(12):40—42.
④ 王嘉毅,马维林. 再论"以学生为中心"的教学意蕴与实践样态[J]. 中国教育学刊,2015,(8):67—72.
⑤ 陈刚. "学本课堂"的深度思考[J]. 教育理论与实践,2016,36(2):51—53.

绕这三个中心展开。[1] 极端的教师中心的讲授型课堂仍然占有一定比例，[2]相关的调查研究也显示：我国目前教师完全讲授型的课堂还是占到了 10％左右的比例。[3] 由此可见，目前低效教学状况是普遍存在的一种现象。

其实针对教师的低效教学，很多老师自己也是非常头疼的。这种教学主要表现为：教学行为模式化、教学内容被肢解、重复教学、学生被动听讲和做笔记等。其本质是忽视学生的学习主动性，给学生灌输知识，让学生被动参与课堂学习。即低效教学导致了学生的被动学习。那么，为什么教师的低效教学会造成学生的被动学习呢？根据建构主义教学观的代表人物斯皮罗（Spiro，1991）的观点，教学一方面是为学生提供建构理解所需的基础；另一方面又要给学生留下广阔的空间，让其根据具体情境采用适当的学习策略。[4] 由这种观点可知，有效教学能为学生提供知识基础并为学生的自主学习创造条件。然而，低效教学往往只是机械和片面地将教学理解为给学生灌输知识和技能。这种灌输式的教学不仅无法为学生学习提供知识基础，还束缚了学生高阶思维能力的发展，最终制约学生终身学习能力的发展完善，更重要的是低效教学忽视了为学生自主体验学习过程提供空间。

让学生自主体验学习过程之所以能够提高教师的课堂教学效率，其主要原因有：其一，给予学生自主体验学习过程的空间有利于学生自己进行知识建构。只有给予学生充分的自主时间，学生才能够自主地、能动地、创造性地开展思考和活动。而唯有当学生能够自主地、能动地、创造性地展开思考和活动时，才谈得上建构知识；[5]其二，让学生自主体验学习过程有利于拓展学生的认知广度。让学生主动体验学习过程并不是让学生孤立地推进学习，而应该是在与同伴和教师的互动中自主地调控自己的学习过程。[6] 在这种互动的过程中，学习共同体成员之间会

---

① 徐冰鸥，王嘉毅. 西北贫困农村小学社会课程实施的个案调查[J]. 基础教育学报，2001，（2）：33—46.

② 陈佑清. 建构学习中心课堂——我国中小学课堂教学转型的取向探析[J]. 教育研究，2014，35(3)：96—105.

③ 雷浩. 初中语文课型特征分布的实证分析[J]. 全球教育展望，2015，44(1)：25—34.

④ Sapiro，R. Cognitive flexibility，constructivism and hypertext [J]. Educational technology，1991，19，24‐33.

⑤ 钟启泉. "课堂互动"研究：意蕴与课题[J]. 教育研究，2010，31(10)：73—80.

⑥ 钟启泉. 课堂研究[M]. 上海：华东师范大学出版社，2016：51.

表达各自的学习见解,学生认真倾听学习共同体中同伴和老师的观点并且将其内化,这自然就会拓展学生的认知广度;甚至有研究指出:"倘若忘却了'认知发展的高度唯有同时在认知的广度(集体思维)之中才能达成'这一教学过程的原则,那就不可能把握真正意义上的集体学习。"①

由上述分析可知,要摆脱低效教学和被动学习的困境,让学生自主体验学习过程是非常重要的策略,而让学生体验学习过程又是学习中心教学的重要表征之一。当然,目前处于新课程改革的深化阶段,也存在不少形式化教学和虚假学习的状况。

2. 规避形式化教学和虚假学习的现象:让学生负责任地学习

学习中心教学的理念在上世纪中期就已经受到研究者们的重视,②但是在现实的课堂教学中,形式主义的学习中心教学随处可见。③ 如果深入课堂,就会发现:在有些课堂上,教师刚提问,学生就立马能够准确地回答,这样的课堂看似精彩,实则缺少深度,因为学生并没有自己的思考,而只是在迎合教师的意图和复述书本上的东西。④ 当然,还会存在另外一种课堂,即教师们为了让自己的课堂教学与新课程改革理念保持一致,特意在课堂教学中安排很多的教师和学生"你问我答"的情况,这种课堂氛围看似特别活跃,但是其实很多提问内容与学习目标关系不大。上述两种形式化的学习中心教学在本质上还是教师控制的课堂教学。在这样的课堂中是教师唱独角戏,学生则在配合教师的表演;这样的教学只有唯一的知识答案,没有教学内涵的展现,没有产生学生的不同声音,更没有关注学生的情感、态度和价值观。形式化教学的本质是排斥学习中心的教学方式,这种教学仍然是教师中心而非学习中心,学生的学习是灌输式教学的另一种表现形式而非学生主动发现的学习。⑤ 正如佐藤学所说,在现阶段的很多课堂上即使出现了议

---

① 全国授业研究协会. 教学组织化入门[M]. 东京:明治图书,1970:114.

② Plowden, B. Children and their primary school [R]. HMSO, London, 1976.

③ Guthrie, G. The failure of progressive classroom reform: lessons from the curriculum reform implementation project in Papua New Guinea [J]. Australian Journal of Education, 2012,56(3), 241 - 256.

④ 陈刚. "学本课堂"的深度思考[J]. 教育理论与实践. 2016,36(2):51—53.

⑤ 潘蕾琼,黄甫全,余璐. 学习中心与知识创造-21 世纪学习学术发展彰显课程改革两大新理念[J]. 课程·教材·教法,2016,36(1):12—19.

论风生的课堂教学,但那也有一种不伦不类的感觉。①

形式化的教学的关键表征是:课堂气氛看似活跃,教师看似教得很欢乐,学生看似学得很愉快,但是这种教学要么游离于学生的学习目标,要么对学习内容浅尝辄止。究其原因是学生的虚假学习给教师造成了一种误导。那么为什么虚假学习能够误导教师呢? 这可能是因为:其一,以学定教已经成为一种共识,教师看到学生在课堂上表现很好(虚假表现),就会自以为学习目标已经达成;其二,课堂虚假的合作学习影响了教师的课堂教学安排,致使深度教学无法展开;其三,学习效果最终是通过学生的学习表现出来的,而学生的虚假学习表现必然会导致教师无法准确收集学生的学习信息,最终造成形式化教学。其实虚假学习的本质就是学生不负责任地学习;而学习责任是学习中心教学的核心表征之一。② 因此,探究如何通过开展学习中心的教学来培养学生的学习责任进而克服教师形式化教学是非常必要的。

综上所述,虽然新课程改革背景下的课堂教学特别关注学习中心教学,但是教学实际中的低效教学和被动学习、形式化教学和虚假学习也严重制约着学习中心教学的实施。因此,深入研究学习中心教学成为一种现实需要。

二、学习中心教学的研究——理论发展的需要

国际课程改革已经取得了举世瞩目的成就,尤其是学习中心教学理论的研究。然而,国内学习中心教学理论的研究才刚刚起步,还存在诸多不尽人意的方面。

(一) 国际上教学理论研究范式的转换: 由关注"教"转向关注"学"

教师或者学生是否作为教学和学习过程的中心主要取决于背后特定的学习

---

① 佐藤学.教师的挑战:宁静的课堂革命(建立以倾听和对话为基础的学习共同体)[M].上海:华东师范大学出版社,2012:49.

② Weimer, M. Learner-centered teaching: Five key changes to practice [M]. San Fransisco, CA: Jossey-Bass, 2002.

理论。① 经验主义的模型——行为主义曾经在全球的教育领域占据主导地位。② 行为主义学习理论是教师中心教学的支持性理论。教师中心的教学既方便又经济,并且能够较好地适合专制视角下的教师角色,即教师是知识的承包商(Purveyor of Knowledge)。③ 信息通过刺激来传送给学生,而学生则通过在考试中的良好表现来回应这种刺激,学业成绩是教师给予学生的外部强化。教师在教学和评价中起着决定性的作用。行为主义理论非常明显地贯穿于教学的各个阶段,比如教师一节课又一节课重复地使用讲授方式。掌握学习作为行为主义的一个分支,其倡导基于行为目标的学习,这就导致了基于学习结果或者教育结果的理念被运用于课堂教学中。在教育中关于能力为本的教育包括了学习的认知、精神和情感等内容。而能力的这些方面又创造着行为结果(结果为本的学习),然后这些行为结果被运用在评价目标中。作为最初的构想,"布鲁姆(Bloom,1968)……勾画了一个特定的教学策略……将此称之'为了掌握的学习',后来将其简化为'掌握学习'"。④ 其是以定义单元教学目标(这包括反馈、试误、强化和一致性等因素)为特征的。古斯克(Guskey,2005)将行为目标(最重要的行为目标就是掌握学习)作为一种教育方式,这种学习具有学习中心的特征,因为该理论坚称所有的学生都有学习的潜能。⑤ 但是,莱文(Levine,1985)对这种教学方式总结道:"这种教学将学生的学业成败主要归结于教学,采用这种类型的教学方式的教师是失败的。"⑥因为,掌握学习是一种在教学中强调义务、责任和满意表现的压力源。

在基于结果的教育(Outcome-Based Education)中,期望的学习结果是最重要的,教师是来适应和支持这些被期望的学习结果的。斯帕德(Spady,1988,1994)

① Verst,A. L. Outstanding Teachers and Learner-Centered Teaching Practices at A Private Liberal Arts Institution [D]. Cambridge:ProQuest, UMI Dissertation Publishing, 2010.

② Bloom,B. S. Human characteristics and school learning [M]. New York:McGraw-Hill, 1976.

③ Stepp-Greany, J. Student perceptions on language learning in a technological environment:Implications for the new millennium [J]. Language Learning & Technology, 2002,6(1),165 – 180.

④ Bloom,B. S. Learning for mastery [J]. Evaluation Comment, 1968,1(2),1 – 5.

⑤ Guskey, T. R. Formative classroom assessment and Benjamin S. Bloom:theory, research, and implications [C]. Paper presented at the annual meeting of the American Educational Research Association, Montreal, Canada, 2005.

⑥ Levine, D. Improving student achievement through mastery learning programs [M]. San Francisco, CA:Jossey Bass, 1985.

则认为,在本质上,基于结果的教育不是学习中心,而应该是结果中心。^① 托尔斯·G和托尔斯·J(Towers & Towers,1996)的研究发现:随着研究的拓展,基于结果的教育被广泛地运用在教学实践中。^② 尤其在美国的基于结果的教育中广泛地采用了这种策略,并且开发评估工具来判断学生在指定课程学习中的能力。这种教学的重要特征之一是:课程内容不是协商的结果。

现实教学中,很多课程是根据掌握学习或者基于结果的学习(Outcome-Based Learning)范式来进行管理的。在掌握学习中,课程内容是教师指定的。掌握学习具有多方面的影响,尤其是它能够对学校教学改进产生重要影响。当然也能够对课程产生影响,即它要求学生掌握所有学习过的课程内容,尤其是当学生参加学校和各级统一考试的时候。掌握学习是一种确保学生能够发展自己能力的教学方式。

当学生试图将教学实践与学生的学习结果联系在一起的时候,现实问题就产生了。因为有些间接性的变量会干扰和影响学生的学习结果,这就使得对教学方式和学生的表现做出对比非常困难。围绕着学习测量、缺少标准化测试、不可控制的变量和追踪学生的进步等内容,问题就会变得越来越多,相应的,数据收集更加困难。因此,收集的各种数据很难用于促进教学质量的改善。^③

随着教学理论的发展,逐渐形成了一些与行为主义形成鲜明对比的教学理论,这些理论均强调学习者在学习过程中扮演着一个更加积极主动的角色。这些理论主要包括:人本主义理论、认知主义理论和社会建构主义理论。这些理论的一个共同特点就是认为教学和学习不应该使用奖惩的方式来对待学生的自我效能感、成绩和学校氛围。^④

---

① Spady, W. G. Organizing for results: The basis of authentic restructuring and reform [J]. Educational Leadership, 1988,46(2),4-8.

② Tower, G. C., & Towers, J. M. An elementary school principal's experience with implementing an outcome-based curriculum [J]. Contemporary Education, 1996,68(1),67-72.

③ American Association of State Colleges and Universities. Developing evidence & gathering data about teacher education program quality [R]. American Association of State Colleges and Universities, 2007.

④ Calfee, R. C. & Berliner, D. C. Introduction to a dynamic and relevant educational psychology [A]. In D. C. Berliner & R. C. Calfee (Eds.) Handbook of educational psychology [C]. New York: Macmillan, 1996,1-11.

人本主义理论强调学习者的人性(Humanity)特征,这种理论的拥护者认为学习者是有内在动机的。[①](这一理论中的关于学习中心的内容将在理论基础部分详细介绍)。学习的信息加工理论的代表性人物是加涅(Gagne),他提出了学习的信息过程模型,该模型假设概念知识是被分层分布在头脑中的;在他看来,学习具有八个层次:动机阶段、领会阶段、获得阶段、保持阶段、回忆阶段、概括阶段、操作阶段和反馈阶段。[②] 加涅关于学习的很多术语与布鲁姆的概念学习的目标分类有相似之处,[③]它们是行为主义的副产品,这与加涅的学习背景有关,因为加涅在求学过程中经过了严格的行为主义训练。掌握是行为主义的成分,在打破现在的概念分层之前,任何操作成分的先决技能都需要被掌握,而加涅则使用任务分析(将学生的学习任务分层)的方式来打破这一现象。在某种程度上,杜威(Dewey)在他的任务分析中也赞成这种思想,[④]他们认为学习是建立在先前经验基础之上的。[⑤] 布鲁纳(Bruner,1966)提倡这种学习类型,他称之为"逐渐趋近(Successive Approximations)"。[⑥] 后来,建构主义的一个分支——激进建构主义主张:在一定程度上,每个个体的大脑所认识的现实是不一样的。[⑦]

今天的教育理论寻找了这些理论模型的更多的共同特征。其中最有影响的教学和学习理论——社会历史或者文化历史理论(Social Historical or Cultural Historical Theory),[⑧]是在行为主义、掌握学习、人本主义和激进建构主义的基础

① Rogers, C. R. Freedom to learn: A view of what education might become [M]. Columbus, OH: Merrill, 1969.
② Gagne', R. M. The conditions of learning and theory of instruction (4th ed.) [M]. New York: Holt, Rinehart & Winston, 1985.
③ Bloom, B. S. Human characteristics and school learning [M]. New York: McGraw-Hill, 1976.
④ Vanderstraeten, R., & Biesta, G. Education, diversity, and constructivism: A pragmatic point of view [C]. Paper presented at the Annual Meeting of the American Educational Research Association, San Diego, 1998.
⑤ 程天君. 教育无目的? 儿童中心论? ——杜威两个重要教育命题献疑[J]. 学前教育研究,2010,(6):3—7.
⑥ Bruner, J. S. Toward a theory of instruction [M]. Cambridge, Mass. : Harvard University Press, 1996.
⑦ Von Glasersfeld, E. Radical constructivism: A way of knowing and learning [M]. London: Falmer Press, 1995.
⑧ Newman, D., Griffin, P., & Cole, M. The construction zone: Working for cognitive change in school [M]. Cambridge, MA: Cambridge University Press, 1989.

上独立派生出的一个教学和学习理论流派。该理论是苏联著名心理学家维果茨基(Vygotsky)于20世纪三十年代中期提出的,他认为在儿童(学生)(新手)期人脑的发展是逐渐进行的,同时他将学生现有水平与其通过父母(教师)(专家)的支持和利用脚手架能够实现的水平之间的区域被称之为"最近发展区(Zone of proximal development,ZPD)"。[1] 在最近发展区中,专家保留将要发生的任务的一部分,并且允许新手抓住最低水平的内容。经过持续升级概念层次,最终专家允许新手自己解决完整的任务,并且鼓励新手去开发和创造额外的任务。在这里,社会和互动不只是提供人性化的和教养性的环境,它还要求学习者发展概念。为了更有效地整合各种学习理论,萨普和加利莫尔(Tharp & Gallimore, 1988)提出了文化历史活动情境(Cultural Historical Activity Setting)理论,在这里,任何活动情境都有五个变量,以课堂中的教师和学习者为例,它们分别是:(1)任务要求,比如更高水平的阅读能力;(2)脚本,比如做笔记的能力和紧跟讲授的能力;(3)可用于帮助建立脚手架的人员因素;(4)动机,比如愿意自己来实现目标;(5)信念或者价值,比如,教师的信念——学生能够成功,学生的信任——教师能够尊重他们和他们的能力。[2]

　　文化历史学习理论和建构主义的拥护者所持理论中的一些相同问题被整合进了社会建构主义理论。[3] 作为一种重要的学习理论,社会建构主义理论鼓励学生主动参与知识建构。学生参与和联系旧经验与新知识的能力是对建构主义的挑战。[4] 虽然建构主义理论最近特别流行,但是建构主义的思想并不新鲜。建构主义的思想在孔子、苏格拉底、柏拉图和亚里士多德以及奥古斯汀的著作中也有体现。[5] 这些早期的先哲们也谈到了知识的形成,洛克和康德认为人的知识与个体经验相联系,并且这些经验会产生新的知识。但是,建构主义的形成主要应该

---

① Vygotsky, L. S. Thought and language [M]. Cambridge, MA: MIT Press, 1986.

② Tharp, R. G. , & Gallimore, R. Rousing minds to life: Teaching, learning and schooling in social context [M]. Cambridge, MA: Cambridge University Press, 1998.

③ Fogarty, R. Architects of the intellect [C]. Paper presented at the Annual Conference and Exhibit Show of the Association for Supervision and Curriculum Development, San Francisco, 1999.

④ Fox, R. Constructivism examined [J]. Oxford Review of Education, 2001, 27(1), 23 - 35.

⑤ Henson, K. T. Foundations for learner-centered education: A knowledge base [J]. Education, 2003, 124(1), 5 - 12.

归功于皮亚杰,他是"建构主义之父",他认为智力具有两个相互联系的过程:同化和顺应。皮亚杰认为信息思维方式能够创造新的思想或者经验,通过同化和顺应,适应就发生了。新的信息能够丰富个体的认知框架或者引发变化来适应新的思想。

在现实教育中,建构主义理论根植于个人建构主义。将个人整合进建构主义理论导致了情境建构主义的发展。情境建构主义被定义为学习者怎么样解释现实事件和根据之前的经验和文化来内化构念。①

福克斯(Fox,2001)通过总结定义了建构主义的学习观点,即这些研究认为学习是一个活动过程,知识是社会建构的而不是个体发现的,并且每一个学习者都有一个"个人域"。学习也是一个理解世界的过程。

对很多教育研究者而言,教师课堂讲授的程度是学习中心的策略(或者建构主义理论)中一个具有争议性的话题。② 然而,现实中很多理论研究者仍然将教学聚焦于教师特征以及与教学相关的学生学习。

随着学生需求的多样化和差异化,教师中心的实践已经不再是最有效的教学方式。③ 为了使教学能够符合多样化的学生,以及让学生为瞬息万变的经济全球化形势做好准备,教育学者都在寻找更加有效的教学和学习的方法。④

国际教学和学习理论的发展轨迹启示我们,处于新课程改革的纵深推进阶段,应该将学习中心教学作为教学理论研究的重点。然而,我国教学理论研究急需重建。

(二) 我国教学理论研究的困境

教学是课程目标落实的基础,是课程实施的关键策略,其重要性不言而喻。然而,经过十多年的发展,我国教学理论研究仍然存在一些急需改变的方面。

---

① Cobern,W. W. World view theory and science education research [C]. NARST Monograph No. 3. Manhattan,KS:National Association for Research in Science Teaching,1991.

② Austin,A. ,& McDaniels,M. Preparing the professoriate of the future:Graduate student socialization for faculty roles [A]. In J. C. Smart (Ed.) Higher education:Handbook of theory and research [C],2006,21-34.

③ Menges,R. J. ,& Weimer,M. Teaching on solid ground:Using scholarship to improve practice [M]. San Francisco,CA:Jossey-Bass,1996.

④ Chickering,A. W. ,& Gamson,Z. F. Development and adaptations of the seven principles for good practice in undergraduate education [J]. New Directions for Teaching and Learning,1999,80,75-81.

1. 教师中心和内容中心的教学理论研究居主导地位

虽然世界上的教学理论都已经走向学习中心教学的理论研究,但是我国教学理论研究中教师中心和内容中心仍然占据相当大的比重。有研究指出,我国高中课堂教学仍然是典型的传递取向,教学方式是教师照本宣科地讲解,教学结果是学生背诵、记忆学科知识;少部分是理解取向的教学,但是学生理解的时间非常有限,教师和教材的权威不可逾越;强调探究取向和转化取向的教学非常少。[①] 正是由于上述实践原因导致了:"在时下的教学研究中,教学法的实质性变革比课程、教材改革要艰难百倍,加之传统延续的威力不易超越,因此教学法变革从实质上并未有重大突破"[②],即教学理论研究中教师中心和内容中心仍然占据重要位置。教师中心和内容中心的教学理论背后的逻辑是:教师该怎么教和教什么? 这主要表现为教学方式和教学内容的研究仍然是教学理论关注的重点,而对学生的学习方式却没有那么重视。

教学方式研究一直是教学理论研究中的热点话题。在中国知网中分别以"教学方式"和"学习方式"为主题词进行检索发现,以"教学方式"为主题的研究文献有82 349篇(具体见图1-1),以"学习方式"为主题的研究有49 525篇(具体见图1-2);教学方式主题的研究几乎是学习方式主题研究的两倍。这说明,在目前的教学理论研究中,与学习方式相比较,教学方式的研究还是占主流的。从发文的趋势上来看,学习方式的研究在2013年达到顶峰,现在又有回落的趋势;而教学方式的研究在整体趋势上一直处于上升阶段,仅在2016年有小的波动。上述分析均显示教学方式在教学理论研究中仍然占据非常重要的地位。

教学内容的研究也是当下我国教学理论关注的重点话题。教学内容有时也被称为教材、教科书等。目前学术界已经形成了一股研究教材的热潮。教科书研究的逻辑起点是教师教什么。而在课程改革中,相比教学方式、学习方式、教学理论的创建,教学内容的编写或者修订是一种看得见的、又能够快速展现课程改革成果的实物;另外,由于教科书是正式课程的核心,教科书研究已经成为课程实施

---

② 杨启亮.教法反思:传统与变革的观点[J].江西教育科研,2001,(5):3—6.

① 赵明仁.高中课程改革总的教学取向浅析[J].课程·教材·教法,2014,34(4):124.
② 杨启亮.教法反思:传统与变革的观点[J].江西教育科研,2001,(5):3—6.

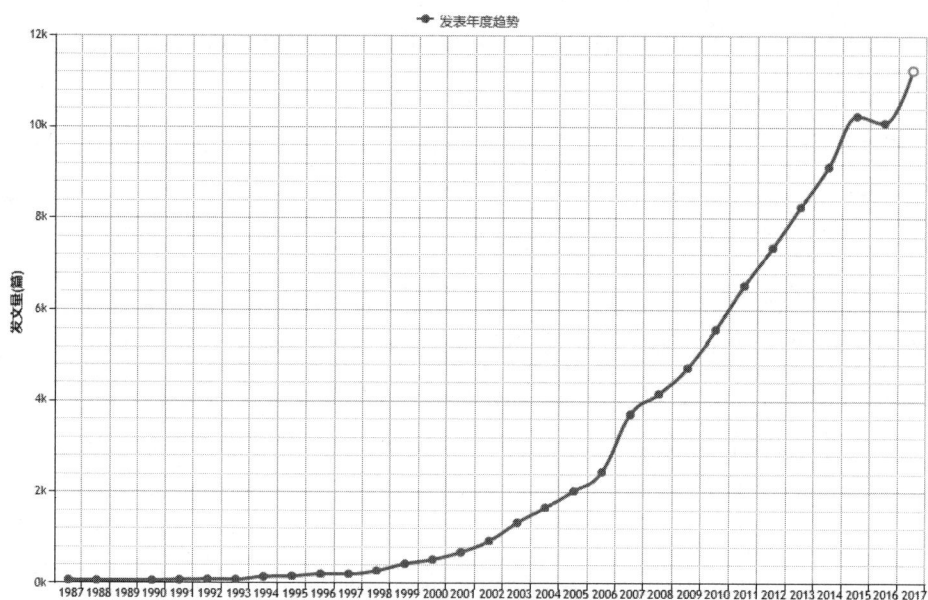

图 1-1　教学方式研究趋势图

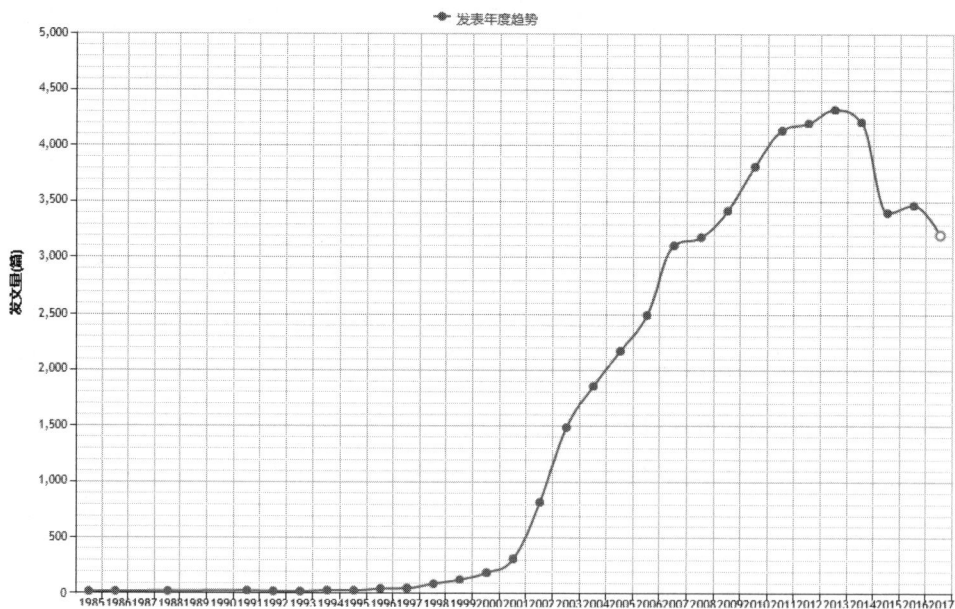

图 1-2　学习方式研究趋势图

过程的重要组成部分。① 因此,教学内容研究成为我国新课程改革研究中的一个重要方面是一种必然结果。并且,现有研究也指出国内关于教学内容的研究已经取得了非常丰硕的成果。② 当然这并不是说教学内容研究不好,而是强调学习方式的研究需要进一步加强。

由上述分析可知,国内关于教学理论的研究中教师中心和内容中心的理论研究仍然占据相当大的分量。而关于学习中心教学理论的研究却相当匮乏,教学理论研究中的"学习中心教学口号满天飞,学习中心教学理论建构却极其缺乏"的现象尤为明显。

2. 学习中心教学的口号满天飞,相关理论建构匮乏

新课程改革以来,以学生为本、以学生为中心、学习中心等基本上成为了新课程改革的标志性口号。因此,关于学习中心教学的研究已经吸引不少研究者的注意。同时,研究者们对学习中心教学的重要性、核心表征、实践操作流程均形成了一系列的研究成果。③④ 虽然近年来学习中心教学的理论研究一直在持续,但是仍然处于探索期,并未出现系统的学习中心教学的理论。最近,陈佑清在审慎主导论的基础上,结合教学理论研究的新进展,对教师在学习中心教学中的地位和作用进行了重新定位和理解。⑤ 他这种对教师地位和作用的重新定位研究是非常必要的。然而,在学习中心教学中不仅仅是教师的地位和作用需要重新定位,学生、内容、师生之间的权力关系、评价等可能都会涉及重新定位的问题。但是,目前关于这些方面的研究少之又少。

当然,这并不是研究者们故意回避这些问题,其原因可能是:一方面与学习中心教学中的其他因素相比较,教师的地位显得更加敏感;另一方面关于学习中心教学中到底涉及哪些因素,目前并无定论。因此,就无法针对这些内容展开论述

---

① 严家丽."教师使用教科书水平"与课堂教学效果之间关系的实证研究——以小学数学为例[D].长春:东北师范大学,2014.

② 王世伟.小学教师使用教科书情况及其影响因素研究[D].香港:香港中文大学,2008.

③ 韩立福.学本课堂:概念、理念、内涵和特征[J].教育研究,2015,36(10):105—110.

④ 陈佑清.建构学习中心课堂——我国中小学课堂教学转型的取向探析[J].教育研究,2014,35(3):96—105.

⑤ 陈佑清.学习中心课堂中的教师地位与作用——基于对"教师主导作用"反思的理解[J].教育研究,2017,38(1):106—113.

了。当然,针对目前学习中心教学的研究主要是理论分析的研究,如果能够在此基础上展开一些质性或者量化的研究,以便对这些理论进行检验,这可能对进一步建构和完善学习中心教学理论是有帮助的。

三、学习中心教学的理论辨析

本研究以"学习中心教学/课堂/教育""以学生为中心的教学/课堂/教育""以学生为本的教学/课堂/教育""学本教学""生本教学""生命化教学/课堂"和"学习中心的课堂"为关键词或主题词进行检索,发现国内关于学习中心教学的研究主要集中于学习中心教学的理论辨析上:

(一)学习中心教学的研究意义分析

国内关于学习中心教学意义的分析还是比较多的,并且研究者们从不同的视角进行了分析。其中具有代表性的包括郭思乐从人才培养模式的角度分析了生本教育的重要意义,他认为:"从师本教育转向生本教育,把发挥学生的积极性作为当前解决教育问题的最有效和最重要的策略"[①]。王嘉毅和马维林从传统教学忽视学生尊严与价值,剥夺学生学习的权利和自由以及不能满足学生个性发展和全面发展的角度探讨了学习中心教学研究的必要性。[②] 吴全华则从教育现代化的合理性以及学生、社会和知识三者之间的关系上阐述了学习中心教学研究的重要性。[③] 陈佑清则从已有的课堂教学改革经验、相关理论研究的倡导和国家推行的教育改革趋势论述了学习中心教学已经成为了中国课程教学转型变革的取向。[④] 还有罗志远和黄甫全从课堂范式的发展历程上论述了学习中心教学的现代意义。[⑤] 上述研究者们从不同的角度分析了学习中心教学的意义,这有利于增强我们对开展学习中心教学必要性的认识。

---

① 郭思乐.教育走向生本[M].北京:人民教育出版社,2001:12.
② 王嘉毅,马维林.再论"以学生为中心"的教学意蕴与实践样态.中国教育学刊,2015,(8):66—72.
③ 吴全华.教学以学生为本观念的若干思考[J].课程·教材·教法,2004,24(9):20—26.
④ 陈佑清.建构学习中心课堂——我国中小学课堂教学转型的取向探析[J].教育研究,2014,35(3):96—105.
⑤ 罗志远,黄甫全.国内学习中心课堂建构策略评析[J].教育研究与实验,2015,(2):43—48.

（二）学习中心教学关键概念的研究

关于学习中心教学概念的研究主要是聚焦于论述学习中心教学的内涵和要素。通过文献分析发现，国内有学者对这个问题进行了探究，并且也取得了一些研究成果，具体表现为：陈旭远和孟丽波认为，生命化教学是教师与学生以生命发展为基础，通过对生活世界的关注，使学生得到情感体验、人格提升、个性彰显，同时使得教师的职业生命活力得以焕发，师生生命在交往互动、共同经历中不断发展的过程。[①] 韩立福认为，学本课堂是指充分相信学生的学习潜力，当学生在教师指导下学会自主合作探究学习以后，教师和学生将以平等的身份共同开展学习活动，实现学习目标，[②]并且他还从要素、关系、方法、策略、组织和工具等六个方面进一步阐释了学本课堂的内在特征。[③] 齐军从"师助生悟"的师生观、"导生悟学"的教学观和"由悟结果"的评价观来重新界定学本教学。[④] 郭思乐认为学习中心的教学主要包括：价值观上一切为了学生，伦理观上高度尊重学生，行为观上全面依靠学生。[⑤] 刘志军和张红霞从教学目标、教学内容、教学过程和教学评价方面建构了生命化课程教学的实践问题。[⑥] 王嘉毅和马维林认为学习中心的教学主要表现为：彰显学生的尊严和价值，关照学生的权利和自由以及满足学生的个性和全面发展需要。[⑦] 夏雪梅从学习过程、认知过程、合作学习、积极的学科情感和课堂社会关系等方面编制了学习中心的课堂观察架构。[⑧] 上述研究提示我们对学习中心教学概念的理解存在多种视角的建构，这说明学习中心教学还处于百家争鸣的阶段。因此，进一步归纳出学习中心教学的代表性概念在开展学习中心教学理论研究中是非常必要的。

（三）学习中心教学的组织和实施策略

在学习中心教学的组织和实施策略上，国内研究者们也做过一些探索。然而，由于研究者们所理解的学习中心教学各有差异，导致了他们在组织和实施学

---

① 陈旭远，孟丽波. 生命化教学的理论建构与实践样态[J]. 教育研究，2004，25(4)：69—72.

② 韩立福. 何为学本课堂[J]. 人民教育，2014，(16)：5—6.

③ 韩立福. 学本课堂：概念、理念、内涵和特征[J]. 教育研究，2015，36(10)：105—110.

④ 齐军. 生本教学内涵与过程的再思考——基于悟性认识的视角[J]. 教育发展研究，2013，(10)：56—59.

⑤ 郭思乐. 教育走向生本[M]. 北京：人民教育出版社，2001：35—73.

⑥ 刘志军，张红霞. 生命化课堂教学的实践构想[J]. 课程·教材·教法，2013，33(9)：86—88.

⑦ 王嘉毅，马维林. 再论"以学生为中心"的教学意蕴与实践样态[J]. 中国教育学刊，2015，(8)：66—72.

⑧ 夏雪梅. 学习中心的课堂观察[M]. 北京：教育科学出版社，2012：6—12.

习中心教学时的策略也存在不同。比如,郭思乐开发出了:"先做后学,先会后学""以学定教与内核生成课程""讨论是学习的常规""感悟:人的精神生命拓展的工作间""读和做,缓说破"等操作策略。[①] 陈佑清建构了"两段三环节"的学习中心教学过程的组织形式。[②] 中国教科院韩立福立足教育教学一线实践学习中心教学,并且形成了一套操作体系。[③] 罗鸿从教学程序和教学活动时间、空间两个角度对学习中心教学组织形式做了探究。[④] 罗志远和黄甫全在总结国内学习中心教学的研究基础上概括出了学习中心课堂教学实现的三种策略:体现学习本体性的策略、学习时空转换策略和教为学服务的策略。[⑤] 上海静安小学也尝试了以学生为中心为特色的课堂教学研究。[⑥] 上述研究是我国目前关于学习中心教学的实践探索的主要模型。虽然,国内研究者们在学习中心教学的实践研究上已经起步,但是这些研究均无法证明其实施的学习中心教学促进了学生的学业成功和学生发展。这是后续研究中需要关注的问题。

四、学习中心教学关键表征及其机制

与国内研究相比较,国外研究起步早,并且研究成果也更加丰富。外文搜索主要聚焦于关键词"Learning-centered instruction/teaching/classroom""Learner-centered instruction/teaching/classroom""Student-centered instruction/teaching/classroom"等。文献收集主要分为两个步骤:第一步初步了解国外的研究状况,主要是通过上述词组为关键词录入谷歌,查找国外的研究状况和发展趋势,并且锁定比较核心的书籍和论文;第二步精确搜索,这主要是通过在华东师范大学图书馆、美国普渡大学图书馆的信息检索系统中的"ERIC""SAGE Social Science & Humanities Package""JSTOR""Springer""Wiley""ProQuest""Taylor & Francis"

① 郭思乐. 教育走向生本[M]. 北京:人民教育出版社,2001:131—160.
② 陈佑清. "学习中心课堂"教学过程组织的逻辑及其实现策略[J]. 全球教育展望,2016,45(10):40—47.
③ 田慧生. 学本课堂推动深度课改[J]. 人民教育,2014,(16):13—14.
④ 罗鸿. 以学生为中心的教学组织形式初探[J]. 教育研究与实验. 陕西师范大学学报(社会科学版),2012,39(9):135—137.
⑤ 罗志远,黄甫全. 国内学习中心课堂建构策略评析[J]. 教育研究与实验,2015,(2):43—48.
⑥ 朱萍. 静安小学以学生为中心特色教育透视[M]. 上海:华东师范大学出版社,2004:21—36.

"ScienceDirect"和"EBSCOhost"中输入上述关键词进行搜索,结果发现国外研究确实很丰富;为了使文献的启发性更加具有针对性,这里主要收集 19 世纪末以来的文献。通过对筛选后的文献进行分析发现,这些研究主要聚焦于如下方面:

(一) 学习中心教学的知识基础研究

现阶段国外不少研究者都提到了学习中心教学的知识基础,多数研究者认为学习中心教学的理论基础主要聚焦于建构主义和人本主义的理论,当然还涉及其他的一些支持性理论。关于学习中心教学思想的起源,研究者们大多认为是古希腊哲学家苏格拉底和中国古代教育思想家孔子,[1]因为他们都有关于尊重学生的论述。后来柏拉图、亚里士多德对学生在学习中的重要性作了论述。[2][3] 虽然这些思想也在持续发展,但是直到 18 世纪卢梭才系统论述了学习中心教学的思想,其主要观点就包括在其自然主义教育思想里面。[4] 现代学习中心教学的理论则得到了进一步发展,并且不少研究者开始从心理学的视角来理解学习中心教学,其中典型的理论包括:杜威的关于经验和反思的相关论述、[5]皮亚杰的同化和顺应的学习理论、[6]维果茨基的历史文化建构主义理论、[7]罗杰斯的人本主义教育理论。[8] 当然,除了这些主要的理论基础之外,学习中心教学的理论基础还涉及关怀教育理论、[9]脑相容教育理论、[10]批判教育和多元文化及教育理论等支持性的理

[1] Ozmon, H. , &. Craver, S. M. Philosophical foundations of education (6th ed)[M]. Upper Saddle River, NJ: Prentice Hall, 1981.

[2] Darling, J. Child-centred education and its critics [A]. Paul Chapman, London. Darling-Hammond, L. , 1997. The right to learn [C]. San Francisco, CA: Jossey-Bass, 1994,77 - 81.

[3] Henson, K. T. Foundations for learner-centered education: A knowledge base [J]. Education, 2003,124(1),5 - 12.

[4] Darling, J. Child-centred education and its critics [A]. Paul Chapman, London. Darling-Hammond, L. , 1997. The Right to Learn [C]. Jossey-Bass, San Francisco, 1994.

[5] Dewey, J. Experience and education [M]. New York: Macmillan, 1997.

[6] Piaget, J. The child's conception of the world [M]. New York: Littlefield Adams, 1990.

[7] Vygotskiĭ, L. S. Thought and language [M]. Cambridge, MA: MIT press, 1986.

[8] Rogers, C. R. Client-centered therapy [M]. Boston: Houghton hfifflin, 1951.

[9] Noddings, N. The challenge to care in schools: An alternative approach to education [M]. New York: Teachers College Press, 1992.

[10] Fischer, K. W. , &. Daley, S. G. Connecting cognitive science and neuroscience to education: Potentials and pitfalls in inferring executive processes [A]. In L. Meltzer (Ed.), Executive function in education: from theory to practice [C]. New York: Guilford Press, 2006,55 - 72.

论。① 由上述分析可知,国外关于学习中心教学的理论基础的研究是非常扎实的,这是非常值得国内研究借鉴的。

(二) 学习中心教学的关键表征

学习中心教学是建立在学习中心的 14 条原则(The Learner-Centered Principles，LCPs)的基础上的(第二章有详细介绍,这里不详细介绍),这些原则是美国心理学会根据各学科的研究成果制定出来的,它们包括四个方面:第一方面是认知与元认知(涉及 6 个原则),第二方面是动机与情感因素(涉及 3 个原则),第三方面是发展与社会因素(涉及 2 个原则),第四方面主要涉及个体差异(涉及 3 个原则)。② 上述原则是建立学习中心教学的基本准则。后来科尼利厄斯-怀特(Cornelius-White, 2007)在学习中心原则的基础上归纳出来了最有效的学习中心的教学实践模型,他们认为这种实践模型的特征应该包括:以人为中心、自主、民主、儿童中心、过程、建构理解、基于探究、思考、关系、体验的方式、合作、主动、学习、标准参照、展示、促进作用等。③ 接着,科尼利厄斯-怀特和哈博根据学习中心的 14 条原则进一步归纳出了针对教师的学习中心教学的三个核心原则,它们分别是:一是鼓励有意义学习和深度学习,二是挑战高阶思维,三是适应个体差异和文化差异。④ 后来又有研究者对学习中心教学中的学习者特征做出了具体说明,认为学习中心的教学主要是发展学生的三种基本行为:一是发展学习者的责任,二是关注学习者的投入,三是让学习者学会使用反馈。⑤ 为了深入分析自己的课堂教学实践,美国学者韦默(Weimer, 2002)提出了从五项核心变化来了解学习中心教学的思路,在他看来判断教师实施学习中心教学的程度主要是通过这五个指标来实现的,这五个指标分别是:学习责任、教师角色、内容功能、权力平衡和目的

① Freire, P. Pedagogy of the oppressed [M]. New York: Bantam Books, 1996.

② McCombs, B., & Whistler, S. The learner-centered classroom and school: Strategies for increasing student motivation and achievement [M]. San Francisco, CA: Jossey Bass, 1997.

③ Cornelius-White, J. Learner-centered teacher-student relationships are effective: A meta-analysis [J]. Review of educational research, 2007,77(1),113 – 143.

④ Cornelius-White, J. H., & Harbaugh, A. P. Learner-centered instruction: Building relationships for student success [M]. Sage Publications, 2009.

⑤ Mostrom, A. M. & Blumberg, P. Does Learning-centred teaching promote grade improvement? [J]. Innovative Higher Education, 2012,37(5),397 – 405.

与评价过程。[①] 后来布伦伯格（Blumberg，2009）对这些指标进行了进一步细化，建构起了学习中心教学的分析模型。[②] 上述研究者们都从各自不同的角度对学习中心教学的关键表征进行了描述和规定，这对后续的学习中心教学的研究提供了重要的借鉴。

（三）学习中心教学的理论模型探索

现阶段学习中心教学的主要理论模式有两种：一种是麦库姆斯和米勒建构的模式，另一种是韦默和布伦伯格建构的模型。麦库姆斯和米勒的学习中心教学研究理论模型是在学习中心的心理学原则基础上建构起来的，该模型将学生分为两个学段来建构分析模型，每一个阶段学习中心教学的核心内容是有差异的。[③] 当然，每一个方面都会涉及一些相应的具体内容，本研究有专门的论述，这里不展开分析。布伦伯格的学习中心教学的研究模型是在韦默的研究的基础上建构的，该模型主要是从学习责任、教师角色、内容功能、权力平衡以及评价的过程和目的五个维度来进行分解的。[④] 这一模式也有专门的论述。文献检索还发现了不少研究者都是通过对这两种教学模式修正和改造出了不同的学习中心的教学模式，比如，菲斯特改进布伦伯格的学习中心教学的分析框架，并且将此用来分析人文社科领域的学习中心教学；[⑤]靳姆则对麦库姆斯和米勒的框架进行了修正，并用此框架来分析学生感知到的学习中心教学的程度。[⑥] 综上所述，学习中心教学的理论模型主要聚焦于两种模型，这对我们建构本土化的学习中心教学理论模型有重要的借鉴作用。

① Weimer，M. Learner-centered teaching：Five key changes to practice［M］. San Fransisco，CA：Jossey-Bass. 2002.

② Blumberg，P. Developing learner-centered teaching：A practical guide for faculty［M］. San Francisco，CA：Jossey-Bass，2009.

③ McCombs，B. L. ，& Miller，L. Learner-centered classroom practices and assessments：Maximizing student motivation，learning，and achievement［M］. Thousand oaks，CA：Corwin Press，2007.

④ Blumberg，P. Developing learner-centered teaching：A practical guide for faculty［M］. San Francisco，CA：Jossey-Bass，2009.

⑤ Verst，A. L. Outstanding teachers and learner-centered teaching practices at a private liberal arts institution［D］. Cambridge：ProQuest，UMI Dissertation Publishing，2010.

⑥ Kim，K. ，Grabowski，B. L. ，& Sharma，P. Designing a classroom as a learner-centered learning environment prompting students' reflective thinking in K－12［J］. Association for Educational Communications and Technology，2004，(9)，22－28.

(四) 学习中心教学的影响因素和功能机制

影响教师实施学习中心教学的因素是国外研究者们非常关注的一个问题,并且他们主要从教师和学生两个角度分析了影响教师实施学习中心教学的因素。就学生因素而言,有研究者认为班级规模是影响学习中心教学的重要因素;[①]也有研究者表明,家庭经济水平会影响学生的课堂参与情况,进而影响学习中心教学状况。[②] 除了这些学生背景变量之外,也有研究者发现学生学习的相关因素也会影响学习中心教学的实施,比如有研究指出学生的主动参与、[③]复习策略、[④]学业负担、[⑤]师生之间的信任[⑥]以及积极的人际环境[⑦]都能够影响学习中心的教学。也有研究者分析了教师的教学信念、[⑧]教师教学效能感、[⑨]教学价值观[⑩]等因素均能够影响学习中心教学的实施情况。

学习中心教学的研究非常关注其功能的实现,尤其是非常关心学习中心教学对学生学业成就和非学业成就因素的影响。通过文献整理发现,多数研究者认为

---

① Çam, Ş. S. , & Oruç, E. Ü. Learning responsibility and balance of power [J]. International Journal of Instruction, 2014,7(1),7 – 16.

② Metto, E. , & Makewa, L. N. Learner-centered teaching: Can it work in Kenyan public primary schools? [J]. American Journal of Educational Research, 2014,2(11A),23 – 29.

③ Taylor, S. M. Term papers for hire: How to deter academic dishonesty [J]. The Education Digest, 2014,80(2): 52 – 57.

④ Huba, M. E. , & Freed, J. E. Learner centered assessment on college campuses: Shifting the focus from teaching to learning [J]. Community College Journal of Research and Practice, 2000,24(9), 759 – 766.

⑤ Mason, G. S. , Shuman, T. R. , & Cook, K. E. Comparing the effectiveness of an inverted classroom to a traditional classroom in an upper-division engineering course [J]. IEEE Transactions on Education, 2013,56(4),430 – 435.

⑥ Cornelius-White, J. Learner-centered teacher-student relationships are effective: A meta-analysis [J]. Review of educational research, 2007,77(1),113 – 143.

⑦ Haber-Curran, P. , & Tillapaugh, D. Student-centered transformative learning in leadership education: An examination of the teaching and learning process [J]. Journal of Transformative Education, 2014,13(1),65 – 84.

⑧ Schieb, L. J. & Karabenick, S. A. Teacher motivation and professional development: A guide to resources. Math and Science partnership-motivation Assessment program [M]. University of Michigan, Ann Arbor, 2011.

⑨ Metto, E. , & Makewa, L. N. Learner-centered teaching: Can it work in Kenyan public primary schools? [J]. American Journal of Educational Research, 2014,2(11A), 23 – 29.

⑩ O'Donnell, A. M. , Reeve, J. , & Smith, J. K. Educational psychology: Reflection for action [M]. San Francisco, CA: John Wiley & Sons, 2011.

学习中心的教学会改善学生的学业成绩；①②甚至有研究者指出：与认知教学和情感教学相比较,学习中心教学更加容易改善学生的学业成绩。③ 当然,还有研究者考察了学习中心教学对学生学业自我效能感、学生学习兴趣、学习幸福感等非学业成就因素的影响。④⑤ 由此可见,学习中心教学是影响学生学业成就和非学业成就的重要因素。

学习中心教学是国内外研究者都关注的一个问题。但是通过对国内外研究的比较可以发现一些共性的和启示性的问题。

1. 学习中心教学的概念需要进一步明晰。国内外研究者都关心学习中心教学的关键表征,这主要是因为关键表征决定了研究者们对学习中心教学概念的理解,也影响着学习中心教学理论模型的建构。但是通过对国内外学习中心教学的关键表征研究的分析可以发现,研究者们的研究视角各异,尤其是国内研究者多是从思辨的角度来理解学习中心教学的。当然这不是说思辨不好,而是说基于思辨的对学习中心教学的理解无法形成操作化的概念,当然也就难以进行指标体系的建构。国外研究虽然主要从教学、学习以及关系的角度来理解学习中心教学,但是到底采取哪一种理解更加合理,研究者们也没有形成统一的意见,因此,后续研究中概括出学习中心教学的操作性概念是非常有必要的。

2. 关于学习中心教学的研究还相当薄弱。与国内研究相比较,国外研究者非常关注学习中心教学知识的探究,因为弄清楚了知识基础及其发展脉络就能够为学习中心教学研究确定一条清晰的发展脉络,同时也可以为现阶段理解学习中心教学的本质提供重要依据。国内关于学习中心教学核心表征不一致的一个重要

① Alsardary, S. , & Blumberg, P. Interactive, learner-centered methods of teaching mathematics [J]. Primus, 2009,19(4),401 - 416.

② Strobel, J. , &van Barneveld, A. When is PBL more effective? A meta-synthesis of meta-analyses comparing PBL to conventional classrooms [J]. Interdisciplinary Journal of Problem-based Learning, 2009,3(1),44 - 58.

③ Gage, N. L. The scientific basis of the art of teaching [M]. Teachers Coll Press, 1978.

④ Chall, J. S. The academic achievement challenge: What really works in the classroom? [M]. New York, NY: Guilford Publications, 2000.

⑤ Fasko, D. , Grubb, D. J. , Jesse, D. , & McCombs, B. (1997). Use of the learner-centered principles test battery: Implications for in-service and pre-service professional development [J]. The Professional Educator L, 1997,20,23 - 34.

的原因就是没有深入挖掘学习中心教学的发展脉络。因此,后续国内关于学习中心教学研究中应该关注对学习中心教学发展历程的分析。

3. 学习中心教学理论模型的研究需要进一步探索。通过对国内外学习中心教学的研究发现,国外学习中心教学理论已经存在两种典型的模型,而国内要么是思辨性质的论述,要么是直接的实践性的探索,较少建构学习中心教学的理论体系。鉴于此,国内学习中心教学的理论建构该从何着手呢? 是在借鉴国外的理论模型基础上进行本土化建构,还是直接在开展本土化研究的基础上重新建构呢? 这是需要在后续研究中明确的问题。当然,本研究认为为了让本土化研究能够与国际上学习中心教学研究接轨,还是要借鉴国外比较理想的理论框架,并在此基础上开展本土化的检验和修正。

4. 关于学习中心教学的实证研究匮乏。国外研究者既探究了学习中心教学的影响因素,同时也探究了学习中心教学的功能,并且这些研究都是通过实证研究来实现的。然而,国内关于学习中心教学的研究还处于理论思辨阶段,当然理论思辨也是非常必要的,因为这能够使得学习中心教学的概念越辨越明,但是这也可能会导致"公说公有理,婆说婆有理"的情况。本研究希望能够在理论分析的基础上建构出学习中心教学的理论分析框架,并且在此基础上归纳出学习中心教学的核心指标,并且通过质性研究来检验其合理性,同时在此基础上以实证的方法来分析学习中心教学的影响因素和功能等。然而,国外关于学习中心教学的影响因素和功能的分析均是通过单变量分析的方式实现的,这样会造成一些误差。所以,后续研究中如何以整合模型的方式来分析学习中心教学的影响因素和功能是值得关注的。

5. 开展本土化的学习中心教学的研究非常必要。通过上述分析,可以发现国外在学习中心教学的研究中是处于领先水平的,那么后续本土化的相关研究如何更好地发挥"后发优势"呢? 这是值得思考的一个问题。鉴于国外学习中心教学的研究是以实证的方式为主,并且已经形成了一些经得起检验的理论模型也开展了一些实证研究。那么后续本土化的研究可以在充分借鉴国外相关理论和研究结论的基础上,建构本土化的学习中心教学理论框架,开展本土化的学习中心教学的实证研究,并且将相关结论与国际上的研究进行比较,同时发现国际上学习中心教学研究的不足,概括出学习中心教学的本土化特征,以便发挥本土化的学习中心教学研究的国际影响。

五、研究思路

泰勒在八年教育实验研究的基础上,归纳出了泰勒课程评价模式,这标志着现代课程与教学论的诞生。他提出了课程教学评价的四个基本原则:其一,学校应该达到哪些教育目标;其二,提供哪些教育经验才能够实现这些目标;其三,怎样才能够有效地组织这些教育经验;其四,我们怎么样才能够确定这些目标正在得以实现。① 这些原则可以进一步概括为:确定教育目标、选择教育经验、组织教育经验和评价教育计划。这为后续的课程与教学研究提供了重要的分析框架。

自此之后,教学中对教师的要求开始凸显。学习中心教学之前的教学状况就是:在一个房间里面,一个教师被期望提供这样的教育,教师不仅仅教学生识字和算术,教师还应该是道德的榜样。这时候的教师被当作是学科权威、熟练的学习促进者以及持续发展学生思想的支持结构。② 然而,学习理论越来越重视学生作为独立个体的需求,这时,学习中心的教学方式也开始在中小学课堂中发展起来。③

学习中心教学的本质是支持教师为学生提供最好的学习环境和经历的可能。④ 学习中心的教师会仔细地检查和反思他们的教学和实践,并且所有的教学决策都是基于对学生的潜在影响。⑤ 同时,学习中心的教师不会花时间来决定他们每天在课堂上应该做些什么,取而代之的是,他们会花时间来思考学生将要学

---

① [美]泰勒著. 课程与教学的基本原理[M]. 施良方,译. 人民教育出版社,1994:17.
② U. S. Department of State Bureau of International Information Programs. [EB/OL]. http://infousa. state. gov/education/overview/docs/education-brief2. pdf,2012.
③ Salinas,M. F.,Kane-Johnson,S. E.,& Vasil-Miller,M. A. Long-term learning, achievement tests, and learner centered instruction [J]. Journal of the Scholarship of Teaching and Learning,2008,8(3),20-28.
④ Barr,R. B.,& Tagg,J. From teaching to learning:A new paradigm for undergraduate education [J]. Change,1995,27(6),1-19.
⑤ Doyle,T. Learner-centered teaching:Putting the research on learning into practice (1st ed.)[M]. Sterling,VA:Stylus Publishing,LLC,2011.

什么以及怎么样最好地完成学习。[①] 学习中心教学实践的核心内容是基于区别的理解和对学习、教学和决策过程的描述。[②]

新课改之后，尤其是最近研究者们大力倡导学习中心的课堂环境，包括通过教学创新来支持学生的知识建构。很多教育学领域的专家、学者和实践者积极倡导学习中心的教学实践，这一原理同样也得到了建构主义理论的支持。但是，目前国内鲜见关于学习中心教学分析框架和指标体系架构的相关研究。鉴于此，本研究拟在国外相关学习中心教学理论和实践研究的基础上，建构符合我国新课程改革的学习中心教学的分析框架，分析一线教师所理解和实施的学习中心的教学和实践，并且探究什么样的教师更倾向于采用学习中心的教学，哪些因素影响了学习中心教学，学习中心教学对学生的学习结果有什么样的影响等。具体而言，本研究的主要内容是：

1. 本土化的学习中心教学包括哪些要素？

2. 目前我国学习中心教学具有什么样的特征？

3. 教师信念和学校管理因素对学习中心教学有什么样的影响？

4. 学习中心教学对学习结果的作用机制是怎么样的？

由于本章的文献评析只是对学习中心教学的相关研究进行了宏观上的描述，还没有对问题进行深入分析。因此，这里主要是概括性地介绍本研究的主要内容，而不是具体详细介绍本研究的内容。为了方便理解，这里以图的形式来展示（见图 1 - 3）本研究中章与章之间的逻辑关系。

基于拟研究的问题以及研究的出发点和思路，本研究首先对学习中心教学的理论模型进行本土化检验；其次编制调查工具，在调查工具的基础上分析学习中心教学的特征并且分析原因；接着考察教师信念和学校管理因素对学习中心教学的影响效应；最后检视学习中心教学对学习结果的影响效应。根据研究发现得出结论，并且根据结论提出相应的研究启示，最后对本研究进行反思以便促进后续研究。

---

① Weimer, M. Learner-centered teaching: Five key changes to practice [M]. San Fransisco, CA: Jossey-Bass, 2002.

② Blumberg, P. Developing learner-centered teaching: A practical guide for faculty [M]. San Francisco, CA: Jossey-Bass, 2009.

```
┌─────────────────────────────────────────────┐
│        第一章 为何要研究学习中心教学         │
└─────────────────────────────────────────────┘
┌─────────────────────────────────────────────┐
│   第二章 学习中心教学的历史演进与当代研究问题  │
└─────────────────────────────────────────────┘
┌─────────────────────────────────────────────┐
│   第三章 综合视域下的学习中心教学理论模型建构  │
└─────────────────────────────────────────────┘
┌─────────────────────────────────────────────┐
│  第四章 综合视域下学习中心教学理论模型的本土化检验 │
└─────────────────────────────────────────────┘
┌─────────────────────────────────────────────┐
│   第五章 综合视域下学习中心教学的评估工具与特征 │
└─────────────────────────────────────────────┘
┌─────────────────────────────────────────────┐
│ 第六章 综合视域下学习中心教学的形成机制和功能机制检视 │
└─────────────────────────────────────────────┘
┌─────────────────────────────────────────────┐
│  第七章 综合视域下学习中心教学研究的趋势与展望  │
└─────────────────────────────────────────────┘
```

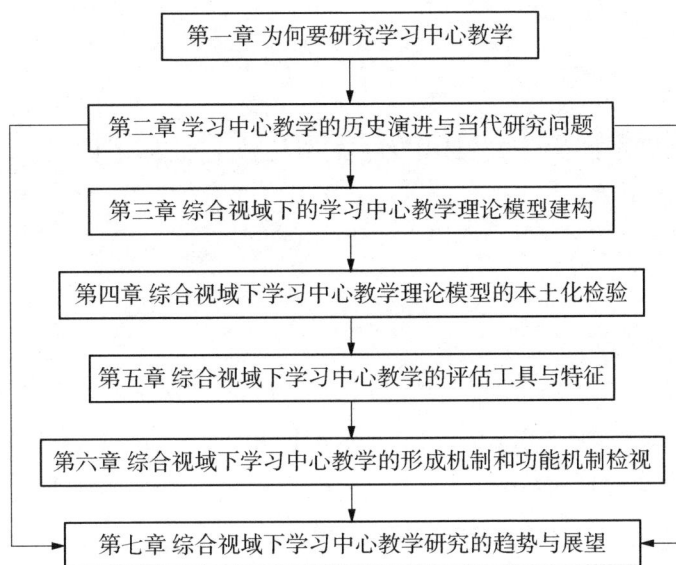

图 1-3　各章逻辑关系图

第二章
学习中心教学的历史演进与当代研究问题

　　学习中心的教育思想源远流长,[①]但是学习中心的课堂教学实践却只有短暂的历史,甚至"学习中心"(Learner-centered/Learning-centered)这一单词直到 20 世纪中期才被广泛接纳和应用。[②] 在人类发展史上学习中心的教育思想一直或直接或间接渗透于不同时期的教育书籍、政策文本之中。那么学习中心的教学到底经历着什么样的发展脉络? 学习中心的教学在每一个发展时期关键表征是什么? 这些关键表征背后又隐藏了什么样的教育价值观念呢? 这些都是学习中心教学研究中需要重点关注的核心问题。由于学习中心教学这一关键词汇出现得比较晚,这里就从学习中心教育出发对其发展脉络进行梳理,进而为后面的学习中心教学的理解提供知识基础。另外,本章还对学习中心教学研究中当前关注的主要问题进行概括分析,以便为本研究的研究框架的建立提供知识基础。

一、学习中心教学的历史演进

(一) 学习中心教学思想的起源

　　西方关于学习中心教学思想可以追溯到古希腊的大哲学家苏格拉底(公元前 469—公元前 399)。[③] 苏格拉底认为教师的任务不是臆造和传播真理,而在于做一

---

① Chung, S., Walsh, D. Unpacking child-centredness: a history of meanings [J]. Journal of Curriculum Studies, 2000,32(2),215-234.

② Plowden, B. Children and their primary schools [M]. HMSO, London, 1967.

③ Ozmon, H., & Craver, S. M. Philosophical foundations of education (6th ed)[M]. Upper Saddle River, NJ: Prentice Hall, 1981.

名"知识的产婆",把存在于学生内心的知识引导出来,变成学生实际的知识和技能;①后来也有研究者指出苏格拉底的产婆术的本质应该在于促进学习者心灵和精神的发展。② 然而不管是促进知识和技能的发展,还是心灵和精神的完善,助产术的前提都是尊重和承认学习者现已存在的知识、技能、心灵和精神基础,这体现了以学习者为主体的观点。柏拉图继承了苏格拉底的先验论,他强调学习者"反思"和"沉思"的作用,反对采用强制手段进行知识灌输,倡导以问答的形式来开展教学,即提出问题、揭露矛盾,然后进行分析、归纳、综合、判断,最后得出结论。③ 这种策略式提问教学的前提是教师要充分重视学生的观点、提问和回答,这是学习中心思想的体现。④ 亚里士多德继承了柏拉图的学习中心的教育观,他指出:"教育的目的及其作用有如一般的艺术,在于效法自然,并对自然的任何缺漏加以殷勤的补缀",⑤即教育应该是适应儿童的发展。并且亚里士多德在西方教育史上首次提出了教育应该建立在个体的发展特征基础之上,在他看来青少年发展存在三个阶段:第一阶段,植物灵魂;第二阶段,动物灵魂;第三阶段,理性灵魂。⑥ 当然,学习中心的教育思想在古罗马时期以及欧洲中世纪时期均有体现,比如古罗马的昆体良在公元一世纪就提出了"教是为了不教"的思想;⑦他还指出教师的任务是"善于精细地观察学生的能力差异,弄清楚每个学生天性的特殊倾向"⑧。他也指出应该根据不同阶段来培养雄辩家:"从呀呀学语开始,经过初露头角的雄辩家所需的各个阶段的教育,一直达到雄辩术的顶峰。"⑨在中世纪的托马斯·阿奎那看来"自然"对万物而言就是其本性,万物依其本性而活动便是"自然律"的表现。⑩ 教育也是如此,应该尊重学习者的本性而进行。

---

① 田本娜.外国教育思想史(第二版)[M].北京:人民教育出版社,2001:20.
② 罗龙祥.苏格拉底助产术与哲学教育的实践方案[J].教育学报,2016,12(5):25—31.
③ 邹爱明,张厚吉.柏拉图的教学方法及其对现代外语教育的启示[J].当代教育科学,2007,(19):59—60.
④ Darling, J. Child-centred education and its critics [A]. Paul Chapman, London. Darling-Hammond, L., 1997. The right to learn [C]. San Francisco, CA: Jossey-Bass, 1997,77–81.
⑤ [古希腊]亚里士多德.政治学[M].吴寿彭,译.北京:商务印书馆,1965:405.
⑥ 刘黎明.论亚里士多德的自然教育思想[J].河南大学学报(社会科学版),2008,48(4):142—150.
⑦ 高保萍.昆体良教育思想之现实说[J].学术交流,2008,(3):187—189.
⑧ [古罗马]昆体良.雄辩术原理[M].任钟印,译.上海:华东师范大学出版社,1982:60.
⑨ [古罗马]昆体良.雄辩术原理[M].任钟印,译.上海:华东师范大学出版社,1982:5.
⑩ 刘素民.阿奎那的自然法作为本性之律的人学内蕴[J].哲学研究,2006,(6):79—84.

尽管之前众多研究者对学习中心的思想有了不同程度的阐述,但是直到18世纪,法国教育学家卢梭才对学习中心的教育思想进行了综合描述。在他看来儿童的身体和心理都是自然发展的,教育的作用就应该建立在上述两种自然发展的基础之上,他指出个体差异和发展水平是学习中心教育的核心。[①] 后来福禄贝尔重复了卢梭的观点,他指出学校教育应该适应以儿童为中心来发展他们的天赋能力。[②] 上述分析说明,在西方学习中心的教育思想有着悠久的历史。[③]

同样地,我国学习中心的教育思想也有着非常悠久的历史。我国最早阐述学习中心教育思想的是孔子(公元前551—公元前479)。[④] 记录孔子及其弟子言行的《论语》的《雍也篇》中曾记载到:"中人以上可以语上,中人以下不可以语上。"这表明孔子能够尊重学生的个体差异。当然,反应孔子尊重个体差异的故事也有不少,比如《先进篇》中记载冉有和子路都问"闻斯行诸",孔子为了达到"进之"和"退之"的目的而做出了两种不同的回答。儒家的另一位代表性人物孟子认为仁义礼智等善性人人具有,所以教学的核心不是学习外在知识,而是通过"反求诸己,改过迁善"以恢复自己本来就有的良知和量能。[⑤] 即是说教学的任务是让学生学会反思进而促进自己进步,这是一种尊重学生主体性的表现。同一时期的道家在学习中心教学思想方面也有一些阐述,比如,"'绝学弃智''闭目塞听''涤除玄览''顺应自然''自知独化'"[⑥]等教学思想,这些思想强调学生的内心体验和尊重学生的自然发展规律。秦代"焚书坑儒",实行"以法为教,以吏为师"的教育制度,其采取的是以官吏为本的命令式教育,这是一种对学习中心教育思想的打压。到了汉代,汉初崇尚的是黄老学说,而黄老学说主张的是"因性而教"。到了汉武帝时期,出现了"罢黜百家,独尊儒术"的局面,这时候最具代表性的人物就是董仲舒,在他

---

① Darling, J. Child-centred education and its critics [A]. Paul Chapman, London. Darling-Hammond, L., 1997. The right to learn [C]. Jossey-Bass, San Francisco, 1997,77 - 81.

② Chung, S., Walsh, D. Unpacking child-centredness: a history of meanings [J]. Journal of Curriculum Studies, 2000,32(2),215 - 234.

③ Chung, S., Walsh, D. Unpacking child-centredness: a history of meanings [J]. Journal of Curriculum Studies, 2000,32(2),215 - 234.

④ Ozmon, H., & Craver, S. M. Philosophical foundations of education (6th ed)[M]. Upper Saddle River, NJ: Prentice Hall, 1981.

⑤ 马跃如,王文胜. 孟子教育思想及其内在逻辑[J]. 现代大学教育,2010,(1):81—87.

⑥ 张传燧. 中国教学论史纲[M]. 长沙:湖南教育出版社,1999.

看来："君子知在位者之不能以恶服人也,是故简六艺以赡养之。"①这是说教育者应该知道,使用"恶"的手段是制服不了人的,最好的办法是用六经去教育、感化和陶冶人们。而这种教育和感化的前提就是要尊重个体的特征,不能强制违背个人的意愿。这也是尊重学习者的重要论述。唐宋时期学习中心教学的思想也在各专家、学者的论述中有所表述,比如,唐朝的韩愈在《师说》中写道:"弟子不必不如师,师不必贤于弟子。"这表明了韩愈充分尊重学生的教学观。②并且韩愈在《原性》一文中指出:"性之品有上中下三品,上焉者,善焉而已矣;中焉者,可导而上下也;下焉者,恶焉而已矣。"③这充分体现了因材施教的思想。宋朝的朱熹在教学上,强调学生的自觉学习,鼓励学生多"践履",而教师"只是做得个引路低人";在学习过程中遇到问题,教师要采取与学生"商量"的平等态度,强调自学为主,除教师引导外,还要依靠学友辅助、切磋,④即"为学十分要自己着力,然亦不可不资朋友之助"。⑤明清时期,学习中心的教育思想得到了进一步发展,王阳明指出:"今教童子,必使其趋向鼓舞,中心喜悦,则其进自不能已。"⑥他认识到了培养学生学习兴趣的重要性,并且通过培养学生的学习兴趣促进学生的自主学习。清朝的曾国藩在教学方面强调学习者的投入,他曾说道:"尔读书记性平常,此不足为虑。所虑者第一怕无恒,第二怕随笔点过一遍,并未看得明白,此却是大病。"⑦由上述分析可知,我国学习中心教学思想也是源远流长。

综上所述,中西方在强调学习中心的教育思想上均有着悠久的历史,并且这些研究主要聚焦于这几个方面:其一,尊重学习者的已有基础;其二,关注学习者的自主学习;其三,关注学习者的个性特征;其四,强调教学应该基于学习规律来开展;其五,认识到了他人对学生学习的影响;其六,强调学生从实践中来学习。然而,上述文献分析也可以发现虽然既往研究者们或多或少阐述了学习中心的教育思想,但是这些研究也存在一些问题,具体表现为:一是研究者大多是稍有涉

---

① 董仲舒. 春秋繁露[M]. 济南:山东友谊出版社,2001.
② 韩愈. 师说,韩昌黎全集(卷12)[M]. 北京:中国书店,1991.
③ 韩愈. 原性,韩昌黎全集(卷11)[M]. 北京:中国书店,1991.
④ 俞斌,瓯石. 略论朱熹的教育思想[J]. 复旦学报(社会科学版). 1995,(6):22—26.
⑤ 俞斌,瓯石. 略论朱熹的教育思想[J]. 复旦学报(社会科学版). 1995,(6):22—26.
⑥ 王守仁. 王阳明全集[M]. 上海:上海古籍出版社,1992:87—88.
⑦ 曾国藩. 曾国藩家书[M]. 钟叔和整理校点. 长沙:湖南人民出版社,1989:115.

及,而没有形成系统的学习中心的教育理论;二是虽然提出了学习中心的思想雏形,但是大都停留在论述"教师该怎么做",其本质还是教师立场,没有实现真正意义上的"学习中心",甚至存在割裂教学和学习之间的联系。由此可见,早期的这些研究可以作为学习中心教学思想的起源,但是并没有出现学习中心教学理论的萌芽。鉴于上述原因,下面的文献聚焦于系统地梳理学习中心教学的理论和实践研究。

虽然学习中心的教育思想已经存在了很长的时间。[1][2] 但是直到20世纪六十年代普劳顿报告书提出实施学习中心的教学方式时,这一概念才在英国的教育领域被广泛地采用;[3]而直到上世纪末本世纪初学习中心的教学方式才在大部分西方国家占主流地位。[4] 当然,这也进一步推进了发展中国家的学习中心教学的研究工作。[5] 另外,由于近代以来,学习中心教学的相关理论和实践研究主要集中在西方,所以后面聚焦于对西方的学习中心教学的相关理论与实践进行梳理。根据文献分析发现,学习中心教学理论和实践的发展经历了:理论萌芽阶段(19世纪末—20世纪中叶)、理论发展阶段(20世纪中叶—20世纪末)、理论的全面兴起阶段(20世纪末至今)。这三个阶段分别所关注的学习中心教学的侧重点是不同的,萌芽阶段主要关注的是儿童中心,发展阶段开始关注学生的学习过程(认知和情感),全面兴起阶段则既关注学生也重视学生的学习过程。

(二) 学习中心教学理论的起步(19世纪末—20世纪中叶)

19世纪末美国进入了社会转型的重要时期,在政治上通过南北战争实现了国家的统一,经济上由自由资本主义向垄断资本主义发展,科技上由蒸汽时代走向电气时代,生产力水平实现了又一次飞跃。正是因这种转型使得美国社会矛盾加

---

① Dewey, J. The Child and The Curriculum and the School and Society [M]. University Press, Chicago, IL, 1956.

② Hayward, F. H. The educational ideas of Pestalozzi and Froebel [M]. London, UK: Holland and Co, 1905.

③ Plowden, B. Children and their primary school [M]. HMSO, London, 1967.

④ O'Sullivan, M. The reconceptualisation of learner-centred approaches: a Namibian case study [J]. International journal of educational development, 2004,24(6),585-602.

⑤ Black, H., Govinda, R., Kiragu, F., Devini, M. School improvement in the developing world [C]. An evaluation of the Aga Khan Foundation Programme, ODA Research Evaluation Report, number 45,1993.

剧,而人口增长和南北贵族之间的矛盾又加深了这种矛盾,这就促使社会急需转型,社会转型对教育也提出了转型的要求。基于这一背景,旧的传统教育已经不能适应社会的发展,为了改变 19 世纪末以前"教育是以教师为中心的,强调知识和技能的传授"[①]的教育现状。杜威(1859—1952)通过比较新旧教育的差异,将"儿童中心"(学习中心教学理论的重要基础之一)作为新教育的基本特征。[②] 并且这种理念对教育理论的发展产生了深远影响。

学习中心教学伴随着美国进步主义教育思潮的兴起而萌芽。杜威一直批判传统的教师中心、内容中心的教学忽视了儿童与社会生活之间的关系,并且不利于学生学习,提出了教育即生长的论断。杜威的工作是卓有成效的,因为他认识到了每个儿童的发展都是心理和社会两个维度共同作用的结果,这一观点具体体现为杜威对教育即生长和教育即社会的论述。教育即生长强调将儿童从被动的、被压抑的状态下解放出来;对于儿童的教育应该尊重儿童的发展规律。因此,杜威指出,教育必须基于对学生的能力、兴趣和习惯的理解,才能够促进学生在社会中的成功。[③] 杜威反对卢梭的保护儿童不受社会影响的观点,他认为,儿童必须在社会情境中发展他们的能力,学校应该是社会的缩影,教育即生活,但不仅仅是为生活做准备,这是杜威教育即社会理论的体现。后来杜威认为社会是一个持续更新的过程,这一过程中伴随着一系列的实验。在美国芝加哥大学,他创办了第一所劳动学校,这个学校的课程是由一系列基于问题解决的活动构成。[④] 后来杜威创办的劳动学校在美国流行开来,每个州都有一所甚至更多的劳动学校。然而不幸的是,为了削减开支,很多成功的学习共同体被终止,大约有 100 所中等层次的实验学校被废除。

学习中心教学的理论在"教育即经验"中也有重要的体现。杜威认为学习中心的理论包括基于问题和兴趣两个方面的内容,他在著作《经验与教育》一书中这样写道:"除非一种规定的经验能够引出(儿童)先前不熟悉的领域,并且没有问题

---

① 丁笑炯.关于以学生为中心的教学理论与实践的反思[J].全球教育展望,2005,34(11):39—44.

② 张斌贤,王慧敏."儿童中心"论在美国的兴起[J].北京大学教育评论,2014,12(1):108—122.

③ Henson, K. T. Foundations for learner-centered education: A knowledge base [J]. Education, 2003,124(1),5-12.

④ Campbell, J. The Children's Crusader: Colonel Francis W. Parker [D]. Teachers College, Columbia University, 1965.

产生,否则问题总是会刺激思想的。"①从表面上看,这一表述可能建议的是:课程应该与所有制定的内容和经验保持高度的连续性。但是这其实是一种误解,因为杜威认为学习者的经验是来自学习者自身的,每一种经验应该让学生产生动机,用这种解决问题的动机去产生新的与这一主题相关的新的问题。

杜威的教育思想中与学习中心教学一致的论述应该还包括"伴随学习(Collateral Learning)",有关伴随学习的思想后来被命名为融合学习(Confluent Learning)。伴随或者融合学习认为最丰富的学习必须包含个人的情绪,并且这种类型的学习中心的教学是最丰富的。

对信息的持久态度,即培养学生对学习的喜欢或者不喜欢的态度常常要比拼音课、地理课或者历史课上学到的东西重要得多。这些态度是未来学习其他事情的基础。最重要的态度是能够形成个体对学习的持续欲望。②

进步主义教育学会推进了学习中心教学的发展,该学会成立于1919年,一直持续到1941年美国参加第二次世界大战。从1932—1940年持续的"八年研究(Eight Year Study)",使美国进步主义教育学会通过这一项研究形成了大量的学习中心教学的评价方法。这些研究发现,学习中心的教学是等于或者优于传统教育教学方式的。③ 与传统教学相比较而言,学习中心教学的优势包括学生:

＊获得更高的学业成绩

＊获得更多的学习荣誉

＊发展出更加旺盛的求知欲

＊发展出卓越的创造力

＊发展出更加深刻的动力

＊发展出卓越的领导能力

＊变得越来越关注世界大事

＊变得更加客观

然而不幸的是,随着1957年10月前苏联人造卫星发射成功,人们开始担心美

---

① Dewey, J. Experience and education [M]. New York: Macmillan, 1997.

② Dewey, J. Experience and education [M]. New York: Macmillan, 1997.

③ Kridel, C. , & Bullough Jr, R. V. Stories of the eight-year study: Reexamining secondary education in America [M]. SUNY Press, 2012.

国将无法与苏联竞争。经过反思，人们把矛头指向教育，认为是学习中心的教学造成了美国教育质量的下降，影响了美国的人才培养质量。① 教育质量的下降直接导致了美国在太空研究中落后于前苏联，批判者们强烈要求恢复传统的基础教育。

与进步主义教育一起构成19世纪末20世纪初欧美教育改革运动的欧洲资产阶级的新教育运动在这一时期也开展得如火如荼，新教育运动也是以倡导学习中心教学为重要特征。比杜威稍微晚一点的英国著名教育学家A. S. 尼尔（A. S. Neill，1883—1973），是欧洲新教育运动的代表性人物，他极力推崇学习中心的教学，他于1921年在英国伦敦附近的夏山建立了一所学习中心的学校，该学校的名称就是夏山学校。尼尔认为生命的意义在于追求幸福，寻找兴趣。② 正是基于对生命意义的理解，他们创办的学校的基本理念是：让学校适应学生，而不是让学生适应学校。③ 由此可见，尼尔的基本教育理念与学习中心的教学不谋而合。而要让学校适应学生的前提是学校充分相信学生，尼尔正是这样做的，他相信："孩子生来是聪明和现实的。"④"孩子的天性是善良的而不是邪恶的。"⑤"人性是善良的，相信原罪不存在，也从未存在过。"⑥出于对"人性本善"的坚定信仰和对爱的力量深信不疑，尼尔对生命、对儿童怀有深切而虔诚的尊重，并且将这种尊重以自由的方式表达出来，进而建立世界上最自由的学校。⑦ 教师的作用是引导和鼓励学生进行积极探索，而不是一部百科全书，只会照本宣科。⑧ 这种学习中心的教育与传统教师中心的教育相比而言最大的优点是：培养出了未被恐惧与仇恨摧毁的健康自由的孩子。⑨ 英国政府督学报告对这所学校的办学给予了非常高的评价，该报告指出："该学校因进行革命性的教育实验以及实行广为人知的自由教育理念而

① Sadovnik，A. R.，Cookson，P. W.，& Semel，S. F. Exploring Education An Introduction to the Foundations of Education [M]. Boston，MA：Allyn and Bacon，1994.
② ［英］A. S. 尼尔. 夏山学校［M］. 王克难，译. 北京：新星出版社，2016：20.
③ ［英］A. S. 尼尔. 夏山学校［M］. 王克难，译. 北京：新星出版社，2016：4.
④ ［英］A. S. 尼尔. 夏山学校［M］. 王克难，译. 北京：新星出版社，2016：4.
⑤ ［英］A. S. 尼尔. 夏山学校［M］. 王克难，译. 北京：新星出版社，2016：4.
⑥ ［英］A. S. 尼尔. 夏山学校［M］. 王克难，译. 北京：新星出版社，2016：86.
⑦ 张宛. 尼尔自由主义教育思想的特征与评价［J］. 河北师范大学学报（教育科学版），2009，11（7）：61—64.
⑧ 吴明海. 英国夏山学校教育人类学考察［J］. 民族教育研究，2002，13（2）：42—50.
⑨ ［英］A. S. 尼尔. 夏山学校［M］. 王克难，译. 新星出版社，2016：4.

举世闻名。""学生朝气蓬勃,毫无懈怠和冷漠迹象。""学生有礼可亲,偶尔有不拘小节,但很友善、自在、不忸怩,容易相处。""学校为适应学生兴趣的发展而不受考试的限制。"等等。① 当然,教育督导也对该校提出了一些需要改进的方面,比如"虽适应了学生的兴趣,但学生成绩平平。""学校中也存在老套的教学方法。""学生缺乏指导。""学校活动过多,容易分散学生的注意力。"等。②

通过对 19 世纪末—20 世纪中叶欧美两位具有代表性的教育学家的学习中心教学理论观点的梳理发现,这一时期开始形成系统的学习中心教学的相关理论,提出了学习中心的教学来区分新旧教学的观点。自此之后,不重视儿童、不重视学生的教学就会被认为是不得人心的。③ 研究儿童或者研究学生成为了研究教学的起点。当然,这一时期的学习中心教学研究也存在一些可以改进的方面:其一,这一时期的学习中心教学是在对传统教师中心教学批判的基础上展开的,导致了学习中心教学走向了另一个极端,忽视了教师对学生的指导和引导;其二,这一时期的学习中心教学还带有自然主义的色彩,使得教学实践中有些教师直接放任学生,这就导致了进步主义后期被批判为是造成教育质量下降的根源,以及英国皇家督导报告所陈述的学生成绩平平的现象;其三,这一时期的学习中心教学的理论大多重视学生的经验,而不重视如何设计教学内容来提升学生的学习效率。正是因为这些问题的存在,所以亟待进一步完善学习中心教学的相关理论。

(三) 学习中心教学理论的发展阶段(20 世纪中叶—20 世纪末)

二战后,由于美国是战胜国,且没有本土作战,因此其在二战后迅速发展,并且在科技领域远远领先世界其他国家。然后随着前苏联第一颗人造卫星上天,进步主义教育理念下的学生中心教学被批判为存在着降低教育质量的风险。学习中心教学理论研究受到前所未有的挑战,这一时期的研究者们不仅继承了进步主义教育尊重学生特点的思想,还吸收了建构主义和人本主义的相关理论,使得学习中心教学的理论又得到进一步发展。这一时期学习中心教育理论的主要表现为:

---

① [英]A. S. 尼尔. 夏山学校[M]. 王克难,译. 北京:新星出版社,2016:62—69.
② [英]A. S. 尼尔. 夏山学校[M]. 王克难,译. 北京:新星出版社,2016:62—69.
③ 张小平. 从杜威到布鲁纳——看美国教学论思想的发展[J]. 华东师范大学学报(教育科学版),1983,2(1):67—74.

1. 基于认知建构的学习中心教学

认知建构主义是学习中心教学的理论基础,这种理论主张学习任何东西,学习者必须通过将新信息整合进先前的经验中来建构他们自己的理解。这种以认知建构为基础的学习中心教学理论的主要代表人物是布鲁纳(J. S. Bruner)。

认知建构主义心理学的最早代表人物是瑞士教育学家、心理学家皮亚杰(J. Piaget),他聚焦于将学习者作为个体进行研究。皮亚杰认为学生的学习就是同化和顺应,同化是把新的经验纳入已有的认知结构中,从而产生理解;顺应则是当新经验不能纳入已有认知结构时,个体对原有认知结构进行改造,从而形成新的认知结构的过程。① 20世纪六七十年代布鲁纳发展了皮亚杰的理论,认为学习的作用就是同化和顺应,即对认知结构的调整和改进。在布鲁纳看来:"知识的结构——它的相联系性以及从一个观念推论出另一个观念的那些引申观念是教育应该做的事情,结构赋予了我们所学内容的意义,并且使得个体能够打开经验的新领域。"②基于这种理解,如果学习的新的内容本身就具有内在的逻辑结构,那么这就有利于学生在学习过程中建立良好的认知结构或者使已有的认知结构得到改造,从而改善学习效果。正是基于上述理论,布鲁纳引领了美国六十年代的课程改革,并且他于1960年出版了《教育过程》一书,这本书在教育研究历史上具有里程碑的意义。随着这一著作的传播,布鲁纳的结构主义教学思想在世界范围内传播开来,而布鲁纳最重要的教学思想莫过于结构论。知识的结构特征,指教学理论必须规定大量的知识组织方式,以便学习者能够轻松地掌握这些知识。学科的基本结构就是每门学科中广泛起作用的概念、原理和法则体系。在布鲁纳看来:"如果你理解了知识的结构,那么这种理解会使你可以独立前进;你无须为了知道各事物的属性而与每事每物打交道,只要通过对某些深奥原理的掌握,便有可能推断出所要知道的个别事物……你借此能够获悉大量信息,纵然你头脑里记住的事物数量并不多。"③学习这些基本结构可以促进理解,有益于记忆,促进迁移以及缩小高级知识和初级知识之间的间隙。

① 张大均. 教育心理学[M]. 北京:人民教育出版社,2011:44.
② 张小平. 从杜威到布鲁纳——看美国教学论思想的发展[J]. 华东师范大学学报(教育科学报),1983,2(1):67—74.
③ [美]布鲁纳. 教育过程再探[J]. 邵瑞珍,译. 教育研究,1978,3:74—75.

布鲁纳极力倡导由儿童自己参与的发现教学法。布鲁纳继承了皮亚杰的思想，既重视知识的传承，又强调个体智慧的发展，用他自己的话来说："教育有双重任务，一方面，'教育过程是把组成一个民族文化的知识、风采和价值所积累的部分内容传授给个体。'另一方面，'教育也必须谋求智力的发展。'"①也就是说，相比知识传授，促进学生智力的发展更为重要，即"广博的心智能力和克服困难的效能感是我们能够给予儿童的仅有的工具"。②按照现在的话来说，教学不仅仅只是让学生学习，更重要的是要让学生学会学习，即发现学习是以培养学习者的探究性思维的方法为目标的。为了促进学生学会学习，教师就可以运用发现教学法。布鲁纳认为学习是一种认识过程，教学的目的是让学生参与建立学科知识体系的过程。发现教学法有两个步骤：一是学生依据所获得的感性材料，记住推理和直觉引起的思维的飞跃，提出试探性的假设；二是学生使用更多的感性材料对试探性的假设做检验。③而布鲁纳将自己的认知结构理论和发现学习教学法结合起来的论述就是，向学生提供学科的基本结构以引导学生形成独立发现的力量。④而按照现在的理解来看，发现学习可以深化学生对学科结构的理解，促进学生更加深刻地理解学科内容。发现教学法是学习中心教学的重要表现形式之一。

2. 人本主义的以学生为中心的教学观

人本主义心理学是 20 世纪 60 年代在美国兴起的一种心理学思潮。⑤鉴于认知建构主义关注的是从认知方面来开展学习中心的教学，人本主义认为教育教学过程中应该重视学生情感因素在教学和学习中的作用。正因如此，库姆斯（Combs）提出了知觉和信念在教学中的重要作用；罗杰斯（Rogers）则提出了以学生为中心的教学观，并且创造出了非指导性教学理论。而人本主义的教育理念是以促进学生认知素质、情感素质全面发展和自我实现为教学目标的。⑥

在 20 世纪中期以后，人本主义心理学家开始研究以学生为中心的教学，其中

① Bruner, J. S. After John Dewey, What? [M]. Bank Street College of Education, 1961.
② Bruner, J. S. After John Dewey, What? [M]. Bank Street College of Education, 1961.
③ 张大均. 教育心理学[M]. 北京：人民教育出版社，2011：111.
④ 张小平. 从杜威到布鲁纳——看美国教学论思想的发展[J]. 华东师范大学学报（教育科学版），1983，2(1)：67—74.
⑤ 张大均. 教育心理学[M]. 北京：人民教育出版社，2011：87.
⑥ 张大均. 教育心理学[M]. 北京：人民教育出版社，2011：87.

有研究者指出知觉对行为的影响，最终知觉力量将会塑造学习者各种各样的行为。在1962年，库姆斯在编纂督导和课程开发协会的年鉴时就是以"知觉、行为和变化"为标题的，在他看来，如果学生感知到自己是一个好学生和有价值的个体，那么他们将努力来维持这种形象；但是如果学生们感知到他们自己是差生和没有价值的个体，那么他们将会表现出与这种知觉一致的行为。[①] 教师拥有极大的力量来塑造学生的行为。然而有趣的是，教师们通常不是很清楚他们应该如何对待学生。例如，古德和布若菲曾经总结了教师习惯性采用的区别对待优生和差生的方式：[②]

- 差生回答问题，教师等待的时间比较短（指的是说出答案或老师叫另外的学生之前）
- 教师更倾向于告诉差生答案或者叫其他学生来回答，而不是尝试改进差生的回答（通过给差生提供问题线索、重复问题或者换一种提问方式）

……

- 让差生学索然无味的课程（显然是有限制的、重复的内容，强调事实性的背诵而不是深入拓展课程讨论，强调操练和实践任务而不是使用高水平的思考任务）（共有18条这里仅列这几条）。

库姆斯和他的同事探究了青年成长为心理健康的成人的过程，他们称之为"胜任的人"。这些心理学家都认为所有的教师认为好就是有效的，因为成功的教师对自己和学生有强烈的效能感，他们相信学生能够在一个较高的水平上获得成功，他们相信自己能够确保学生能够做到。学习中心的教师能够通过一系列策略来鼓励学生发展积极的自我概念：（1）安排对学生来说有挑战性但又在学生能力范围内的问题；（2）鼓励学生获得成功；（3）正确认识他们自己的成功。上面所提到的知觉和自我概念都属于情感的范畴。[③]

在这本年鉴里面库姆斯提到卡尔·罗杰斯解释道："自我和人格的出现都源

---

① Combs，A. Perceiving，behaving，becoming［C］. Washington，DC：Association for Supervision & Curriculum Development，1962.

② ［美］古德，布若菲. 透视课堂［M］. 陶志琼，译. 北京：中国轻工业出版社，2002：43.

③ 张大均. 教育心理学［M］. 北京：人民教育出版社，2011：111.

自于经验。"根据心理学家的理解,学习中心教育的本质就是为了健康发展。① 库姆斯同一时代的厄尔·凯利认为:"自我的成长必须要感觉到自己投入其中,只有这样才是真正的成长,这在某种程度上是塑造自己的命运和所有人的命运。"②这种评论回应了学习中心教学的本质,解释了为什么需要把学生作为学习和教学的中心,并且认识到学生在学习和教学过程中扮演了积极的角色。此外,根据凯利的观点,当学生参与到学习活动中的时候他们自己已经在自然而然地发展,他们还能够影响同班同学的命运。

上面分析了库姆斯论述的知觉和自我概念在学习中心教学中的重要作用。下面主要介绍罗杰斯的以学生为中心的教学观和非指导性教学理论。

罗杰斯作为人本主义教育理论的代表性人物,他创造了以人为中心的心理治疗理论,在他看来优秀的心理治疗者应该具备三个核心条件:真诚一致、无条件的积极关注和同理心。③ 以此为基础,他将这一理念运用到教育教学中,提出了以学生为中心的教学理论,在他看来,学生是教育的中心,学校是为学生而设的,教师应该为学生而教。④ 这一理念延续了杜威以来对教师中心教学思想的批判。正是基于上述教学理念,罗杰斯结合心理治疗中的非指导性治疗技术,将其迁移到教学研究中,由此他创建了"非指导性教学理论"。非指导性教学是以学生自发学习为特征的,这种教学放弃了传统教学忽视学生要求、替代学生思考的指导教学。人本主义认为人生来就有学习的潜能,因此,非指导性教学的目标就是指向学生的自我实现,并且非指导性教学是没有固定结构的,教学目标、内容、过程和方法是由学生自己商讨决定的,学生对于学习有充分的选择自由。这种教学既没有总结也没有考试。其程序主要是:创设情境以及个人或者小组选择学习目标。⑤ 由上述分析可知,不管是以学生为中心的教学观还是非指导性教学既关注学生认知

① Combs, A. Perceiving, behaving, becoming [C]. Washington, DC: Association for Supervision & Curriculum Development, 1962.
② Combs, A. Perceiving, behaving, becoming [C]. Washington, DC: Association for Supervision & Curriculum Development, 1962.
③ 曾德琪. 罗杰斯的人本主义教育思想探索[J]. 四川师范大学学报(社会科学版),2003,30(1):43—48.
④ 张大均. 教育心理学[M]. 北京:人民教育出版社,2011:113.
⑤ 张熙. 罗杰斯的"非指导性"教学模式和主导主体思想[J]. 教育研究,1996,17(2):63—74.

发展也强调学生的情感,当然,这两者都更多的是从情感的角度来建构其学习中心的教学理论的。

综合上述分析可以发现,20世纪中期到20世纪末学习中心教学研究主要集中于认知建构主义和人本主义,并且认知建构主义主要聚焦于从认知结构来开展教学,由此布鲁纳提出了发现教学法;人本主义则主要关注从情感方面来开展以学生为中心的教学。因此,整合起来,这一时期的学习中心教学主要是从个体的认知和情感两个方面来展开研究的。这对于推进学习中心教学研究而言是一个非常重要的进展。同时,我们也会发现虽然个体是学习中心教学的核心,但是教学和学习最终不仅仅是个体的事情,他还应该涉及个体与周围人和事的互动。并且每一种教学的具体情境都是不同的,即教学应该具有情境性。由于受到认知科学、生态学、人类学以及社会学等学科的共同影响,社会建构主义开始成了学习中心教学研究的重要基础,即研究者们开始从个体的认知建构和情感为基础的学习中心的教学研究走向了情境认知。

(四) 学习中心教学理论的全面兴起(20世纪末至今)

20世纪末正处于电气时代向信息技术时代转变的关键时期,一方面美国担忧教育质量影响美国在这次科技革命中的位置;另一方面,随着信息技术时代的到来使得就业竞争越来越激烈,毕业生很难找到满意的工作。与此同时,雇主要求就业者们具有专门的技能,而毕业生不符合这些用人单位的要求。因此,很多人开始抱怨,虽然越来越多的人接受越来越高水平的教育,但是学到的知识却越来越不符合社会的需求。社会对教育的影响越来越明显。基于这一背景,社会建构主义教育理论受到重视,并且终身学习理念成为社会发展的必然趋势。因此,教学开始把学生的学习和发展置于开放性的、与外界不断互动的生态化的系统中来考虑。为了情境认知而教的生态化教学取向开始呈现。[①] 而终身学习也是解决个体与社会发展保持同步的重要策略,因此,这种为了情境认知而教的生态化教学必然要指向个体的终身学习。

这种教学取向是以维果茨基(Vygotsky)的理论为基础,即以社会互动的建构主义理论为基础。在20世纪初期,前苏联心理学家和社会学家维果茨基研究了

---

① 张大均. 教育心理学[M]. 北京:人民教育出版社,2011:115.

儿童的互动。他认为当参与小组问题解决的时候,儿童通过讨论问题,并且告诉其他的儿童怎么样来解决问题,即通过帮助小组中的其他成员,这种共同解决问题的方式比儿童自己单独解决问题的学习方式更加有效。维果茨基称这种社会学习方式为"协调意义"。① 维果茨基使用了一个系统,这一系统现在被称为"合作学习",以此来促进每一个学习小组内的合作。为了获得好的成绩,小组成员努力帮助小组内的其他成员理解和获得成功。这一系统与传统的教育形成鲜明的对比,这不是以教师为中心的,而是学习中心的;学生不是被动的而是主动参与,并且学习活动是以问题为导向的;这种教学的基础不是竞争而是合作。因为社会建构主义认为个体必须建构他们自己的知识,他们认为所有的知识都具有暂时性(每一个概念只有达到让学习者有更深的经历来重新定义它的时候,这一概念才被认为是正确的)。学习者在建构主义的课堂中运用的是以问题为导向的方式来实现的,内容不是作为孤立的事实来被研究的,而是作为广泛的概念和跨学科的主题。因此,这一时期的学习中心教学研究核心特征就是关注社会互动。当然,这时候的学习中心的教学理论不仅仅是社会建构主义,它还吸收了认知建构主义和人本主义的相关教学理论。

标志着这一时期学习中心教学的重要事件有二:其一,为了应对学习时代的发展,美国心理学会(American Psychological Association,APA)于 1993 年提出了基于学习者和学习的 14 条心理学原则,每一条原则都有相应学科的研究证据作为支撑。② 这标志着以实证依据为支撑的学习中心教学阶段的到来。其二,1996年 21 世纪教育委员会(International Commission on Education for the Twenty-first Century)向联合国教科文组织提交的报告《学习:财富蕴含其中》(Learning:The Treasure Within),这一报告又被称为《德洛尔报告》(Delors Report),该报告始终突出的是"学"而不是"教",是"学习者"而不是"教师",其始终是在"学习"的视野下观照教育,凸显了教育以"学习为本"的理念。③ 这使得该报告成为了"学习为

① Henson, K. T. Foundations for learner-centered education: A knowledge base [J]. Education, 2003,124(1),5 - 12.

② American Psychological Association. Learner-centered psychological principles: Guidelines for school redesign and reform [M]. Washington DC: American Psychological Association,1993.

③ 曾文捷. 走进"学习为本"的教育时代——写在《德洛尔报告》发表 20 周年之际[J]. 比较教育研究,2016,37(12):1—7.

本"新时代的行动宣言。

这一时期的学习中心教学已经不是一种单一的教学方式,而是多种教学方式的集合。学习中心教学中使用的策略可能在传统的教学中也有使用。通过对既往学习中心教学的文献分析,本研究总结了这一时期学习中心教学的关键特征:其一,学生对自己的学习负责任;其二,教师在学生学习过程中起指导作用;其三,学习内容的主要功能在于促进学生学习、培养兴趣、理清思路和促进未来学习;其四,实现教师和学生权力之间的平衡;其五,使用多种教学评价方式尤其是形成性评价方式来促进学生学习。20世纪末以来学习中心教学的概念理解和相关研究的主要问题,本章的下面一节展开详细的分析。

另外,通过文献分析发现,现阶段学习中心教学的理论模型主要有两个:其一是麦库姆斯和米勒在学习中心14条心理学原则的基础上建构的学习中心教学的研究理论;其二是布伦伯格在韦默研究基础上建立的学习中心教学理论。当然,这不是说现阶段就只有这两种学习中心教学的理论模型,其实目前研究学习中心教学的理论确实不少,但是通过分析发现,这些理论大多是在上述两种理论的基础上修改或者调整之后的变式,因此本研究将在下一章中将着重研究和分析这两种学习中心的教学理论。

二、学习中心教学的当代研究问题

(一) 核心概念的理解

本研究的关键概念是学习中心教学,该概念涉及的关键词主要是:学习、学习中心和学习中心教学。因此下文将对这三个核心概念进行分析和理解。

1. 学习

不同视角下的学习理解是存在差异的学,比如行为主义认为学习就是一种刺激反应的过程,是强化的结果。然而随着研究的发展,认知主义、建构主义和人本主义学者对学习提出了不同的理解。当前具有代表性的观点有:

(1) 杜威:学习包括经验和反思

杜威认为学习的发展是认知冲突的结果而不是强化的结果。① 当学习者体验到环境的不协调、不稳定或者不平衡时，他们将无法应用之前的理解，他们必须调整这些理解来适应新的经验。杜威还认为，教学中如果使用讲授、强化或者其他外部强加的方法，这将限制学生的个别学习和有社会意义的学习。他认为现实世界的实践问题会产生更多的经验，进而促进学生的持续学习。为学生提供问题化的实践情境可以促使学生为解决问题而去质疑之前的理解。

学习过程中的个体需要反思。杜威将反思定位为积极、持续和认真思考知识形式的信念、假设的支持理由以及发展趋势，并且他认为反思是没有特定步骤可循的。② 杰伊和约翰逊（Jay & Johnson，2002）提供了一个操作性的反思定义：反思是一个过程，包含个人和合作的经验和不确定性。这包括识别问题和事情中的关键因素，然后将自己的想法与自己或者他人展开对话。从评价的角度来看，这一过程应该涉及这些内容：（1）其他的观点；（2）个人自己的价值观、经验和信念；（3）问题出现的大背景。个体通过反思可以有新的发现，这将改变个体的行为或者性格。随着新问题的出现，反思呈螺旋上升的趋势。③

杜威（Dewey，1997）认为当学习者通过参与或者反思一个真实问题来解决自己内心的困惑时，他们会重构情境，进而重建自我概念。在潜在的不均衡、问题探究、决议和重建的新循环中，学习者将转变成为新的个体。④ 最后，杜威将这一过程称之为"成长（Growth）"。⑤ 虽然杜威提出了从根本上重建体验和反思的哲学概念，但是通常而言，皮亚杰才是建构主义的创始人。

（2）皮亚杰：学习是同化和顺应

皮亚杰认为同化和顺应是个体感知世界的两种主要方式。⑥ 同化是基于已有经验理解新事物的过程，顺应是指在个体不能很好适应之前感知到事情的时候，而根据新的信息改变个体脚本的过程。比如，通过本研究教师可以回忆和利用他

---

① Dewey, J. Experience and education [M]. New York：Macmillan, 1997.

② Dewey, J. Experience and education [M]. New York：Macmillan, 1997.

③ Jay, J. K. , & Johnson, K. L. Capturing complexity：A typology of reflective practice for teacher education [J]. Teaching and teacher education，2002,18(1),73 - 85.

④ Dewey, J. How we think [M]. Boston：Health, 1997,79 - 82.

⑤ Dewey, J. Experience and education [M]. New York：Macmillan, 1997.

⑥ Piaget, J. The child's conception of the world [M]. New York：Littlefield Adams, 1990.

们之前的经验来进行反思,而这又为教师提供了新的体验实例,进而教师才能够更好地适应于教学。这时候,教师就能够体验到新信息适应旧方式以及新观点的形成。

学习者总是在平衡和失调的周期里面波动。认知失调的发生是作为个体遇到的任何新的不能理解的事情的结果。个体总是体验着各种各样的困惑或者矛盾。这一过程要么是超出个体的意识之外的,要么是个体极力挣脱的。在这两种情境中,皮亚杰认为人们需要解决这些冲突。同化(将新知识纳入已有的理解中)和顺应(改变我们已有的理解以便为新的知识腾出空间)能够帮助个体有意义地处理这些冲突。因此,学习的功能之一就是通过使用脚本或者建构新的脚本来进行意义的建构。从建构主义的观点来看,学习是一个自然而然的事情,这一过程里不可避免地会产生新意义,从而回应一个持久的新的系列情境、信息和经验,这种情况通常发生在社会情境中,比如课堂。

(3) 维果茨基:学习是一种社会建构

维果茨基是社会建构主义的代表性人物。他认为,在情境中,个体通过与他人互动来进行学习(比如,建构意义),这里的他人包括:家人、同伴和教师。当然除了上述人际互动之外,通常个体也不断地与其所在情境中的社会因子进行互动,有时候甚至是并没有直接出现的真实存在的他人。虽然这听起来可能有些奇怪,但是在本质上,维果茨基认为学习是不会发生于特定情境之外的;学习即是共同调节(Co-regulated)。以语言为工具,个体通过分享来自共同学习文化和背景下的现实话题来展开交流。① 比如,个体看电视、看书以及用一种语言与别人聊自己,这些都是个体从别人身上进行学习的方式。即使个体不能与真实的人在所有的时间上都有社会互动,但是这些学习行为都是存在的。自我调节学习就是内化情境的社会因素,进而帮助个体进行学习和自我决定。理解语言和文化系统的意义是适应和学习的重要步骤。

自我调节是一个学会怎么样更好地学习的过程,因此个体的学习是不能够通过他人直接、连续和立即帮助来实现的。元认知是一个专业术语,它通常被用在

---

① Vygotskii, L. S. Thought and language [M]. Cambridge, MA: MIT press, 1986.

高阶思维和自我调节的过程中,它反映了个体的思维水平和个体作为思考者的角色。① 在细节方面,虽然个体可能会经常使用自我调节技能;但是对大多数人而言,优先考虑和持续使用自我调节技能是非常少见的。其实,建构主义强调的自我调节和人本主义倡导的自我实现是一致的。

学习中心的教学和自我调节是一种相辅相成的关系,当这两者之间的关系以最佳组合的形式出现的时候,学习通常是最自主和最有效的。② 他认为当教学能够支持最近发展区的时候,个体才能够学得更好、学得更多。③ 维果茨基将最近发展区定义为,个体独立解决问题所决定的现实发展水平与在成人指导或者与更有能力的同伴合作解决问题的潜在水平之间的间距。④ 换句话说,最近发展区就是指个体在成人或者更有能力的同伴帮助下能够做到,但是自己一个人又不能做到的水平。这一区域就是教学和学习的最佳区域,适应于学习者已有的知识、技能和道德发展水平。在最近发展区中,维果茨基提示道:接下来的重要步骤不是超前太多也不是落后太多,而是刚刚好在学习者已经知道、会做的和相信的水平之前,这通常被称为帮助学生的领先区域(Leading Edge)。⑤

维果茨基开发出了脚手架(Scaffolding)的基本框架。⑥ 他强调怎么样才能够使得教师指导聚焦于思维的体验和帮助学习者在最近发展区中建构知识,继而拓展最近发展区的范围。传统上,脚手架是金属框架的支撑结构,这是建筑工人使用它来帮助他们接触建筑的下一个部分,否则下一个步骤将是遥不可及的。类似的,在教育领域中,脚手架能够指导学生理解所学内容并培养其对学习的责任感,同时在一些特定领域有时也被称为掌握。⑦ 后来,布鲁纳发展了脚手架的概念,他

① McCombs, B. L., & Marzano, R. J. Putting the self in self-regulated learning: The self as agent in integrating will and skill [J]. Educational psychologist, 1990, 25(1), 51 - 69.

② Schmid, C. L. Educational achievement, language-minority students, and the new second generation [M]. Sociology of Education, 2001, 74(1), 71 - 87.

③ Vygotsky, L. S. Thought and language [M]. Cambridge, MA: MIT Press, 1986.

④ Vygotsky, L. S. Mind in society: The development of higher psychological processes [M]. Cambridge, MA: Harvard university press, 1978.

⑤ Martin, D. G. Counseling & therapy skills(2nd ed.)[M]. Prospect Heights, IL: Waveland, 2010.

⑥ Vygotsky, L. S. Mind in society: The development of higher psychological processes [M]. Cambridge, MA: Harvard university press, 1978.

⑦ Bloom, B. S. All our children learning: A primer for parents, teachers, and other educators [M]. McGraw-Hill Companies, 1981.

建议教师有目的地呈现活动让一部分学生不需要帮助也能够成功,而让其他的学生通过脚手架也能够获得成功。合作学习、私密话语、交互式教学以及其他有效的学习中心的教学方式的理论基础都是以建构主义的适应、最近发展区和脚手架理论为基础的。①

建构主义和人本主义理论都强调了人具有学习和适应的内在动力。在这两种理论里面,人际关系和学习方法上的尝试都指向提高个体的自我调节能力。虽然建构主义通常被一些相同教学方式所使用(比如,基于问题的学习、真实的教育学、体验式学习、发现式的学习方法以及探究),但是对自我调节学习方式最准确的理解应该是这一方法的批判者和支持者们都支持的,而不仅仅是这些方法的倡导者一方支持的。②

(4)罗杰斯:学习是学习者的自我实现

卡罗尔·罗杰斯曾经说过:"我们不能够直接教授其他人,我能够做的仅仅是促进他人的学习。"③以人为中心的教育理论是经典的人本主义理论,它是依靠具有促进性的师生关系来实现的。关系促进着自我实现的形式、过程和结果,也促进了目标的民主性、教育的灵活性,并以此帮助学生发现怎么学习更有价值,这就实现了"学习向生活转变"。罗杰斯认为这不仅影响了心理学理论,而且还是以人为中心的教育理论的重要基础。这种促进性的关系具有的特征是共情(站在学生的立场理解学生)、真实(真实性),以及无条件的积极关注(接受和表扬)。

① 促进性的关系孕育自我实现

罗杰斯(Roges)是最先论述以人为本的教育理论的学者,他提出了为了自我实现的八个目标(见表2-1)。④

---

① Brown,A. L. ,& Palincsar,A. S. Guided cooperative learning and individual knowledge acquisition [A]. In L. B. Resnick (Ed). Knowling, learning and instruction, essays in honor of Robert Glaser [C]. Hillsdale, NJ: awrence Erlbaum Publisher, 1989.

② Kirschenbaum,H. The life and work of Carl Rogers [M]. Ross-on-Wye, UK: Pccs Books,2007.

③ Rogers,C. R. Client-centered therapy [M]. Boston: Houghton hfifflin,1951.

④ Rogers,C. R. Client-centered therapy [M]. Boston: Houghton hfifflin,1951.

表2-1　自我实现学习者的八个目标

自我实现的人(self-actualizing people)
<ul><li>采取自己的行为</li><li>有进行智力选择和自我指导的能力</li><li>批判的学习者</li><li>探究知识</li><li>适应灵活性</li><li>利用所有自由的和创造性的相关经验</li><li>有效合作</li><li>根据自己的社会化目的工作</li></ul>

自我实现目标的教学意味着关注学生的所有方面(比如,投入和成就)。佩特森(Patterson,1973)是《人本主义教育(Humanistic Education)》的作者,他也是成果最丰富的以人为中心的研究者之一。与此类似,他认为教师必须帮助学生发展成为"被他人能够感觉到的,被他人关心的,作为一个人能够发展和利用自己的潜能的——作为全能或者自我实现的人"[1]。

② 人际关系有利于培养民主的、合作的学习者

罗杰斯(1951)所描述的学习目标中有一个是"民主的团体",或者是一个"教育的决策者"[2]。佩特森(Patterson,2006)声明培养民主的公民"最重要的事情就是要学会去爱"[3]。同等重要的是,民主的课堂或者社会越来越成功是因为他们的成员见多识广、成熟、参与度高以及具有批判性思维。当一个民主团体中的成员是无知的、没有主见的、或者冷漠和懒散的时候,民主将是一种闹剧。人本主义教育目的在于培养个体具有成功互动的技能和建立有共同目标的民主共同体。

③ 有效教学具有灵活性和差异性

灵活性是人本主义教育的第三个基本特征。[4] 教学策略应该是与创新相结合

---

[1] Patterson, C. H. Humanistic education [M]. Englewood Cliffs, NJ: Prentice Hall, 1973.

[2] Rogers, C. R. Client-centered therapy [M]. Boston: Houghton hfifflin, 1951.

[3] Patterson, C. H. Education and the humanistic crisis [J]. The Person-Centered Journal, 2006, 13, 7-11.

[4] Rogers, C. R. Freedom to learn: A view of what education might become [M]. Columbus, OH: Merrill, 1969.

的,它应该是基于教师、学生和内容构成的独一无二团体的教学方法(McComds & Miller,2007)。① 每一个教师、学生和学校都具有独一无二的偏好、能力和资源。成功的人本主义教育使用大量的独一无二的因素来适应特殊的环境。根据拉尔夫(Ralph,2005)的理论,大部分有效的教师能够认识到每一个学生都是独一无二的,在教师的教学中能够吸引学生的注意力,采用差异化教学来适应学生独一无二的需要。② 运用差异化教学或者"确保学生学什么、怎么学以及证明所学习的与自己的学习意愿、兴趣和偏好是一致的",这些因素对实现有效教学是至关重要的(Good,2006)。③

④ 学习转化成生活

随着研究的发展,罗杰斯的教育理论深化了学习中心教学的本质和目的。比如,罗杰斯(1969)写道:在快速变革和不安全的世界里"探寻知识的过程仅仅是提供了一个相对安全的基础"④。换句话说,教学成功的关键不是获得知识或者更广泛的社会和情感结果(比如民主、合作机制),而是在学习过程中学生怎么样更好地学习。以人为中心教育的最终目的是:使学习变成生活。

后来,人本主义教育理论认为"成为专家型学习者的需要"对未来生活至关重要,这也是人类和世界存在的意义。罗杰斯认为,"如果我们要生存,那么教育的目的是为了促进变革和学习"来实现个人的目的/利益。接着,罗杰斯写道"这个问题太紧迫",不是说说而已。⑤ 近年来,这一观点被麦库姆斯和米勒所回应,在他们看来"改变我们的教育制度是非常紧迫的事情"⑥,而佩特森也认为教育的目的

---

① McCombs,B. & Miller,L. Learner-centered classroom practices and assessments Maximizing student motivation,learning and achievement [M]. Thousand oaks,CA:Corwin Press,2007.

② Ralph,E. G. College Teaching [M]. New York:Novinka,2005.

③ Good,M. Differentiated instruction:principles and techniques for the elementary grades [C]. Retrieved Friday,February 02,2007 from the ERIC database,2006.

④ Rogers,C. R. Freedom to learn:A view of what education might become [M]. Columbus,OH:Merrill,1969.

⑤ Rogers,C. R. Freedom to learn:A view of what education might become [M]. Columbus,OH:Merrill,1969.

⑥ McCombs,B. & Miller,L. Learner-centered classroom practices and assessments. Maximizing student motivation,learning and achievement [M]. Thousand oaks,CA:Corwin Press,2007.

是培养各种人(全面发展和人际关系发展)都能够在社会中生存。[①] 美国国家教育和经济中心(2007)在一个关于未来全球背景下的教育报告中写道"创造和创新是生活的关键……各种差异化的教育是大多数人应该接受的……这才是走向安全的唯一路径"[②]。虽然,罗杰斯持续关注的重点是促进性关系的重要性,但是他最初关注研究学习者个体和其学习过程,而不像建构主义那样只关注过程。

虽然上述研究是分析学习概念的最重要的理论,但是关怀教育学理论(Care Pedagogy)以及批判教育理论也对学习有过相关的论述。它们能够深化我们对学习的认识。

(5)诺丁斯:学习是关怀的实现

有些研究者讨论了关怀在教学中的重要作用,其中最有影响的要数内尔·诺丁斯(Nel Noddings)。诺丁斯探究了教师支持的重要性,在她看来在教育中践行关怀伦理主要包括四个成分:以身作则、对话、实践和认可。[③] "以身作则"主要涉及手段—结果的一致性。如果教师要培养学生的关怀能力,首先需要学生体验到关怀。另外,实践比单一的语言更有效。教师不能期望学生来做教师都不做的事情。"对话是开放式的"和"共同寻找理解、共情和欣赏"[④]。教师必须接纳学生和尊重学生的声音。"实践"涉及给予个体机会去获得关怀他人的技能。"认可"是对每一个学生的人性或者精神的深度的肯定、尊敬和鼓励。[⑤] 教师在践行关怀每一个成分的时候,这些实施的成分会一个接一个地被学生学习,当然在这一过程中也包括师生之间的互动,在这里学生能够学会关怀。一个具有关怀伦理的教师和开展关怀教育是不一样的,教师要做的是用自己的方式告诉学生关怀是什么。

---

① Patterson, C. H. Education and the humanistic crisis [J]. The Person-Centered Journal, 2006, 13, 7 - 11.

② National Center on Education and the Economy. Tough Choices: Tough Times: The Report of the New Commission on the Skills of the American Workforce [M]. San Francisco, CA: Jossey-Bass, 2007.

③ Noddings, N. Caring: A relational approach to ethics and moral education [D]. Berkeley: University of California Press, 2013.

④ Noddings, N. The Challenge to Care in Schools: An Alternative Approach to Education [M]. New York: Teachers College Press, 1992.

⑤ Merrill, M. Revitalize Your Teaching Through Collaboration and Integration [A]. In R. Stone (Ed). Best practices for teaching writing: What award winning classroom teachers do [C]. Thousand Oaks, CA: Corwin Press, 2007, 79 - 80.

哥德斯坦（Goldstein，1997）认为一个崇高的和有学术伦理关怀的本质要有"爱"。[①] 因此，教师、学生和父母可以更加直观地理解爱的方式，并且践行包含有爱的教育。在有爱和关怀的教学中，教师建构和支持与学生之间的有意义的关系，并且教学生建构和维持与教师之间的有意义的关系。

诺丁斯强烈支持建构主义和人本主义的课堂学习原则。[②] 她指出小组合作学习适应于个体学生的学习兴趣，这将有利于教师开展关怀教学。她也建议教师必须明确地告诉学生小组合作学习的目的，这不仅仅有利于教师个人，同时也能够帮助学习者。

（6）批判教育学和多元文化路径教育学：学习是为了实现公平和公正

除了聚焦于自我实现、社会学习、共情和关怀理论，学习中心学习这一概念还被批判教育学和多元文化路径教育学理论所关注。多元文化主义是今天思考教育是什么、为什么和怎么样等问题的重要力量。虽然多元文化教育理论在教育中有着很多方面的影响，但是最简单和最有说服力的应该还是表现在今天多样化的课堂教学研究中。[③] 随着经济全球化深入发展，信息网络技术突飞猛进，各种思想文化交流、交融、交锋更加频繁，学生成长环境发生了深刻变化。青少年学生思想意识更加自主，价值追求更加多样，个性特点更加鲜明。因此，今天教育实践的成功更大程度上取决于多元文化的课堂教学。

① 特权、权力和储蓄式教育

多元文化教育理论不仅仅支持个体差异，而且认为特权和权力是成熟文化所必须的。[④] 批判和社会公正教育理论为权力影响学习中心的教学提供了一种解释的视角。[⑤] 学习应该适应个体差异。

批判教育理论的代表性人物是保罗·弗莱雷（Paulo Freire），他是激进的教育

① Goldstein，L. S. Teaching with Love：A Feminist Approach to Early Childhood Education [M]. New York：Peter Lang，1997.

② Noddings，N. The Challenge to Care in Schools：An Alternative Approach to Education [M]. New York：Teachers College Press，1992.

③ Cornelius-White，J. H.，& Harbaugh，A. P. Learner-centered instruction：Building relationships for student success [M]. Sage Publications，2009.

④ Sue，D. W.，& Sue，D. Counseling the culturally diverse：Theory and practice(4th ed)[M]. San Francisco，CA：John Wiley & Sons，2012.

⑤ Freire，P. Pedagogy of the oppressed [M]. New York：Bantam Books，1996.

学者。弗莱雷认为传统教学就是通过囤积教育内容来实现控制，在这种教学中，教师只是将知识放置进学生这样的"空瓶子"中，这种教学观认为教师的专业权威和知识权威是没有差别的。[①] 教师通常随意使用权威，权威大多是通过教师自己的实践来巩固。当学生仅仅把教师当作检验作业答案正确性方面的专家的时候，这样的课堂权威和学术权威行为是存在潜在危险的。根据弗莱雷的观点，依赖于讲授的教学，只有当信息在传输的时候权力才是存在的，当信息传输完之后权力就消失，这是对民主目标和功能的反对。[②] 同时，在这种课堂里，学生为了学业成功必须遵守学校的游戏规则，比如，教师总是对的，教师的任何权威都是不可置疑的。

弗莱雷的观点与罗杰斯的观点比较类似，即他们都强调和发展以人为本的教育。[③] 威德尔（Wieder，1951）是第一个研究以人为本教育的研究者，他指出，由于偏见的发展与坚持，第二次世界大战法西斯屠杀人民和毁坏世界遗产。在他看来，与传统的教师直接教学相比较，学习中心的教育能够阻止和减少偏见所造成的危险和不公平。[④]

② 迁移学习和正在进行的变革

当教师通过学习中心的协商方式来分享权力的时候，迁移学习就建立了。迁移学习是关于学习中变革什么和怎么变革的问题，这不仅仅是建立长时记忆，还包括改变一个人的观点、社会角色和社会中的潜在系统。[⑤] 诸多批判教育家所呼吁的不是建构社会状况，而是给所有的公民提供参与民主的机会。学习中心的教学提供了课堂民主互动的基础，这能够引导课堂之外良好的公民行为，而作为被动学习的教师中心课堂则会导致课堂之外冷漠的和剥削式的公民行为。

批判和公正教育理论的另外一个特征就是：成功的教学应该包括更多的教师

---

① Freire，P. Pedagogy of the oppressed [M]. New York：Bantam Books，1996.

② Freire，P. Pedagogy of the oppressed [M]. New York：Bantam Books，1996.

③ Cornelius-White，J. H. D.，& Godfrey，P. Pedagogical crossroads：Integrating feminist critical pedagogies and the person-centered approach to education [M]. Encountering Feminism：Intersections of Feminism and the Person-Centered Approach. Ross-on-Wye：PCCS Books，2004.

④ Cornelius-White，J. H.，& Harbaugh，A. P. Learner-centered instruction：Building relationships for student success [M]. Sage Publications，2009.

⑤ Mezirow，J. Learning as Transformation：Critical Perspectives on a Theory in Progress [M]. San Francisco，CA：Jossey-Bass，2000.

以学习者的姿态出现。① 施拉茨和沃克(Schratz & Walker，2001)赞同"矛盾的是，参与有效的行为要求有公正的监测等级；当我们试图改变的人是我们自己的时候，我们将能够学得更好、学得更多。"② 反思是成功教学的关键，并且自我意识是学习中心教学的基本成分之一。

③ 强制、自主支持和启发式归因

社会公正教育理论宣称传统的教师中心的直接教学方式，非常重视"不是正确就是错误"的评价方式，这种方式不是追求共同话语而是隐含着"赢—输"价值取向的恶性竞争。③ 他们认为教师中心的直接教学方式的本质是以强制和粗暴的方式对待学习者。这将限制学习者的言论，其心理模式是促进教师直接教学，并且强化学生对教师的依赖。德西、科斯特纳和赖安(Deci, Koestner, & Ryan)解释道什么样的教学系统会帮助教师和学习者摆脱对这些系统的控制，并且巩固和支持学习过程中的合作和自我调节，这种方式就是"自主支持"④。当学习者认识到为自己的观点争辩以及以牺牲分享和理解为代价来发展自己的不同观点时，学生学会的将是竞争而不是合作。西方文化更加倾向于欣赏涉及争论或者敌对/竞争相反的——启发式的、协调/合作的推理。⑤ 教育研究中的重要发现之一，即与竞争性的学习相比较而言，合作教育下的学生在任何领域的成功率要高出30%并且会受到更少的负面影响。⑥ 科斯(Cox，1986)写道："在启发式归因中感觉被看作

① Mezirow, J. Learning as Transformation: Critical Perspectives on a Theory in Progress [M]. San Francisco, CA: Jossey-Bass, 2000.

② Schratz, M., & Walker, R. Research as social change: New opportunities for qualitative research [M]. London: Routledge, 2005.

③ Crews, R. J., & Weigert, K. M. Teaching for Justice: Concepts and Models for Service-Learning in Peace Studies [M]. Washington, DC: American Association for Higher Education, 1999.

④ Deci, E. L., Koestner, R., & Ryan, R. M. Extrinsic rewards and intrinsic motivation in education: Reconsidered once again [J]. Review of educational research, 2001,71(1),1 - 27.

⑤ Bing, A. Peace building through foreign study in Northern Ireland: The Earlham College example [A]. In R. J. Crews, K. M. Weigert, & R. J. Crews (Eds), Teaching for justice: Concepts and models for service-learning in peace studies [C]. Washington, DC: American Association for Higher Education. 1999.

⑥ Johnson, D. W., & Johnson, R. T. Cooperation and competition: Theory and research [M]. Edina, MN: Interaction, 1989.

是一种持续的归因，情感被看作是具有认知的特征。"①

上述对于学习理论的分析在于分享一个共同的思路，以便深化研究者和教师对学习的认识。很多理论都借助其他的理论来支持共同的话题。比如，罗杰斯用比较的方式来考察批判教育如何与人本主义教育共享教育目标和原则。诺丁斯则借鉴了建构主义、批判教育理论和人本主义教育理论。通过对上述各种学习理论基础的阐述，可以发现，这些理论着重强调了学习的这几个方面问题：

● 这些理论均强调整体的结果，这些整体结果是超越传统的"正/误"的学业成绩观；

● 这些理论都承认道德的和有效的差异化教学应该非常尊重学习者的兴趣、能力和需要；

● 他们都强调评价已有经验和未来经验之间的联系和连续性，以课程为例，它并不是一些放之四海而皆准的内容；

● 他们都强调教学的根本目标是为了自己和他人学会怎么样学习或者促进学习；

● 他们都认为人际关系是以学生学习的专注和共情为特征的；

● 他们都认为课堂学习是一个有意义或者信息和经验的意义化的自然过程。

基于上述理解，可以将学习进一步概括为：学习是个体自然地追求有意义目标的过程，它是学习者从个人经验和信息出发来主动地、有目标导向地和自我调节地发现和建构意义的过程。成功的学习者能够对自己的学习负责任的。②

2. 学习中心

学习中心的基础是学习中心的原则。库班（Cuban, 1983）确定了学习中心的可观察的测量特征，它们分别是：更多地关注学生声音或提问而不是教师话语；更多地关注个体和适当规模的学习团体；更多地关注多样化的教学材料；更多地关注学生选择学习内容和课堂规则的权利以及更多地关注支持合作学习的课堂物

---

① Cox, J. G. The ways of peace: a philosophy of peace as action [M]. Mahwah, NJ: Paulist Press, 1986.

② McCombs, B. L., & Vakili, D. A learner-centered framework for e-learning [J]. Teachers College Record, 2005, 107(8), 1582 - 1600.

理情境布置。① 这为学习中心的原则制定奠定了基础。

学习中心的原则（the learner-centered principles，LCPs），如表 2-2 所示。美国心理学会基于多年的理论和实践研究，归纳出对学习者和学习影响最大的因素，在此基础上建构起来了学习中心的 14 条原则。② 后续研究证明，这 14 条原则与心理学研究中关于青少年发展的影响因素和预防干预研究结果是一致的。③④ 这些研究发现启示我们，青少年自然的学习动机和外部的干预力量是能够促进他们对自己的积极自我发展负责任的。

学习中心的原则被整合成四种类型（认知和元认知因素、动机和情感因素、发展和社会性因素以及个体差异因素），这些因素通过各种方式对学习者和学习产生影响，具体如表 2-2 所示。这四个领域描述了必须被纳入促进学习者学习的因素。

学习中心原则遵循了学习是非线性的、循环的、持续的、复杂的、相互关联的以及在人类发展中自然存在的规律。既往研究也显示学习能够在环境中被改善，在这个环境里学习者具有支持性的关系、具有自主和控制学习过程的感知，同时也能够在安全和信任的学习环境中向同伴学习。⑤⑥ 但是，在多数传统的课堂中，学习者通常会感知到孤单，学习常常是简单机械的。那么，这种情况下发展学习中心的原则和实践的关键过程是：

● 建立策略来满足学习者的人际关系和人际联系的需要；

---

① Cuban，L. How did teachers teach，1890－1980 [J]. Theory Into Practice，1983，22(3)，160－165.

② American Psychological Association. Learner-centered psychological principles：Guidelines for school redesign and reform [M]. Washington DC：American Psychological Association. 1993.

③ Larson，R. W. Toward a psychology of positive youth development [J]. American psychologist，200，55(1)，170.

④ Seligman，M. E.，& Csikszentmihalyi，M. Positive psychology：An introduction [J]. American Psychologist，2014，55(1)，5－14.

⑤ McCombs，B. L.. A framework for the redesign of K－12 education in the context of current educational reform [J]. Theory into Practice，2003，42(2)，93－101.

⑥ McCombs，B. L. The learner-centered psychological principles：A framework for balancing academic achievement with a focus on social and emotional learning needs [A]. In J. E. Zins，R. P. Weissberg，M. C. Wang，& H. J. Walberg (Eds)，Building academic success on social and emotional learning：What does the research say? [C]. New York：Teachers College Press，2004，23－39.

- 寻找策略来认识个体差异以及学习者的各种需要、能力和兴趣；

- 调整策略来区分学习者为了个人控制和选择的需要；

- 通过评价有效教学实践来满足多样的和新出现的个体学习者和学习团体的需要。①

由上述关键过程可知，发展学习中心的策略不仅仅要关注实现教学实践与学习原则是否匹配，更需要考察教学实践与学习者的各种需要是否匹配。然后，考虑个人平衡和技术支持能否提供各种学习机会、满足内容要求和建构学习共同体。

表2-2　学习中心的14条原则

学习中心的原则
第一个方面：认知与元认知因素 **学习过程的本质：** 学习是个体自然地追求有意义目标的过程。学习是学习者从个人经验和信息出发来主动地、有目标导向地和自我调节地发现和建构意义的过程。成功的学习者对自己的学习负责任。 **学习过程的目标：** 成功的学习者试图创造有意义和具有连贯性的知识表征。随着时间的推移，学生能够弥补理解上的缺陷，消除不一致，加深对学科内容的理解，进而将自己的理解精炼为能够实现的长远目标。教育者能够支持学生创造具有个人意义的学习目标，这些个人目标与学生的个人志向、兴趣以及教育目标是一致的。 **知识的建构：** 成功的学习者能够以有意义的方式将新信息和现有的知识联系起来。这种联系将学生的先验知识和理解与那些能够在新任务中运用和容易被迁移到新情境中的新知识进行整合。 **策略性思维：** 成功的学习者能够使用各种思维和推理策略来实现复杂的学习目标和在新情境中使用他们的先验知识。 **反省思维：** 成功的学习者通过选择和管理心理活动来发展高阶思维，这将促进个体创造性和批判性思维的发展。学习者为了处理问题而发展元认知方式。 **学习情境：** 学习被各种因素影响，这包括文化、技术和教学实践。为了提供一个为了学习的育人环境，技术和实践必须适合个体学习者。 **第二个方面：动机和情感因素** **动机和情感对学习的影响：** 学习什么和怎么样学习在很大程度上依赖于学习者的动机。而学习动机又会受到学习者个人情感状态、信念、兴趣和目标以及思维习惯的影响。

---

① McCombs，B. L.，& Miller，L. Learner-centered classroom practices and assessments：Maximizing student motivation，learning，and achievement［M］. Thousand oaks，CA：Corwin Press，2007.

学习中心的原则
学习的内部动机：个人自然的创造力和好奇心，可使用的高阶思维以及学习爱好都能够对学习动机产生影响。学习的内部动机能够受到任务的新颖性和难度水平所影响，也会被与兴趣的相关性、现实世界的反应以及所提供的个人的选择和控制所影响。 **动机对努力的影响**：在获取复杂知识和技能的过程中，如果没有动机的驱使，要学生心甘情愿参与是不可能的。教师可以通过对有目的的学习活动的实践指导、增加学习者对任务的兴趣和在学生个人关系中来促使学生努力。 **第三方面：发展和社会因素** **发展对学习的影响**：个人体验着各种不同的机会和情境，比如心理、智力、情感和社会等。当考虑到学习者的这些个人发展差异时，学习就是最有效的。 **社会对学习的影响**：社会互动、人际关系以及与其他人的交流都能够影响学习。当学习者有机会参与到互动的和合作的教学情境的时候，学习会被提高。 **第四方面：个体差异因素** **学习中的个体差异**：不同学习者具有不同的学习策略、学习方式、学习能力和学习偏好，这些都是既有经验和遗传的作用。这些差异的等级可接受性和适应性直接与学习成功相关。 **学习和多样性**：当学习者感知到他们的语言、文化和社会背景被考虑的时候，最有效的学习就发生了。 **标准和评价**：当学习者面对合适水平的更高目标的挑战，并且有持续的评价对学习者的理解、知识和技能提供有价值的反馈时，有效学习就发生了。

自学习中心的原则出现之后，麦库姆斯和其合作者认为学习中心主要关注两个焦点：焦点一是个体学习者——关注他们的遗传、经历、观点、背景、天赋、兴趣、能力和需要；焦点二是学生的学习——关注如何最有效地开展知识学习以及这种学习是如何发生的，教学实践在于最有效地促进所有学习者的最高水平的学习动机、学习活动和学业成绩。然后，通过这两个关注焦点来驱动教育决策。学习中心是学习中心的心理学原则在实践中的表现。[①] 由上述分析可知，学习中心主要聚焦于学习者和学习者的学习。学习中心就是关注每个学生作为学习环境中独一无二的个体，也关注学生的学习过程体验与结果的获得。这一观点也得到了其他研究者的支持，[②]比如韦默就在研究中指出学习中心主要是指向以学生个性特

[①] McCombs, B. , & Whistler, S. The learner-centered classroom and school: Strategies for increasing student motivation and achievement [M]. San Francisco, CA: Jossey Bass, 1997.

[②] Cornelius-White, J. H. , & Harbaugh, A. P. Learner-centered instruction: Building relationships for student success [M]. Sage Publications, 2009.

征和需求为基础的学生的自主和负责任学习,①布伦伯格也继承了这一观点。②

3. 学习中心教学

(1) 国内学者对学习中心教学的理解

国内关于与学习中心教学相关的术语中,研究者们的用词不完全一致,但归纳起来主要有"学习中心的课堂""以学生为中心的教学""生本教学""学本教学""生命课堂或者生命课堂教学"以及"生命化教学"。通过对这些与学习中心教学概念相近术语的分析,根据各概念所指对象的差异可以划分为三种类型,它们分别指向是:以学生为中心、以学习者为中心和学习中心。

以学生为中心教学的代表性观点主要是以学生为中心教学、生本教学和以生为本的教学,这些概念的具体内容分别是:教学以学生为中心的实质是以学生的发展为核心,满足学生全面、自由的发展需求,让学生拥有学习的快乐和自由,引领学生追求人生境界的完善和个人价值的实现。③ 以生为本的教学是指在教师的支持下,激起、强化、优化学生自主学习的过程。④ 生本教学是一种旨在触发悟感、促进感悟的教学探索活动,贯穿其中的即是能够触发学生的悟感并进行悟性认识,从而引导学生在生命体验中去自悟自得,进而促进学生的生命实现内在发展的体悟精神。⑤ 上述三种概念理解均指向学生的发展,这种理解对于传统的教师中心或者内容中心的教学具有明显的优越性,甚至有研究者指出以学生为中心教学观念及改革给我国的教育实践带来了一股清新之风。⑥ 从实质意义上来看,其与以学习者为中心的教学和学习中心的教学在内涵上有着相当的相似性。然而,从概念的字面理解上来看存在三个方面不足:其一,这种理解忽视了教师在教学过程中的作用;其二,这一概念容易把学生抽象化为"哲学的谈资",进而把教师和

① Weimer, M. Learner-centered teaching: Five key changes to practice [M]. San Fransisco, CA: Jossey-Bass. 2002.

② Blumberg, P. Developing learner-centered teaching: A practical guide for faculty [M]. San Francisco, CA: Jossey-Bass, 2009.

③ 王嘉毅, 马维林. 再论"以学生为中心"的教学意蕴与实践样态[J]. 中国教育学刊, 2015, (8): 67—72.

④ 郭思乐. 以生为本的教学观: 教皈依学[J]. 课程·教材·教法, 2005, 25(12): 14—22.

⑤ 齐军. 生本教学内涵与过程的再思考——基于悟性认识的视角[J]. 教育发展研究, 2013, (12): 56—59.

⑥ 陈新忠, 李忠云, 胡瑞. "以学生为中心"的本科教育实践误区及引导原则[J]. 中国高教研究, 2012, (11): 57—63.

学生割裂而对立起来;①其三,以学生为中心的教学容易形成一种教师是买主,学生是顾客,教学是产品的感觉。而在以学生为中心的教学中并不是这样的关系,因为在教学中顾客(学生)的选择不一定是正确的,教师没有返钱的保证,学费也不是用来买分数的。②

以学习者为中心教学的代表性概念是生命课堂教学和生命化教学。具体表现为:生命课堂就是指在课堂教学中,不仅仅是为知识而教学,而是为了人的发展而教学。③ 生命课堂就是要"实现与三方面的沟通:书本知识与人类生活世界的沟通,与学生经验世界、成长需要的沟通,与发现、发展知识的人和历史沟通。通俗来讲就是使知识恢复到鲜活的状态,与人的生命、生活息息相关,使它呈现出生命态。"④生命化教学是教师与学生以生命发展为基础,通过对生活世界的关注,使学生得到情感体验、人格升华、个性张扬,同时使教师的职业生命活力焕发,师生生命在交往互动、共同经历中不断生成的过程。⑤ 由上述分析可知,以学习者为中心教学指向实现教师和学生的共同发展,这比学习中心教学理念有所进步,然而这一概念在理论和实践方面均存在一定的不足:就理论上来看,其还是存在把学习者当作"哲学谈资",容易把教师和学生割裂对立起来;并且还容易陷入极端的批判教师中心的危险,进而全盘否定教师在课堂教学中的作用。就实践来看,如果教学实践中教育民主实施不当就容易导致教育实践中的自由主义;如果教学实践中完全否认教师的专业权威,可能就会出现由于学校自然竞争而导致的校园暴力和学生之间的等级化表现。

学习中心教学的主要代表性术语有学习中心课堂教学、学本课堂教学。国内学者陈佑清认为,学习中心的课堂是指以学生学习活动作为整个课堂教学过程的中心或者本体的课堂。⑥ 后来他进一步指出,学习中心的课堂是以"学生的问题导

① 潘蕾琼,黄甫全,余璐. 学习中心与知识创造——21世纪学习学术发展彰显课程改革两大新理念[J]. 课程·教材·教法,2016,36(1):12—19.
② 崔彦,代中现. 以学习为中心的教学设计与实践[J]. 全球教育展望,2010,39(6):36—39.
③ 王鉴. 课堂研究概论[M]. 北京:人民教育版社,2007:76—78.
④ 叶澜. 重建课堂教学价值观[J]. 教育研究,2002,24(5):3—8.
⑤ 陈旭远,孟丽波. 生命化教学的理论构建与实践样态[J]. 教育研究,2004,25(4):69—72.
⑥ 陈佑清. 建构学习中心课堂——我国中小学课堂教学转型的取向探析[J]. 教育研究,2014,35(3):96—105.

向和学生的活动为本"来代替传统的"教师问题导向和教师活动为本",即以学生的问题作为教学过程的导向,并以学生的活动作为教学过程的本体。① 学本是以学习者学习中心,"学本课堂"是指充分相信学生的学习潜力,当学生在教师指导下学会自主合作探究学习以后,教师和学生将以平等的身份共同开展学习活动,实现学习目标。② 由上述观点可知,学习中心的教学主要指向课堂教学中的学习活动,而只有在活动中的人才是真实的人,只有在学习活动中的学生才是真正的学生;只有在学习活动中的教师才是真正的教师。③ 因此,这是对上面两种相似观点(以学生为中心教学和以学习者为中心教学)的一次重要升华。这种观点与国外学者的对学习中心的本质的理解比较类似。

(2) 国外学者对学习中心教学的理解

学习中心教学已经出现了很长的时间。④⑤ 英国著名的《普劳顿报告书》明确倡导 20 世纪 60 年代的英国教育应该广泛采用学习中心教学,⑥然而直到 20 世纪末 21 世纪初学习中心教学才开始逐渐在西方世界的教育教学中占据支配地位。⑦ 在西方教育界里,学习中心教学(Learning-centered Teaching)有时候也被称为以学习者为中心的教学(Learner-centered Teaching)、学生中心的学习(Student-centered Learning)或者学生中心的教学(Student-centered Teaching)。⑧ 从名称上来看,学习中心教学是具有积极倾向的,其本质是通过建构主义的方式来实现重要

---

① 陈佑清."学习中心课堂"教学过程组织的逻辑及其实现策略[J]. 全球教育展望,2016,45(10):40—47.

② 韩立福. 何为学本课堂[J]. 人民教育,2014,(16):5—6.

③ 潘蕾琼,黄甫全,余璐. 学习中心与知识创造——21 世纪学习学术发展彰显课程改革两大新理念[J]. 课程·教材·教法,2016,36(1):12—19.

④ Hayward, F. H. The educational ideas of Pestalozzi and Froebel [M]. London, UK: Holland and Co, 1905.

⑤ Dewey, J. The child and the curriculum and the school and society [M]. University Press, Chicago, IL, 1956.

⑥ Plowden, B. Children and their primary school [M]. HMSO, London, 1967.

⑦ O'Sullivan, M. The reconceptualization of learner-centered approaches: A Namibian case study [J]. International Journal of Educational Development, 2004,24,585 – 602.

⑧ Weimer, M. Learner-centered teaching and transformative learning [A]. In E. W. Taylor & P. Cranton (Eds.), Handbook of transformative learning: Theory, research, and practice [C]. San Francisco: Jossey-Bass, 2012,439 – 454.

的活动、探究和自主学习。① 但是当谈及学习中心教学的定义时，它通常涉及很多内容，比如弹性学习、自主学习、体验式学习、活动学习、合作学习、基于问题的学习、问题解决学习、小组项目、模拟、角色扮演、案例研究和讨论等。②③④⑤ 因此，学习中心教学常常被称之为是一项复杂的实践。⑥

然而，为了明确学习中心教学的定义，研究者们做了不少的努力。虽然学习中心教学现在已经被普遍接受，但是由于研究视角的差异，不同的研究者们对这一词汇理解的侧重点是有所不同的。⑦ 就目前的研究状况来看，其主要存在着如下两种理解：

其一，从教师和学生相结合的角度理解学习中心教学。肯博（Kember，1997）曾经尝试着从教师角色的角度来描述学习中心的教学，在他看来学习中心的教学就是教师帮助学生通过更加简单的学习来建构信息而不是直接给学生传送信息。⑧ 学习中心的教学不是传统的教学，它能够被定义为是教学信息流从教师转向了学生。传统教学方法最明显的特征是讲授。讨论、案例研究和其他的教学方式通常被当作是学习中心教学的特征，当然，传统教学中也可能会存在上述教学方法，但是前提仍然是教师保留了对讨论内容和结构的控制权。学习中心教学的

① Carlile, O. & Jordan, J. It works in practice but will it work in theory? The theoretical underpinnings of pedagogy [A]. In S. Moore, G. O'Neill, and B. McMullin (Eds.), Emerging Issues in the Practice of University Learning and Teaching [C]. Dublin: AISHE, 2005,77 - 79.

② Bilimoria, D., & Wheeler, J. V. Learning-centered education: A guide to resources and implementation [J]. Journal of Management Education, 1995,19(3),409 - 428.

③ Paulson, D. R. Active learning and cooperative learning in the organic chemistry lecture class [J]. Journal of Chemical Education, 1999,76(8),1136 - 1140.

④ Stage, F. K., Muller, P. A., Kinzie, J., & Simmons, A. Creating learner centered classrooms: What does learning theory have to say? [C]. Washington, DC: George Washington Univ., Graduate School of Education and Human Development, 1998.

⑤ Weimer, M. Learner-centered teaching: Five key changes to practice [M]. San Fransisco, CA: Jossey-Bass, 2002.

⑥ O'Neill, G. & McMahon, T. Student-centered learning: What does it mean for students and lecturers? [A]. O'Neill, G., Moore, S., McMullin, B. (Eds.) In Emerging Issues in the Practice of University Learning and Teaching [C]. Dublin: AISHE. 2005,161.

⑦ Paris, C., & Combs, B. Lived meanings: What teachers say when they say they are learner-centered [J]. Teachers and Teaching: Theory and Practice, 2006,12(5),571 - 592.

⑧ Kember, D. A reconceptualization of the research into university academics conceptions of teaching [J]. Learning and Instruction, 1997,7(3),255 - 275.

目的通常是以教师成为学习内容方面的专家为基础的。学习中心的教学不反对这些观点,它认为教师作为专家和内容知识都是重要的。①② 教师中心的教学通常聚焦于对学生解释和重复材料——教学即告知(Teaching as Telling)。教师被当作是专家和信息资源。弗莱雷(Freire)描述这些是"存贮教学法(Banking Pedagogy)",如果教师存入知识给学生,就假设学生的学习发生了。③ 这是教师中心教学的一个关键假设。学习中心认为学习不能够被假设成就这样简单发生了,因为这时候信息是缺席的。莱亚、斯蒂芬森和托里(Lea, Stephenson, & Tory, 2003)认为学生在学习过程中有自己的选择权,并且学生会根据自己的选择而变得对学习负责任并更加主动参与到学习过程中来。④ 学习中心的教学提倡互动、合作学习⑤⑥⑦和关注学生多样化的学习风格。⑧ 教师不能仅仅被看作是一种知识的资源,同伴教学也被看作是有益的。学习中心的教学包含运用一些学习理论和原则来帮助发展学生的自我效能感和改善学生的批判性思维技能。⑨ 关注学习过程和学习深度,而不是仅停留于表面学习,强调和鼓励在学习中利用教学方法来促进与内容和思想的互动。⑩ 汤宁(Downing,1998)使用"教育建筑师(Educational Architect)"来说明教师的角色。这一术语伴随着教师角色的转

① Brandon, A. F., & All, A. C. Constructivism theory analysis and application to curricula [J]. Nursing Education Perspectives, 2010,3(2),89－92.

② Weimer, M. Learner-centered teaching: Five key changes to practice [M]. San Fransisco, CA: Jossey-Bass, 2002.

③ Nagda, B. R. A., Gurin, P., & Lopez, G. E. Transformative pedagogy for democracy and social justice [J]. Race, ethnicity and education, 2003,6(2): 165－191.

④ Lea, S. J., Stephenson, D. & Troy, J. Higher education students' attitudes to student centered learning: Beyond 'educational bulimia'[J]. Studies in Higher Education, 2003,28(3),321－334.

⑤ Bilimoria, D., & Wheeler, J. V. Learning-centered education: A guide to resources and implementation [J]. Journal of Management Education, 1995,19(3),409－428.

⑥ Candela, L., Dalley, K., & Benzel-Lindley, J. A case for learner-centered curricula [J]. Journal of Nursing Education, 2006,45(2),59－66.

⑦ Paulson, D. R. Active learning and cooperative learning in the organic chemistry lecture class [J]. Journal of Chemical Education, 1999,76(8),1136－1140.

⑧ Brown, K. L. From teacher-centered to learner-centered curriculum: Improving learning in diverse classrooms [J]. Educational Psychology, 2003,124(1),49－54.

⑨ American Psychological Association. Learner-centered psychological principles: Guidelines for school redesign and reform [M]. Washington DC: American Psychological Association, 1993.

⑩ Candela, L., Dalley, K., & Benzel-Lindley, J. A case for learner-centered curricula [J]. Journal of Nursing Education, 2006,45(2),59－66.

变——从知识专家变革成学习的促进者。① 由上述分析可知,上述研究者均是从教师和学生相结合的视角对学习中心教学进行理解。然而,我们知道在课堂教学中,除了教师和学生之外,也会涉及学习内容以及教师、学生和内容之间的关系,还会涉及如何运用评价来判断学习中心教学的实施情况等。另外,这种视角下的学习中心教学理解忽视了学生个体特征和需求。因此,这还需要从综合的角度来理解学习中心的教学。

其二,从综合的视角来理解学习中心的教学。学习中心教学被定义为是一种特定的教学或者学习方式(不是一种单一的教学方法),这种教学或者学习方式重视人际关系,认为每一个学习者都是独一无二的,并且通过学生的学业参与来提供最佳的学习过程证据进而促进学生的全面成功。② 后来,韦默(Weimer,2012)指出学习中心教学是指在尊重学生个性特征和需求的基础上,教师创造各种条件(包括内容和评价)和使用多种教学策略来实现学生的自主学习和负责任学习。③ 并且她创造了学习中心教学的理论分析框架,该框架明确地指出可以通过五个方面的核心变化来实现学习中心教学,这五个方面分别是:权力平衡、内容功能、教师角色、学习责任和评价的过程和目的。这些内容与建构主义的原则是一致的,它通常被当作一个有效的分析学习中心教学的基本理论模型。④ 克洛布洛赫和波尔(Knobloch & Ball,2006)⑤和格里尔及其同事(Greer,Pokorny,Clay,

① Downing, S. The case for learner-centered education [EB/OL]. http://www.oncourseworkshop.com/Miscellaneous018.htm,1998.

② Cornelius-White, J. H., & Harbaugh, A. P. Learner-centered instruction: Building relationships for student success [M]. Sage Publications,2009.

③ Weimer, M. Learner-centered teaching and transformative learning [A]. In E. W. Taylor & P. Cranton (Eds.), Handbook of transformative learning: Theory, research, and practice [C]. San Francisco: Jossey-Bass,2012,439-454.

④ Ahmed, K. A. Teacher-centered versus learner-centered Teaching Style [J]. The journal of global business management. 2013,9(1),22-34.

⑤ Knobloch, N. A., & Ball, A. L. Analyzing the contextual, motivational and conceptual characteristics of teaching faculty in regard to the use of learner centered approaches to teaching [C]. Paper presented at the annual meeting of the American Education Research Association, San Francisco, CA.,2006.

Brown, & Steele，2010）[1]引入了韦默的学习中心教学模型来探索学习中心的教学。学习中心教学不是使用一种单一的教学方式，而是强调运用各种不同类型的方式促进教师作为信息给予者向学生学习的促进者或者良好学习环境的创造者转变。[2] 所有的教学方式都必须使用技术来传播信息，教师角色不应该被界定为是学生知识的来源；在学习中心的教学中，教师聚焦于学生学习什么、学生怎么样进行学习以及学生怎样运用学习内容。[3]

由上述分析可知，综合视角下的学习中心教学能够更加地全面揭示学习中心教学的本质。本研究拟采用综合视角下韦默对学习中心教学的定义，即学习中心教学是指在尊重学生个性特征和需求的基础上，教师创造各种条件（包括内容和评价）和使用多种教学策略来实现学生的自主学习和负责任学习。因此，学习中心教学不是一种特定的教学方法，比如，小组作业或者基于问题的学习，它是多种方法的综合。学习中心教学是一个包罗性的框架，这包括了很多不同的教学策略。学习中心教学的这些理念为本研究提供了理论基础。在中国很多教育学者采用了折衷的教学和学习哲学，既包括行为主义的方面，也涉及建构主义的方面。学习中心教学代表了一种范式变革，即在合作学习的方式中指向设计学习经验——一种对知识是怎么样形成和保持的新的理解。这一理解被用在本研究中旨在建立学习中心教学指导学生在建构理解中使用互动、社会情境并帮助学生发现内容，通过在活动过程中使用批判性思维，对他们的理解进行反思。另外，这一定义还清楚地阐述了学习中心教学的核心成分，本研究正是基于这些成分来评价教师在课堂中运用学习中心教学的情况。

4. 概念架构

基于概念的定义，学习中心尊重学生作为学习情境中的独立个体并关注学生的学习过程体验。学习中心教学就是教师通过使用多种教学方式来实现学习中

---

[1] Greer，A. G，Pokorny，M.，Clay，M. C.，Brown，S.，& Steele，L. L. Learner-centered characteristics of nurse educators ［J］. International Journal of Nursing Education Scholarship，2010，7（1），Article6.

[2] Blumberg，P. Developing learner-centered teaching：A practical guide for faculty ［M］. San Francisco，CA：Jossey-Bass，2009.

[3] Weimer，M. Learner-centered teaching：Five key changes to practice ［M］. San Fransisco，CA：Jossey-Bass，2002.

心,并且教师主要可以通过教师角色、学习责任、内容功能、权力平衡以及评价的过程和目的五个方面来做出努力实现上述目标。① 这五个方面均是来自一般课堂教学的核心要素:教师、学生、内容、师生关系和评价。基于上述分析,图2-1展示了学习中心教学的各构成要素及其与一般课堂教学要素之间的对应关系(这里只是简单呈现,后面第四章将通过研究来验证这一关系,并且对这种一一对应的关系进行详细说明)。

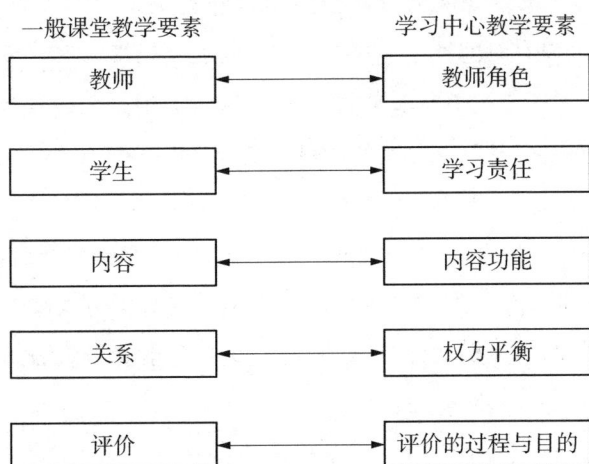

一般课堂教学要素　　　　　　　学习中心教学要素

教师　⟷　教师角色

学生　⟷　学习责任

内容　⟷　内容功能

关系　⟷　权力平衡

评价　⟶　评价的过程与目的

图2-1　一般课堂教学要素与学习中心教学要素的对应关系

(二) 学习中心教学的影响因素

1. 班级层面的因素

班级层面的因素主要涉及学生和教师方面的因素,鉴于此,这里主要从这两个方面来分析影响学习中心教学的班级层面的因素。

(1) 学生因素

根据皮亚杰的认知发展理论可知,儿童是主动思考并且来建构他们自己对周围世界的理解的。这一理念被引入到学校课程中就转化为学生应该作为学习过

---

① Weimer,M. Learner-centered teaching:Five key changes to practice [M]. San Francisco,CA: Jossey-Bass,2002.

程的主动参与者而不是被动听讲的知识接受者。① 由此可知,学习中心教学作为一种指向学生学习过程的教学,学生在学习中心的教学中发挥着重要的作用。那么既往研究探究了哪些学生因素对学习中心教学的影响呢? 通过分析发现,这些因素主要可以分为两类:学生背景因素和学生的学习因素。

在学生背景因素上,既往研究探究最多的就是班级规模对学习中心教学的影响。有研究者通过质性研究发现,班级规模是阻碍教师实施学习中心教学的重要因素。② 在他看来,班级规模之所以会限制教师实施学习中心教学,是因为:其一,班级规模太大没有时间让学生来展示,并且班级规模太大要求更多的课外指导时间;其二,学习中心教学要求学生有较好的基础,但是班级规模太大要求基础较好的学生人数也多一些,这是制约教师实施学习中心教学的关键。③ 还有研究者指出,大班会导致课堂问题行为增加,教师进行课堂管理的时间将延长。④ 此外,有研究者探究了经济水平对学习中心教学的影响,有研究指出,低经济水平的少数民族学生的教育参与度相对更低。学习中心的教学方式要求学生积极参与到课堂学习中,如果学生仍然保持被动的角色,这可能会导致教师采用适应学生被动学习的教师中心的教学方式。⑤

在学生学习因素上,学生学习因素作为教师实施学习中心教学的核心表现,其必然能够反映出教师实施学习中心教学的情况。有研究指出,学生致力于培养自己所选领域的素养的时候,他们就会变得更加主动地投入到学习过程中,且更加容易投入到内容学习中。⑥ 学习中心教学的重要内容之一就是促进学习者投入

---

① Dembo, A., Cover, T. M., & Thomas, J. A. Information theoretic inequalities [J]. IEEE Transactions on Information Theory, 1991,37(6),1501 – 1518.

② Çam, Ş. S., & Oruç, E. Ü. Learning responsibility and balance of power [J]. International Journal of Instruction, 2014,7(1),7 – 16.

③ Alsardary, S., & Blumberg, P. Interactive, learner-centered methods of teaching mathematics [J]. Primus, 2009,19(4),401 – 416.

④ O'Connor, J., & Geiger, M. Challenges facing primary school educators of English second (or other) language learners in the Western Cape [J]. South African Journal of Education, 2009,29(2), 253 – 269.

⑤ Metto, E., & Makewa, L. N. Learner-Centered Teaching: Can It Work in Kenyan Public Primary Schools? [J]. American Journal of Educational Research, 2014,2(11A), 23 – 29.

⑥ Taylor, S. M. Term papers for hire: How to deter academic dishonesty [J]. The Education Digest, 2014,80(2): 52 – 57.

到学习内容中,因此,学生课堂学习的主动情况和课堂讨论会影响学习中心教学的状况。也有研究者指出学生的复习策略是影响学习中心教学的重要因素。[①] 还有研究指出学生长时间感受到的作业负担会让学生对学习产生厌烦,进而不利于学生投入到学习中心的教学中。[②] 学习中心的师生关系是促进教师实施学习中心教学的重要因素。[③] 师生之间的信任是影响着学生在学习过程中的情感体验。[④] 积极的学习环境有助于支持和改善学生学习的深度和广度,[⑤]而学生之间的良好同伴关系和师生之间的良好关系是积极学习环境的重要成分。由上述分析可知,学生学习过程中的课堂讨论、复习策略、作业负担、学习投入、校内人际关系均对学习中心的教学产生影响。

(2) 教师因素

既往研究证实有效的教师能够为学生创造很多的学习机会并提供专门的管理说明。除此之外,研究还发现教师是影响学生学习过程和成就的重要因素。[⑥] 而根据文献的分析发现,既往研究者主要探究了教师的教学相关因素对学习中心教学的影响。

在教师教学因素上,与教学相关的众多因素均能够对学习中心教学产生重要影响。而在这些因素中,研究最多的是教师教学效能感对学习中心教学的影响,有研究者指出,为了使得教学更加有效,教师在教学中应该具有高的热情、动机和

---

① Huba, M. E., & Freed, J. E. Learner-centered assessment on college campuses: Shifting the focus from teaching to learning [J]. Community College Journal of Research and Practice, 2000, 24(9), 759 – 766.

② Mason, G. S., Shuman, T. R., & Cook, K. E. Comparing the effectiveness of an inverted classroom to a traditional classroom in an upper-division engineering course [J]. IEEE Transactions on Education, 2013, 56(4), 430 – 435.

③ Cornelius-White, J. Learner-centered teacher-student relationships are effective: A meta-analysis [J]. Review of educational research, 2007, 77(1), 113 – 143.

④ Haber-Curran, P., & Tillapaugh, D. Student-centered transformative learning in leadership education: An examination of the teaching and learning process [J]. Journal of Transformative Education, 2014, 13(1), 65 – 84

⑤ Keengwe, J., Onchwari, G., & Onchwari, J. Technology and student learning: Toward a learner-centered teaching model [J]. AACE Journal, 2009, 17(1), 11 – 22.

⑥ Vavrus, F., Thomas, M. & Bartlett, L. Ensuring quality by attending to inquiry: Learner-centered pedagogy in sub-Saharan Africa [C]. Addis Ababa. UNESCO: International institute for capacity building in Africa, 2011 – 11 – 1.

丰富的相关学科知识;[①]也有研究者发现教师对教学工作的兴趣和热情会影响教师是否会采用学习中心教学方式来确保学生的学习。[②] 另外,有研究表明,教师教学信念是影响学习中心教学的重要因素,比如,国外有研究者发现教师的教学信念是决定教师运用新的教学方式成功的最重要因素;[③]也有研究者认为,只有当教师实践相关的课程改革目标充分重视了教师信念的时候,课程改革才最有可能成功。[④] 除了上述教师教学效能感和教学信念之外,还有研究发现教师感知到他们所教学科的价值是提高教学和学生学习有效性的重要因素。[⑤] 因此,教师教学效能感、教学信念、学科价值观均能够影响学习中心的教学。

其次,也有不少研究者分析了教师质量对学习中心教学的影响。提高教师质量可以促进教师改变其教学行为和提高教学效果。[⑥] 高质量的教师队伍是教育政策成功实施的关键。[⑦] 我国新课程改革纲领性文件——《基础教育课程改革纲要(试行)》就明确指出课堂教学要以学生为中心。因此,要落实这一要求,改善教师队伍的质量是非常重要的。教师质量主要是通过教师的备课、教学反思、教学反馈、课堂时间、课堂行为和课堂内容的布置来反映的。

除此之外,既往研究还分析了其他因素对学习中心教学的影响。比如,有研究指出如果一个教师对他所教的学科非常热爱,并且给学生布置与生活相适应的

---

① Wachanga, S. & Mwangi, J. G. Effects of the Cooperative Class Experiment Teaching Method on Secondary School Students' Chemistry Achievement in Kenya's Nakuru District [J]. International Education Journal, 2004,5(1): 26 - 36.

② Metto, E. , & Makewa, L. N. Learner-Centered Teaching: Can It Work in Kenyan Public Primary Schools? [J]. American Journal of Educational Research, 2014,2(11A), 23 - 29.

③ Schieb, L. J. & Karabenick, S. A. Teacher motivation and professional development: A guide to resources. Math and Science partnership-motivation Assessment program [D], University of Michigan, Ann Arbor, 2011.

④ Wachanga, S. & Mwangi, J. G. Effects of the cooperative class experiment teaching method on secondary school students' chemistry achievement in Kenya's Nakuru District [J]. International Education Journal, 2004,5(1),26 - 36.

⑤ O'Donnell, A. M. , Reeve, J. , & Smith, J. K. Educational psychology: Reflection for action [M]. San Francisco, CA: John Wiley & Sons, 2011,

⑥ OECD. Education at a glance, 2013. OECD indicators [R]. OECD publishing, 2013

⑦ Metto, E. , & Makewa, L. N. Learner-Centered Teaching: Can It Work in Kenyan Public Primary Schools? [J]. American Journal of Educational Research, 2014,2(11A), 23 - 29.

作业,这是能够说服学生对所学内容感兴趣的,这就体现了作业的价值。① 这说明作业设计是影响学习中心教学的因素。另外,有研究者发现,价值负载过重的教学纲要设计也是阻碍教师实施学习中心教学的重要因素。② 也有研究者认为,教师改变自己传统教学的意愿是教师实施学习中心教学的前提。③ 有研究者指出,教师的反馈能够对其实施的学习中心的教学产生显著的影响。④ 有研究表明,教师们匆匆忙忙地覆盖教学材料,他们选择最简单的方式来呈现知识,而不是允许学生去发现事实。⑤ 有研究者认为,教师对教学内容的理解影响了教师在教学内容的时候所采取的教学方式。⑥ 这说明作业设计、教学设计、教师教学改变的意愿以及教师作业布置等因素均能够影响学习中心教学。

上述研究均是指向教师的教学相关因素的分析,然而关于教师背景信息对学习中心教学影响的研究较为鲜见。但是教师背景对教师个人知识形成有着重要的作用,⑦而教师知识和视野又在一定程度上影响着教师的教学行为。学习中心教学作为教师教学行为的一种体现,其可能会受到教师个人背景信息的影响。

2. 影响学习中心教学的学校层面因素

学校作为教师实施学习中心教学的大环境,其必然会对教师教学行为产生影响。然而,根据影响因素来源不同可以划分为个人因素和整体因素,其中个人因素主要指向学校的校长,整体因素主要指向学校的整体环境。

(1) 校长因素

---

① Taylor, S. M. Term papers for hire: How to deter academic dishonesty [J]. The Education Digest, 2014,80(2): 52 - 57.

② Çam, Ş. S., & Oruç, E. Ü. Learning responsibility and balance of power [J]. International Journal of Instruction, 2014,7(1),7 - 16.

③ McCombs, B. L. Self-assessment and reflection: Tools for promoting teacher changes toward learner-centered practices [J]. Nassp Bulletin, 1997,81(587),1 - 14.

④ Wright, M. C., Bergom, I., & Brooks, M. The role of teaching assistants in student-centered learning: Benefits, costs, and negotiations [J]. Innovative Higher Education, 2011,36(5),331 - 342.

⑤ Çam, Ş. S., & Oruç, E. Ü. Learning responsibility and balance of power [J]. International Journal of Instruction, 2014,7(1),7 - 16.

⑥ Nespor, J. The role of beliefs in the practice of teaching [J]. Journal of Curriculum Studies, 1987, 19,317 - 328.

⑦ 张立昌."教师个人知识":涵义,特征及其自我更新的构想[J].教育理论与实践,2002,22(10): 30—33.

对于校长而言,其主要涉及校长的个人背景信息和校长的教学领导胜任力。校长个人的教学经历和生活环境对其所采取的教学理念会产生重要的影响,①还有研究认为校长的个人经历影响着教师在课程实施过程中的一系列行为。② 由此可见,校长个人背景因素对学习中心教学有重要的影响。

然而,目前更多的研究是探究校长的教学领导力或者课程领导力对教师教学或者课程实施的影响。有研究认为,教师的有效教学始于校长的课程领导力的提升;③也有研究者指出,校长的教学理念是教师开展课堂教学转型的关键所在;④还有研究指出校长是学校课程改革的领导者,其直接影响到新课程改革理念在课堂教学中的落实。⑤ 由此可推断,校长的理念和领导力是学习中心教学的影响因素。

(2) 学校整体因素

学校整体因素可以划分为学校的背景信息和学校整体氛围两个方面的因素。一般而言,学校的背景信息主要涉及学校性质、学校规模和学校办学条件。国外有研究发现,器材、书本和其他的材料不仅能够增加课堂环境中学生的学习机会,还能够影响学习者的行为和他们对待学习和学校的态度。⑥ 这说明学校办学条件对学习中心教学中的学生学习有重要影响,但是目前比较少见有关学校性质和学校规模对教师教学影响的研究。

既往研究发现学校的整体氛围和管理对教师实施学习中心教学有着重要的影响。具体表现为:帕斯曼(Passman, 2001)的研究发现学校对教师实施高利害的评价会降低教师们实施学习中心教学的水平。在他看来,学校实施高利害的测试导致教师为了完成教学任务而不去采取学习中心的教学,这也会导致学生和同伴之间由于有竞争存在而无法开展真正的合作学习。⑦ 另外也有研究指出,对于

---

① 曹红旗. 校长的教学理念与课堂教学的转型[J]. 当代教育科学,2010,(4):34—36.

② 孙素英. 校长课程实施能力的若干思考——基于北京市高中新课程实施的探索[J]. 中国教育学刊,2009(5):38—41.

③ 王越明. 有效教学始于校长课程领导力的提升[J]. 中国教育学刊,2010,(3):32—34.

④ 曹红旗. 校长的教学理念与课堂教学的转型[J]. 当代教育科学,2010(4):34—36.

⑤ 李赫,徐继红. 高中信息技术课程实施:校长的认知与作用[J]. 中国电化教育,2010,(8):14—17.

⑥ Anderson, L. W. Increasing teacher effectiveness [M]. Paris: International Institute for Educational Planning, 1991.

⑦ Passman, R. Experiences with student-centered teaching and learning in high-stakes assessment environments [J]. Education, 2001,122(1),189 – 199.

学校而言,教师虽能够很好地理解建构主义和学习中心教学方式,但是学校的评价却用的讲授教学评价的那一套,这严重制约了学习中心教学的实施。① 上述分析说明高利害的学校评价是阻碍教师实施学习中心教学的重要因素。而也有研究发现,学校的积极因素对教师的学习中心教学有重要影响,比如,奥瑞德豪(Orodho,2013)及其合作者的研究显示,合理利用学校的教学和学习资源对于提高教师课堂教学的有效性是非常重要的。② 也有研究发现,学校对学习中心教学的支持情况是影响学习中心教学的重要因素。③ 综上所述,改善学校传统的高利害的教学评价形式、对教学开展形成性评价是促进教师实施学习中心教学的重要策略,同时利用学校教学和学习资源来支持学习中心的教学也是非常重要的。

学习中心教学的影响因素涉及了学生方面的因素、教师方面的因素、校长方面的因素以及学校管理方面的因素。虽然本研究是按照影响来源对学习中心教学的影响因素进行的分类,但是这些影响因素并没有包括在一个概括性的学术概念中。在探究学习中心教学的影响因素的时候,如果把所有的因素都纳入进去可能会呈现出繁琐的研究结论;另外,如果只纳入一部分因素进行考虑,那么该把哪些因素纳入进去,哪些因素不纳入进去分析呢? 这可能就涉及一个研究视角的选择。通过文献分析,本研究在分析学习中心教学的影响因素的时候是采用"教师信念——教师实践——学习结果"理论模型作为分析的基础。

(三) 学习中心教学的功能

1. 学习中心的教学对学生学业成绩的影响

关于学习中心教学对学生学业成绩的影响有两种完全对立的观点:其一,学习中心的教学不如传统教学对学生学业成绩的影响显著。沃德(Ward)和巴策(Barcher)的研究发现,教师中心的直接教学比认知教学和情感教学更容易让学生

---

① Li, N. Approaches to learning: literature review [M]. International Baccalaureate Organization, 2002.

② Orodho, J. A., Waweru, P. N., Ndichu, M & Nthinguri, R. Basic education in Kenya: Focus on strategies applied to cope with school-based challenges inhibiting effective implementation of curriculum [J]. International Journal of Education and Research, 2013,11(1),1-20.

③ McCombs, B. L. Self-assessment and reflection: Tools for promoting teacher changes toward learner-centered practices [J]. Nassp Bulletin, 1997,81(587),1-14.

获得好的学业成绩;①而盖奇(Gage,1978)的研究发现,与教师中心的教学相比较而言,学习中心的教学造成的班级学生的学业成绩表现更差。② 其二,与传统教学相比较,学习中心的教学对学生学业成绩的影响更明显。法斯蔻和格鲁布(Fasko & Grubb,1997)通过调查6—12年级的农村教师,并且让他们报告自己所实施的学习中心教学的情况,让学生也对教师实施的学习中心的教学状况进行报告,当然学校还提供教师所对应班级学生的学业成绩,结果发现学习中心教学的水平能够显著预测学生的学业成绩。③ 艾丽萨瑞德里和布伦伯格(Alsardary & Blumberg,2012)发现,学习中心教学比教师的其他的教学方式更加有利于促进学生获得好的学业表现。④ 斯特罗毕尔和万·巴内菲尔德(Strobel & van Barneveld,2009)的研究显示,与传统教学相比较,学习中心的教学策略在促进学生知识的长时记忆、学业成绩的改善以及教师和学生的满意度上都更加有效;但是传统教学在学生对知识的短时记忆上的优势更明显。⑤ 莫斯特朗和布伦伯格通过对既往研究的总结指出,学习中心的教学是能够显著改善学生的学业成绩的。⑥ 虽然学习中心教学的反对者们认为学习中心教学会导致较差的学业等级,这是因为为了给学生的主动学习(比如讨论)腾出空间,内容被减少甚至是消除;随着新技术的使用,课程失去了精确性;教师中心的评价方法更有利于学生学得更好。⑦ 尽管如此,仍有学习中心教学的相关研究指出,学习中心的课程也能够像

① Gage,N. L. The scientific basis of the art of teaching [M]. Teachers Coll Press. 1978.
② Gage,N. L. The scientific basis of the art of teaching [M]. Teachers Coll Press. 1978.
③ Fasko,D. , Grubb,D. J. , Jesse,D. , & McCombs,B. Use of the Learner-centered principles test battery: Implications for in-service and pre-service professional development [J]. The Professional Educator L,1997,20,23 - 34.
④ Alsardary,S. , & Blumberg,P. Interactive, learner-centered methods of teaching mathematics [J]. Primus,2009,19(4),401 - 416.
⑤ Strobel,J. , & van Barneveld,A. When is PBL more effective? A meta-synthesis of meta-analyses comparing PBL to conventional classrooms [J]. Interdisciplinary Journal of Problem-based Learning,2009,3(1),44 - 58.
⑥ Mostrom,A. M. , & Blumberg,P. Does learning-centered teaching promote grade improvement? [J]. Innovative Higher Education,2012,37(5),397 - 405.
⑦ Mostrom,A. M. , & Blumberg,P. Does learning-centered teaching promote grade improvement? [J]. Innovative Higher Education,2012,37(5),397 - 405.

教师中心的课程一样精确。① 学生在学习中心的课程中实现学习结果更频繁,并且这些学习结果的评价标准比教师中心课程的标准更加严格。② 学习中心教学与学业成绩的关系还存在分歧。鉴于此,本研究后面将用实证研究来检验学习中心教学对学生学业成绩的影响。

2. 学习中心教学对学生非学业成就的影响

与学习中心教学与学业成绩的相关研究相比较而言,学习中心教学与学生非学业成就因素之间关系的研究稍微少一些。但是通过对既往研究的分析发现,学习中心的教学能够促进学生深度和持续性学习,③这种作用主要表现在学习中心教学对学生的非学业成就因素的影响上。比如,古德和布若菲的研究显示,与传统教学相比较,学习中心的教学对学生的情感和态度的发展的正向影响更加明显。④ 学生的学习兴趣和学校幸福感均与情感和态度有关,这可能说明学习中心的教学对学生的学习兴趣和学校幸福感会产生重要影响。法斯蔻及其同事(Fasko, Jesse, McCombs, & Grubb, 1997)的研究也显示学习中心的教学对学生的学业自我效能感有显著的改善作用。⑤ 这说明学生学业自我效能感也会受到学习中心教学的重要影响。学习兴趣是指个体对学习的一种积极的认知倾向和情感意愿,学业自我效能感是指个体对自己是否有能力完成学习行为所进行的推测与判断,学校幸福感是学生对学校或者教育的满意程度,⑥它是个人需要在学校层面的一种反映。⑦ 个体的倾向、意愿、自我判断和需求正好是动机的表征因素,因

① Weimer, M. Learner-centered teaching: Five key changes to practice [M]. San Francisco, CA: Jossey-Bass, 2002.

② Nelson, C. E. Dysfunctional illusions of rigor: Lessons from the scholarship of teaching and learning [A]. In L. B. Nilson & J. E. Miller (Eds.), To improve the academy: Resources for faculty, instructional, and organizational development [C]. San Francisco, CA: Jossey-Bass, 2010.

③ Fahraeus, A. W. E. Learner-centered teaching: Five key changes to practice [J]. Journal of the Scholarship of Teaching and Learning, 2013, 13(4), 1 - 6.

④ [美]古德,布若菲. 透视课堂[M]. 陶志琼,译. 北京: 中国轻工业出版社,2002: 43.

⑤ Fasko, D., Grubb, D. J., Jesse, D., & McCombs, B. Use of the Learner-Centered principles test battery: Implications for in-service and pre-service professional development [J]. The Professional Educator L, 1997, 20, 23 - 34.

⑥ 苗元江,赵英,朱晓红. 学校幸福感研究述评[J]. 教育导刊(上半月),2012(9): 14—17.

⑦ Van Petegem, K., Aelterman, A., Rosseel, Y., & Creemers, B. Student perception as moderator for student wellbeing [J]. Social Indicators Research, 2007, 83(3): 447 - 463.

此，上述三个因素均是学生非学业成就因素的表现。

学习中心教学既能够影响学生的学业成绩又能够对学生的非学业成就因素产生影响。而这些研究结论与"教师信念——教师实践——学习结果"理论模型中的教师实践与学习结果之间的论述比较一致，该理论中的学习结果正好指向学生的动机因素（非学业成就的表现之一）和学生的学业成就。因此，该模型对于本研究探究学习中心教学的功能具有重要的启示。

第三章
综合视域下的学习中心教学理论模型建构

  理论模型是开展学习中心教学研究的关键,如果有坚实的理论基础,那么研究学习中心教学就事半功倍;如果理论基础不科学就可能会导致研究缺乏针对性和科学性。正是基于这一思考,有必要对既往的学习中心教学的重要理论模型展开研究,以便为后续研究奠定基础。通过对国外学习中心教学理论模型的研究发现,虽然相关理论模型不少,但是关键的模型只有两个,即众多的理论框架均是在这两个理论模型的基础之上进行删减、增添和修改而成。[1][2][3] 因此,本章将着重介绍这两个具有代表性的学习中心教学的理论模型。这两个理论模型分别是:麦库姆斯和米勒(McCombs & Miller, 2007)在学习中心的心理原则基础上建构的分析框架[4]和布伦伯格(Blumberg, 2009)基于韦默五项核心变化理论建构的学习中心教学的分析框架。[5] 通过对上述两个理论模型的分析,为建立本土化的学习中心教学的分析框架提供借鉴和参考。

---

① Çam, Ş. S., & Oruç, E. Ü. Learning responsibility and balance of power [J]. International Journal of Instruction, 2014, 7(1), 7 – 16.

② Alsardary, S., & Blumberg, P. Interactive, learner-centered methods of teaching mathematics [J]. Primus, 2009, 19(4), 401 – 416.

③ Lemos, A. R., Sandars, J. E., Alves, P., & Costa, M. J. The evaluation of student-centredness of teaching and learning: a new mixed-methods approach [J]. International journal of medical education, 2014, 5, 157.

④ McCombs, B. L., & Miller, L. Learner-centered classroom practices and assessments: Maximizing student motivation, learning, and achievement [M]. Thousand oaks, CA: Corwin Press, 2007.

⑤ Blumberg, P. Developing learner-centered teaching: A practical guide for faculty [M]. San Francisco, CA: Jossey-Bass, 2009.

一、麦库姆斯和米勒的理论模型

麦库姆斯和米勒的理论模型是建立在认知理论、建构主义理论、关怀教育理论、批判教育理论和人本主义理论的基础上的。[①] 该模型被广泛应用于中小学课堂教学评价。

(一) 学习中心的模型

生活系统理论为理解学习中心教学研究提供了一个视角,该理论认为复杂生活系统包括个人领域、技术领域和组织领域三个核心要素,生活系统的平衡是靠这三个要素之间的平衡来实现的(见图 3-1)。[②]

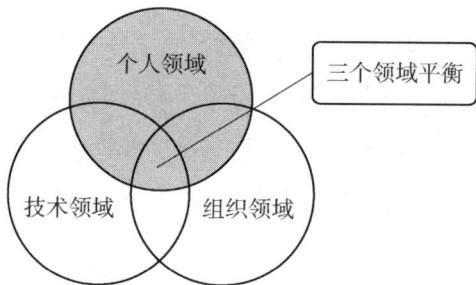

图 3-1 生活系统三个领域的不同组合

有学者提出了学校和教育也能够通过生活系统的三个组成领域进行解释,并且在教育系统中更加关注三个领域之间的平衡;而当前的教育变革主要聚焦于技术领域(课程、标准、评价、教学)或者是组织领域(决策、管理结构、时间分配),对个人领域(个体或者合作信念、关系、动机和学习)缺少关注。[③] 正是学校教育领域中这三个领域的不平衡导致了不健康的系统功能,并且让教师和学生感受到压力、疏离感和沮丧。因此,当课堂和教育被看作是一个生活系统的时候,它应该更

---

① Cornelius-White, J. H. , & Harbaugh, A. P. Learner-centered instruction: Building relationships for student success [M]. Sage Publications, 2009.
② McCombs, B. , & Whistler, S. The learner-centered classroom and school: Strategies for increasing student motivation and achievement [M]. San Francisco, CA: Jossey Bass, 1997.
③ McCombs, B. L. , & Miller, L. Learner-centered classroom practices and assessments: Maximizing student motivation, learning, and achievement [M]. Thousand oaks, CA: Corwin Press, 2007.

多地关注学习者和个人领域。① 在教育中,应该给学习者创造更多参与学习的机会,执行的评价标准不是外部强加的;相反,这些标准是在与相关人员(教师、学生、管理者和家庭)分享感受的基础上,经过反复斟酌形成的。通过聚焦于学习者和学习,教学就从强调个体作为信息的接受者转变为学习共同体的创造者,个人和系统支持促进所有人的学习。在学习中心的系统中,每一件与学习者相关的事件、挑战性任务以及具有关怀性质的学习共同体都能够创造出新的、独一无二的学习任务,这有益于让每一个学习者参与到学习中。这些挑战形成了新的学习共同体文化,新的共同体文化又能够刺激教学和学习的乐趣,这样就形成了一个良性循环的系统。

任何系统都能够满足个体的基本需求,比如学校作为一个系统其必须要支持学习者的学习需求,人是这一系统的核心,这一系统要服务于所有学习者、教师和学校中个体学生的学习、成长和发展。② 学校/课堂作为一个生活系统,其包括的三个领域对应的内容分别是:

- **个人领域**:人格、动机和系统中所需的人际关系(学生与同伴、教师、管理者和父母之间的关系);
- **技术领域**:内容标准、课程结构、教学方式和促进学习和成就的评价策略;
- **组织领域**:支持个人和技术领域以及最终为了所有学生的动机、学习和成就的管理结构和政策。

将学校/课堂看作是一个生活系统有助于教师通过开发新的隐喻(Metaphors)来思考和改善教育。比如,用生活系统视角的隐喻来观察学校和课堂,在这里学习被定义为是学习者(包括教师)与环境之间的关系;从生态系统的视角来看,学校是一个共同体,即通过实施学习中心的原则来设置为了学习、为了生活和为了所有学习者的终身学习做准备的情境。这些实践能够将学校/课堂转化成具有合作关系的学习者共同体,也就是说学习是一个持续的学习和一个不断改进的循环过程。

---

① Wheatley, M. J., & Kellner-Rogers, M. Bringing life to organizational change [J]. Journal of Strategic Performance Measurement,1998,2(2),5 - 13.

② Wheatley, M. J. Reclaiming hope:The new story is ours to tell [D]. Summer Institute, July, University of Utah,1999.

正是基于生活系统理论的启示，麦库姆斯和米勒为了让教学重新回到平衡，他们建构了学习中心的模型(Learner-centered model，LCM)。该模型是建立在学习中心的原则基础之上的。在学习中心的模型中每个成分都是复杂生活系统的一部分。研究证据表明当这三个领域保持平衡并且建立在一致的个人信念、价值观和人生观基础上时，有效教学和有效学习才会发生。[①]

图3-2中的学习中心模型展示了所提供的教学实践中，学习中心原则(认知与元认知、动机和情感、发展和社会及个体差异，具体见表2-2)的角色。这个图阐释了学习中心模型的内涵，这一模型是基于学习中心14条原则建立的，它的核心在于确定了学习者是教学决策的核心(图3-2中间最上面的"学习者")；当然，该模型也关注学生的学习过程以及知识和内容获取的重要性。虽然LCM强调理解学习者独一无二的特征和需要(图3-2左边的圆圈中的"学习者")，但是同时也关注学习共同体特定质量的展示，它包含了优质的学习中心的方式以及知识和内

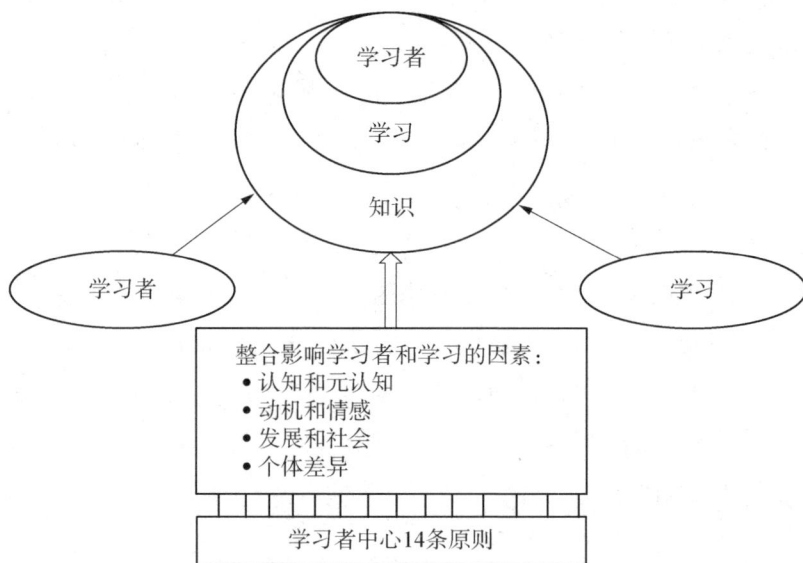

图3-2 学习中心的模型：一个整合的视角

---

① Fullan，M. Leading in a culture of change personal action guide and workbook [M]. San Francisco，CA：John Wiley & Sons，2001.

容的获取方式(图 3-2 中右边圆圈中的"学习")。这一重要转变(从"教师中心"走向"学习中心")足以促使教育系统重新回到平衡,这一重新回到平衡的过程是从 LCM 对学习者的理解和基于学习共同体的教学决策过程开始的。当教师对学习者以及他们的需求、优点和兴趣有了了解之后,教师能够聚焦于教那些学生渴望的知识、内容和技能。如果是内容中心,学生知道这个系统与他们关系不大,这时候他们就会有意疏远,甚至想逃脱。

简而言之,图 3-2 强调在教育系统,尤其是课堂教学实践中,教学决策应该始于对学习者个人的了解。这一模型表明如何判断学校教育有效地使用了相关研究成果(素养、计算能力、科学理解、问题解决和批判性思维技能、社会和情感技能等方面)来理解"学习由什么构成"和"怎么样在所有内容领域提供最好的支持"。

这一模型提供了一个教师与学生分享权力、建立积极的人际关系和连接高水平学习动机与学业成绩的分析框架。LCM 有利于创建积极的学校/课堂氛围:

- 自动吸引学生和其他与学校/课堂共同体有联系的人;
- 劝退消极的社会行为;
- 优化个人发展。

但是与其他方案不同的是,LCM 提供了一个实现方案与实践存在一致性的整体框架。最根本的学习中心的原则适用于所有学习者和所有情境,并且规定学习和动机是自然发生的过程,在创设适当情境时,学习和动机过程就能够活跃起来。

学习中心的模型有助于理解个体学习者,带给人们一个基于不同观点、不同需求、不同能力和不同优点的复杂组合。同时,该模型也包括所有学习者的一些共同特征和基本品质,比如,积极的成长、生活和发展的内在需求等。[①]

教学应当符合所有学习者的需要,所以学习中心教学的本质就是聚焦于个体学习者和理解学习的过程。麦库姆斯指出:学习中心既聚焦于个体学习者——遗传因子、体验、观点、背景、天赋、兴趣、能力和需要等,同时也聚焦于学习——关于学习的最有用的知识和学习怎么样发生以及怎么样的教学实践能最有效地促进

---

① McCombs, B., & Whistler, S. The learner-centered classroom and school: Strategies for increasing student motivation and achievement [M]. San Francisco, CA: Jossey Bass, 1997.

所有学习者的动机、学习和成绩。① 最后,这两个方面都聚焦于开启和驱动教学实践。

(二) 学习中心教学的核心要素

麦库姆斯及其研究团队经过 15 年左右的理论与实践相结合的研究,在学习中心原则四因素(认知与元认知、动机与情感、发展与社会以及个体差异)的基础上分别建构了指向最好教学实践的 K-3 年级和 4—12 年级两个学段的学习中心教学的要素模型。他们通过实践,结合学生的发展特征对不同学段的学习中心教学的要素框架进行了整理归纳,具体表现为:K-3 年级学段的学习中心教学主要包括建立积极的人际关系和创造积极的学习氛围、提供学习动机支持、促进思考和学习技能的发展。这三个因子分别对应着学习中心原则四因素中的发展和社会因子、动机与情感因子和认知与元认知因子,即在这一阶段的学习中心教学还没有纳入个体差异因子,这是因为低年级学习者的个体差异并不那么明显。4—12 年级的学习中心教学包括创造积极的人际关系和氛围;尊重学生的声音,鼓励换位思考和提供个人挑战;鼓励高阶思维和自我调控;适应个体发展差异。这四个因素分别对应着学习中心原则的发展与社会因子、动机与情感因子、认知与元认知因子和个体差异因子。针对不同学段学习中心教学组成要素的内容分布如下:

1. K-3 年级的学习中心教学的构成要素

麦库姆斯对幼儿园到小学三年级学生进行实验研究发现有三种课堂教学实践与学生的高水平的动机和成绩水平相关。②③ 他们使用一个三角形来阐述三种课堂教学实践之间的关系(见图 3-3):第一层是在开始的时候为学生的学习建立积极的人际关系和创造良好的学习氛围;第二层是为学习者提供动机支持;第三

---

① McCombs, B. L. Self-assessment and reflection: Tools for promoting teacher changes toward learner-centered practices [J]. Nassp Bulletin, 1997,81(587),1 - 14.

② Daniels, D. H. , Kalkman, D. L. , & McCombs, B. L. Young children's perspectives on learning and teacher practices in different classroom contexts: Implications for motivation [J]. Early Education and Development, 2001,12(2),253 - 273.

③ McCombs, B. L. , Daniels, D. H. , & Perry, K. E. Children's and teachers' perceptions of learner-centered practices, and student motivation: Implications for early schooling [J]. The Elementary School Journal, 2008,109(1),16 - 35.

层是要促进学习者的思考和学习技能的发展,另外 K‑3 年级学习中心教学是在面上展开的(仅仅是一个面上展开的)。

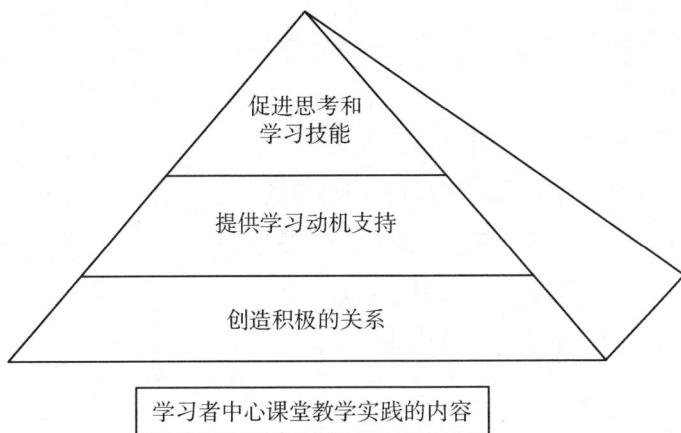

图 3‑3　K‑3 年级的学习中心课堂实践内容模型

（1）建立积极的人际关系和创造积极的学习氛围

在这一层上,教师的课堂教学实践主要聚焦于帮助学生感受到被关心和体验到归属感,并且帮助学生在与其他学生交往的过程中获得良好的感受。这时候的课堂教学实践应该为每一个学习者培育一个具有关怀氛围的人际关系,帮助学生学会如何与同伴创造关怀的人际关系,以及帮助学生重视自己独一无二的能力。

（2）提供学习动机支持

在这一层上,教师的课堂教学实践聚焦于帮助学生辨认自己的学习兴趣和独一无二的能力,协助学生学会如何在学习任务中与他人开展合作学习,并且锻炼学生的听说技能。这一层上,教师应该询问学生喜欢学习什么和喜欢什么样的学习方式,并且帮助学生看到错误的价值和学会如何应付学习困难的挑战。

（3）促进思考和学习技能的发展

在这一层上,教师的教学实践主要聚焦于帮助学生学会理解所学内容、记住重要信息和在学习任务中运用时间管理策略,当然还包括其他的教学实践,比如,给学生安排需要努力才能够完成的任务,协助学生进行思考,以及展示如何用更有效的方法来学习等。

麦库姆斯在研究中发现,其实学生是能够有效地分辨出谁是学习中心的教师和谁不是学习中心的教师。学习中心教学实践中的学生不仅能够获得更高的学业成绩,还更容易参与到学习过程中,并且在学习过程中的学习动机更加强烈;相反,在非学习中心教学实践中,学生会表现出明显的学习缺陷、课堂破坏行为和低水平的学业成绩。[①]

2. 4—12 年级学习中心教学的构成要素

麦库姆斯及其同事的研究发现,有四种课堂教学实践(创造积极的人际关系、尊重学生的声音、鼓励高阶思维和适应个体差异)适应于 4—8 年级和 9—12 年级,这四种课堂教学实践与学生的下列学习结果强相关: [②③]

- 在语文和数学学科上的学业成绩;
- 学习动机;
- 终身学习技能;
- 出勤情况;
- 课堂行为。

这四种课堂教学实践是能够被清楚区别开来的,区分的方法是作为生活系统的学校/课堂特征和上面所描述的学习中心的原则。

上面介绍了 K‐3 年级的学习中心教学的模型(因为 K‐3 年级学生认知有限,三个面之间没有联通,所用图是三角形),图 3‐4 用一个"金字塔"来阐述 4—12 年级的学习中心课堂教学的四个领域之间的关系,四种课堂教学实践中对学生的积极学习结果影响最重要的是金字塔最底部的教学实践,即创造积极的人际关系和积极的学习氛围;第二重要的是尊重学生的声音和提供个人挑战;第三重要的是鼓励高阶思维和自我调节;最后是适应个体发展差异。

① McCombs, B. L. Balancing accountability demands with research-validated, learner-centered teaching and learning practices [A]. In C. E. Sleeter (Ed.), Educating for democracy and equity in an era of accountability [C]. New York: Teachers College Press, 2007.

② Daniels, D. H., Kalkman, D. L., & McCombs, B. L. Young children's perspectives on learning and teacher practices in different classroom contexts: Implications for motivation [J]. Early Education and Development, 2001, 12(2), 253 – 273.

③ McCombs, B. L., Daniels, D. H., & Perry, K. E. Children's and teachers' perceptions of learner-centered practices, and student motivation: Implications for early schooling [J]. The Elementary School Journal, 2008, 109(1), 16 – 35.

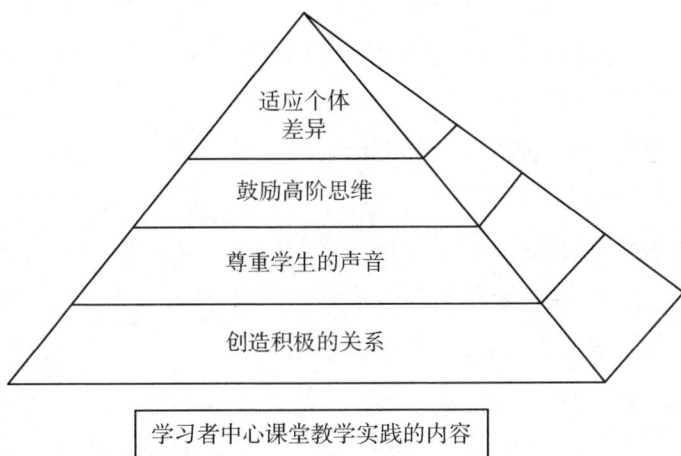

图 3-4 4—12 年级的学习中心课堂实践内容模型

从学生的视角来看,如果学生感知到与教师之间的联系以及感受到自己处在积极的学习环境中;如果他们的想法被倾听、尊重且受到挑战;如果他们感受到高阶思维和学习技能被支持,那么学生就会认为老师是能够适应于他们的个人特征和需求的。当然,这并不是说教师不需要使用其他的个体化的策略,但是作为学习中心的教师不应该一开始就使用个性化的策略。教师在开始的时候,课堂教学实践应该展示出对学生积极学习结果影响最大的实践,并且系统地轮流支持其他三种实践。

(1)创造积极的人际关系和氛围

在这种教学实践中,教师的课堂实践聚焦于积极的人际关系和学习氛围因素,这些因素是能够让学生感受到被尊重、被关爱和被欣赏的,学生感受到自己处于一个安全的学习环境中,这还包括培养学生之间的关怀性人际关系,帮助学生学会怎么创造关怀性人际关系以及帮助学生重视自己独特能力的价值。

当教育者关心学生及其学习的时候,学生会感觉到他们与学业环境之间的联系。① 然而,到了高中的时候,学生通常不相信成人会关爱他们和他们的学习。不过,有研究指出高中阶段的教育者是能够重新与学生建立联系,如果学生要做出

---

① Blum, R. W. A case for school connectedness [J]. Educational Leadership, 2005, 62(7), 16-20.

积极的选择,那么对于学生来说感知到与教师之间的联系是非常有可能实现的。布卢姆的研究指出有这三个特征的学校能够帮助学生感受到与学校之间的联系以及体验到学业上的挑战:

①有教师支持的高水平学业标准;

②积极和有礼貌的师生关系;

③身体和情绪上感到安全的学校环境。

这种学校的学生更容易取得积极的学习结果,除了高水平的学业成就和动机,还包括学习其他的积极指标。[①]戈登(Gordon,2004)的研究也表明,严格基于标准的课程和强大的社会支持系统(包括人们对学生和其学业成绩的评价)能够显著缩小学生之间的成绩差异。[②]为了学校的成功,尤其是在本质上促进积极的校园文化的发展,需要建立具有关怀氛围的关系、给予学生积极的行为支持并传授社会和情感技能。[③]

随着教师创造安全和关怀学习共同体能力的提升,一个积极的课堂文化将会超越班级规模的限制。这种教学将给予学生选择和自我负责的机会,使用合作学习的策略以及认识到学生在所有创造积极课堂文化实践中的进步。[④]

(2)尊重学生的声音,鼓励换位思考和提供个人挑战

在这里,教师的课堂实践聚焦于:当学生在学习和听完同伴观点的时候,给学生提供表达观点的机会。这种教学实践还包括:鼓励学生挑战,在学习的时候学会思考,同时帮助学生表现独一无二的自己,开发学生对学习的责任以及学会理解不同的观点。

与教师中心的教学相比较,这种课堂实践更加强调改善学生学业表现的重要

---

① McCombs, B. L. From credible research to policy for guiding educational reform [A]. In W. M. Reynolds and G. E. Miller (Eds.), Comprehensive Handbook of Psychology, Volume 7: Educational Psychology [C]. San Francisco, CA: John Wiley & Sons, 2003,583－607.

② Gordon, E. W. Closing the gap: High achievement for students of color [J]. Research Points, 2004,2,1－4.

③ Osher, D. , & Fleischman, S. Positive culture in urban schools [J]. Educational Leadership, 2005, 62(6),84－85.

④ Blum, R. W. A case for school connectedness [J]. Educational Leadership, 2005,62(7),16－20.

性。比如,缺少同伴接纳会降低学生的学业表现,[1]而良好的师生关系能够提高学生的学业表现(Murray & Malmgren, 2005)。[2] 另外,使用各种简短的游戏来改善学生的学业表现备受关注,因为它是一种改善学生学习结果的良好方式。比如,詹金斯(Jenkins, 2005)认为好的游戏能够刺激学生发展基本素养,甚至引领学生进入特定的知识领域。[3] 游戏的使用不是替代教学,而是作为一种吸引学生学习的工具,游戏能够让学生对他们自己的学习负责,并且让学生通过坚持完成具有挑战性的任务参与到学习过程中。詹金斯列出游戏的一些质量标准:

- 能够降低失败的威胁,因为教师能够重复使用;
- 通过专心游戏来培养参与的感觉,并且游戏具有一定的难度;
- 通过呈现挑战而不是战胜感来给予学生成功的体验;
- 应该与学生的学习目标相联系,学生需要完成一些事情来达成目标;
- 创造一个社会情境让学生能与他人联系并且分享自己的兴趣;
- 游戏应该涉及多通道,不仅仅包括多媒体,还要求学生采用多重角色和多种观点;
- 通过练习和寻找更多信息来支持学生掌握新技能。

(3) 鼓励高阶思维和自我调控

这一层上,教师的课堂实践聚焦于提供机会来鼓励学生发展高阶思维和自我调控策略。教学实践还包括帮助学生建立兴趣与内容之间的联系,使学习与学生之间的关系更加紧密,提供机会让学生对自己的学习过程进行选择和控制,进而发展学生对自己的学习负责的能力,并且支持学生主动获取技能来调节自己的学习。

虽然很多学者对于智力卷入学习有了基本的认识,但是仍有不少教师不能确定该怎么样帮助学生获取和运用高阶或者元认知思维和学习技能。然而,有发展心理学家探究了儿童和青少年的心理能力的发展状况,这对于教师开展教学实践

---

① Flook, L., Repetti, R. L., & Ullman, J. B. Classroom social experiences as predictors of academic performance [J]. Developmental Psychology, 2005, 41(2), 319 - 327.

② Murray, C., & Malmgren, K. Implementing a teacher-student relationship program in a high-poverty urban school: Effects on social, emotional, and academic adjustment and lessons learned [J]. Journal of School Psychology, 2005, 43(2), 137 - 152.

③ Jenkins, H. (2005). Getting into the game [J]. Educational Leadership, 2005, 62(7), 48 - 51.

是有帮助的。[①] 特别值得注意的是，研究发现随着学生心理能力的发展，他们会认识到儿童、青少年和成人的学习过程是逐渐发展的，并且各阶段学生学习过程的速度是不同的(Polloway，Miller，& Smith，2004)。[②]

有研究者在研究学习的脑机制的时候提出了三种课堂情境可以用来培养"友好用脑(brain-friendly)"[③]：

① 培育一个放松又有挑战的环境；

② 使学生参与具有多种挑战的复杂体验；

③ 提供主动体验课外世界的机会。

在学习中心的课堂中，学生的能力得到发展，学生参与真实问题学习、探究取向的学习以及体验式学习，这有利于帮助学生实现自我体验和培养责任心。作为学习的合作者和促进者，教师的作用是帮助学生展示和发展其独一无二的才干、能力和体验。[④] 教师在学习中心的课堂中鼓励开放，在这里教师能够舒适地分享自己的学习和示范经验，并且与学生开展差别对话。

（4）适应个体发展差异

在这里，教师的教学实践聚焦于针对学生背景、文化、先验知识、学习偏好和一系列个体差异来改变教学。这些实践包括将注意力聚焦于了解个别学生和他们的家庭；当学生表现出学业失败的时候，需要改变学业任务；有效利用在课堂上建立的学习共同体，即利用同伴辅导其他学生。

（三）学习中心教学的原理

没有一种实践是遵循特定形式或者特定原则的，但是好的教学实践必须保持学习中心的原则与教师的信念、信念特征和实践之间相一致。当上述因素一致的时候，教师与学生之间的互动以及教师所实施的计划和实践才能够最有效地促进学生的学习。教师将学生的学习理解为是一个自然而然的过程，并且教师能够给

① Fabes，R. A.，& Martin，C. L. Exploring child development [M]. Boston：Allyn & Bacon. 2002.
② Polloway，E. A.，& Smith，T. E. Language instruction for students with disabilities [M]. Denver，CO：Love，1992.
③ Franklin，J. Mental mileage [J]. ASCD Education Update，2005，47(6)，1-4.
④ Schuh，K. L.，Wade，P. A.，& Knupp，T. L. Intellectually useful personal connections：Linking what students know with what they learn [C]. American Educational Research Association，Montreal，Quebec，2005.

所有学习者的学习过程提供最好的情境支持。这意味着,教师与学生之间的互动,教师必须确保:

- 学习者被纳入到教育决策过程中,教师关注学生的学习或者课堂中的规则是否是稳定的;
- 在学习体验中,学习者的各种观点受到鼓励和尊重;
- 学习者在文化、能力、风格、发展阶段和需要上的差异被考虑和尊重;
- 在学习过程中学习者被当作参与合作的创造者来对待,并且个体的想法和问题被关注和尊重。

学习中心教学的实施,是有前提条件的,即对教师而言,教学和学习活动方式和学习中心的核心表征是一致的;而教学和学习活动方式是受教师的信念和特征影响的。

如果忽视了学习中心的基础,即使是再好的教学也不可能产生好的学习结果,并且也不可能对所有学生产生影响,尤其是不能影响有些本来就与学校和课堂有疏离感的学生。另外,麦库姆斯以及同事的实践研究显示,学习中心教学的理论模型有利于在最大范围内提升所有学生的动机、学习和成就。[①]

基于上述对影响学习中心教学前提因素的分析,以及对学习中心教学功能的探究,麦库姆斯和米勒建立了学习中心的作用机制和功能机制相结合的"教师信念——教师实践——学习结果"理论模型(见图3-5)。

由图3-5可知,该模型主要有三类变量:最左边的教师一般信念特征、教师的学习中心信念,最上面的学校管理因素,这两类因素属于学习中心教学形成的前因变量;中间是教师的教学实践,这包括教师感知的教学实践和学生感知的教学实践;最右边的学习结果变量,这包括学生的学习动机因素和学业成绩。这三类变量之间的关系是:前因变量(前因变量里面教师特征会影响教师信念进而影响学习中心的教学实践)会影响学习中心教学实践;而学习中心的教学会通过影响学生的学习动机因素进而影响学生的学业成绩。

该模型的基本观点可以归结为三个研究假设:第一,教师的教学实践有教师

---

① McCombs, B. L. Self-assessment and reflection: Tools for promoting teacher changes toward learner-centered practices [J]. Nassp Bulletin, 1997, 81(587), 1 - 14.

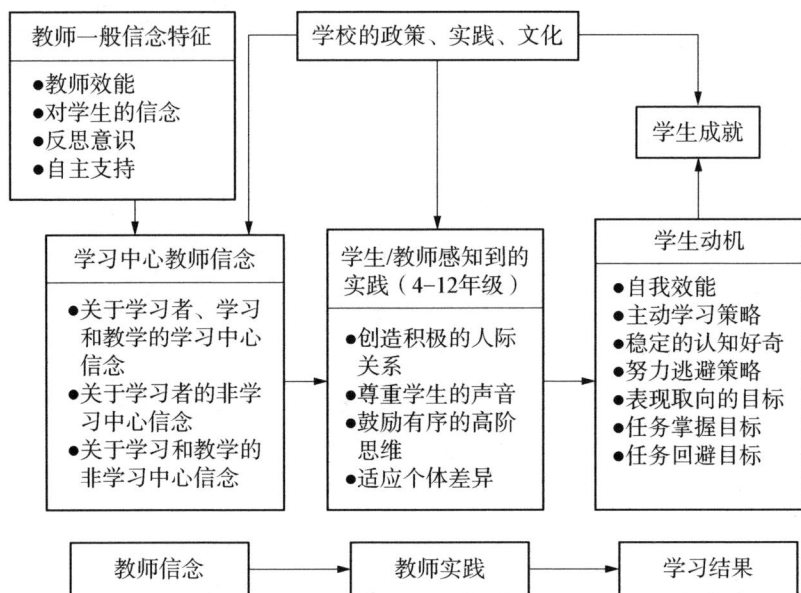

图 3-5 "教师信念——教师实践——学习结果"理论模型

感知到的和学生感知到的两种；第二，教师一般信念特征可以通过教师的学习者中心信念的中介作用来影响教师的教学实践（教师感知到和学生感知到的）；第三，学校或者管理者的政策、实践和文化能够影响教师信念、教师实践（教师感知到和学生感知到的）和学生的学业成绩；第四，教师实践（教师感知到和学生感知到的）能够通过动机因素的中介来间接影响学生的学业成绩。

　　麦库姆斯和米勒的学习中心教学理论模型是基于心理学视角探究学习中心教学的核心表征，这是分析学习中心教学最完整的理论之一。其对学习中心教学具有重要的理论贡献。该模型从生活系统理论的视角出发分析了当前的教育教学状况，进而提出了学习中心教学研究的重要性。另外，该理论模型分学段对学习中心教学的核心构成要素进行了分层解释，最底层的要素是最基础和最重要的，这对于理解学习中心教学各构成要素的重要性是非常有帮助的。需要说明的是麦库姆斯和米勒的学习中心教学理论模型中的核心构成要素是基于学习中心的心理学原则建构的，所以该模型具有很强的心理学意味。

　　麦库姆斯和米勒的学习中心教学理论模型的重要贡献之一是建构了学习中

心教学形成机制模型。该模型从教师信念、特征、性情和教学实践之间的一致性建构了学习中心教学的形成机制模型。另外，该模型还结合研究者自己的实践研究分析了学习中心教学对学习结果（动机因素和学业成绩）的作用机制，即分析了学习中心教学的功能机制。在上述两个作用机制的基础上进一步整合出了"教师信念——教师实践——学习结果"的理论模型，该模型对于本研究开展学习中心教学的研究提供了分析思路上的借鉴。

麦库姆斯和米勒的理论模型的不足主要体现在其对学习中心教学核心要素的理解上。一方面，学习中心教学的要素中有些上位概念过于抽象，教师无法理解，更难通过操作来实现。比如，麦库姆斯和米勒在其著作中就曾指出："虽然很多学者对于智力卷入学习有了基本的认识，但是仍有不少教师不能确定该怎么样帮助学生获取和运用高阶或者元认知思维和学习技能。"[1]出现这种情况，可能与他们直接运用心理学概念有关。另一方面，其对于如何适应个体差异因子，麦库姆斯和米勒的阐述相对简单，仅仅从了解家庭背景、改变学业任务和建立学习共同体上着手理解，但是这种个体差异的理解仅仅只是针对后进生，对于如何适应个别学习能力好的学生间的差异，该理论并没有给出相应的支持策略。因此，麦库姆斯和米勒理论模型对学习中心核心要素的理解上还是有所欠缺，即这些核心要素不适合用来评估学习中心的教学实践。

二、布伦伯格的理论模型

布伦伯格的理论模型作为具有代表性的学习中心教学理论模型之一，其理论基础是认知主义、建构主义、批判教育学和人本主义理论。[2] 该理论模型是在韦默的学习中心教学五项关键变化的研究基础上建构的，[3]不同的是，布伦伯格进一步将教师角色、学习责任、内容功能、权力平衡以及评价的过程和目的五个维度进行

---

① McCombs，B. L.，& Miller，L. Learner-centered classroom practices and assessments：Maximizing student motivation，learning，and achievement［M］. Thousand oaks，CA：Corwin Press，2007.

② Weimer，M. Learner-centered teaching：Five key changes to practice［M］. San Fransisco，CA：Jossey-Bass，2002.

③ Weimer，M. Learner-centered teaching：Five key changes to practice［M］. San Fransisco，CA：Jossey-Bass，2002.

了细化和分解。这一理论模型不仅仅被研究者们应用在基础教育中，[①]也被研究者们运用于高等教育研究中。[②] 这个五个维度的具体内容如下：

（一）教师角色

在教师中心的教学中，教师角色聚焦于准确地传输信息，其主要表现是：教师讲授，学生听讲和做笔记。学生被动接受，很少与教师或者同伴互动，并且在课堂学习中的投入程度很低，教师不考虑课程目标与其教学方式、学生学习的一致性。

相反，在学习中心的教学中，教师会考虑学生的课程学习目标，然后规划教学或者学习方式来帮助学生实现学习目标。学习中心视角下教师的角色主要是为学生的学习创造良好的环境，因为在这里教师的主要任务是帮助学生学习。当教师创设了为了学生学习的课堂环境之后，他们还需要花时间来规划自己对学生的期望。学习中心视角下的教师还应该考虑学生的个体差异。教师使用不同的方式以便能够适应学生的个体差异。教师应该鼓励学生在学习活动中与教师或者同伴进行互动。如果教师成功地成为了学习中心视角下的教师，这将有利于激活学生学习的内部动机。基于上述描述布伦伯格将学习中心教学中的教师角色分解为六个成分。

1. 创造为了学生的学习环境

教师通过组织和使用材料来创造学习环境，进而实现学生的主动学习。学生的学习是存在个体差异的，比如，从学习方式来看：有些人善于通过阅读来学习，有些人则喜欢通过倾听材料内容来学习，还有些人倾向于做中学；从学习材料的倾向性来看：有些人善于从图片、图表等素材中学习，其他人则更加喜欢通过具体的例子来学习。学习中心的教师通过对学习内容进行仔细分析和规划之后选择相关内容，然后对内容进行重新组织以便创设良好的学习环境以适应不同学习倾向的学生。为了使学生更好地掌握这些课程材料，教师应该根据学生的不同学习倾向让学生选择材料的呈现方式，进而实现学生倾向与材料之间的一致。教师应

---

① Çam, Ş. S., & Oruç, E. Ü. Learning Responsibility and Balance of Power [J]. International Journal of Instruction, 2014, 7(1), 7 - 16.

② Allybokus, B. S. The implementation of learner-centred teaching in Mauritian state secondary schools: examining teachers' beliefs and classroom practice [D]. Doctoral dissertation, UCL Institute of Education, 2015.

该具备两种策略适应学生的不同学习风格偏好：其一，给予学生选择学习过程的机会；其二，针对不同类型的学生给予鼓励。

2. 保持课程成分之间的一致性

保持课程成分的一致性。一致性意味着课程的所有方面，包括课程目标、教学或者学习方式以及评价方式的一致。[①②] 教育实践建议课程应该体现一致性。[③] 也就是说，在课堂中，当教师在开设一门课程的时候，需要确保课程目标、教学或者学习方式和评价方式之间的一致性。

教师能够对课程目标水平做出分类，比如布鲁姆（Bloom，1956）的目标分类系统中将教育目标划分为：低水平的知识记忆和理解、中等水平的运用和分析、高等水平的综合和评价。[④] 教师应该能够将课程的所有方面进行分类，比如，教学方式和评价方式，知识获取、应用或者问题解决的类型。在一致性的课程中，教学或者学习活动和评价方式应该与目标的水平保持一致。一致性的课程要求既有低水平的事实学习也要有高水平评价的情境，只有这样才能够保证课程最大限度地促进学生投入学习。

表 3-1　目标、教学和评价方式水平之间的一致性

每一个成分所在的水平	所有的方面不包括在课程中	低水平（记忆和理解）	中等水平（运用和分析）	高水平（综合和评价）
目标				
教学或者学习方式				
评价方式				

为了举例证明课程要素之间的一致或者不一致，布伦伯格开发了一个表格来

① Biggs，J. B. Teaching for quality learning at university：What the student does [M]. McGraw-Hill Education (UK)，2011.

② 刘学智. 小学数学学业评价与课程标准一致性的研究[D]. 长春：东北师范大学，2008.

③ 崔允漷，雷浩. 教——学——评一致性三因素理论模型的建构. 华东师范大学学报（教育科学版），2015，33（4）：15—22.

④ Bloom，B. S. Taxonomy of educational objectives：The classification of educational goals：Cognitive Domain [M]. Longman，1956.

比较目标、教学或者学习方式以及评价方式的水平(如表3-1所示)。为了实现课程目标、教学或者学习方式以及评价方式的一致性而使用分开的表格。通过简短的描述,记录下目标、教学或者学习方式和评价方式的合适组织单元。目标可以划分为更多的单一类型,这也同样适合于教学或者学习方式和评价方式。接下来,对于每一个目标,教师可以画一条线或者多条线来连接所标记的组织单元的三个水平。如果教师在所有的课程中画了一条直线、一条垂线连接所有的行和列,那么教师就实现了课程的一致性。当课程目标是高水平,但是评价仅仅是要求重新回忆这些信息的时候,课程成分之间就会出现不一致。

3. 采用适合学生学习目标的教学或者学习方式

教学或者学习方式是指教师在学生学习中安排的积极的学习活动。这些教学或者学习方式可以是在课堂中、在线学习或者课后作业的安排或任务上。在众多不同的教学或者学习方式中,教师应该选择其中能够适应学生学习目标的方式。学生的学习目标阐述了学生在课程学习中能够知道什么、能够做什么或者表明课程学习的价值。以此促进教学或者学习方式与学生的学习目标一致。比如,学习目标要求学生应该能够使用数据来评价证据和对结果做出预测,那么教师就需要选择教学或者学习方式让学生练习与用数据来预测结果的目标保持一致。

4. 开展学生、教师和内容互动的活动

其实多数学习是发生在复杂社会情境中而不是单一的环境中。[①] 学生可以通过与同伴和教师之间的互动来进行学习。学生与内容之间的互动是通过主动使用内容实现的,比如,在小组解决问题中学生不仅仅是听或者阅读这些内容,还需要整合社会互动和其他内容来实现学生的学习增值。

布伦伯格画了一个简单的图来描绘互动。他将教师、学生和内容放置在一个菱形结构里面,如下图3-6所示。用箭头表示互动。单向的箭头表示单一方向的交流,比如,当教师对学生讲课。一个双向箭头的互动表示双向互动,比如,学生之间在小组讨论的时候使用内容材料。如果没有互动发生,就不能够放置一个箭头。为了进一步明确图3-6中学习中心教学要素之间的互动关系,布伦伯格将教

---

① Kafai, Y. B., & Resnick, M. Constructionism in practice: Designing, thinking, and learning in a digital world [M]. Mahwah, NJ: Erlbaum, 1996.

师与每一类型学生之间的互动表示为双箭头，而将教师、各种类型学生与内容之间的关系用单向箭头来表示。

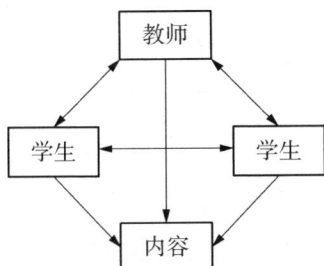

图 3-6 学习中心教学中学生、教师和内容的互动

5. 基于 SMART 的目标表达

目标应该详细地表明学生学习的目标或者学习预期达成的结果。SMART 代表的是明确的（specific）、可测量的（measurable）、可实现的（attainable）、相关的（relevant）或者依据结果所期望的现实和有时间指向的（time oriented）。明确的目标是指具体的行为动词的使用。可测量的目标是指根据一个数字或者根据质量所进行的描述。可实现的目标是指在教师的帮助和影响下能够实现的可行和适当的范围。相关的或者现实目标包括了教师能够证明的学生发展和技能。时间指向意味着完成目标有一个目标日期，甚至是阶段性步骤也有目标日期。一个SMART 目标描述了学生的改变，陈述了将产生什么样的改变（特定的）、所期望的改变有多少（可测量的）、谁或者什么将发生改变（可实现的）、在哪里发生改变（相关）以及什么时候发生改变（时间指向）。这将帮助教师判定他们是否满足了学生的需要、是否规划了教学或者学习活动以及评价自己是否实现了这些目标。

为了开发 SMART 目标，应该以行为动词开头描述教师期望学生做什么。词语应该表达直接可测量的行为，比如，评价、预测或者分析。然后，填写其余的目标，回答怎么样、为什么和什么时候教师期望学生能够做这些行为。

6. 激发学生的学习动机

具有内部动机的学生是自己想学习，也就是说，这种学生是通过内部驱动力来学习，而不是依靠外部动机的驱使来获得分数。虽然这些内部动机驱动的学生在课程中经常获得好的成绩，但是这些成绩本身是不能够刺激他们的。这样的学生能够很好地超越课程要求,因为他们本来就对课程感兴趣。比如,一节语文课上,内部动机驱动的学生根据课本上作者的要求来阅读额外的书籍;与这些学生不同的是,其他的同学是受外部动机的驱使来进行学习。共同的外部动机包括一些规则,比如,参与政策、要求的阅读任务以及成绩等。

很多教师在教学的时候发现要增强学生的内部学习动机是非常不容易的,多数学生不愿意花过多的课外时间来预习课程内容。为了改变这一状况,教师只有制定更多规则(比如要求学生每节课必须出席)和依靠一些外部动机,比如课堂出勤率。① 久而久之这就会导致学生的学习都是由外部驱动而不是学生自己想学。虽然这些政策能够让学生通过课程学习更多知识,但是这并不能帮助学生变成为内部动机驱使的学习者。而当教师开展活动的时候,常常会无意刺激学生学习的内部动机。活动中固有的竞争是一种刺激学生做好学习准备的内部动机。

(二) 学习责任

在 18 世纪和 19 世纪的时候,多数高动机的学生是能够对自己的学习负责任的;但是随着学校入学人数增多,特别是那些缺乏动机的学生人数的增多,这给学生自主学习造成了过多的限制,导致很少有学生能够自主学习并对自己的学习负责任;结果到了 20 世纪后半叶,教师承担了过多的学习责任。②

当教师对学生的学习负责任的时候,教师独自决定学习内容,指挥学生的学习方式以及自主判定学习内容的价值。有些人可能接受了教师的这种角色。但是,如果教师承担了太多的学习责任,那么学生在学习过程中就会出现消极参与的情况并且会对自己的能力缺乏自信。③ 在今天,教师是无法通过技能教学而使学生变成终身学习的学习者。④ 然而,终身学习的能力却是个人职业和生活成功的本质技能。虽然一直是这样,但是处于日新月异和全球互联网时代的今天,终

---

① Weimer, M. Learner-centered teaching: Five key changes to practice [M]. San Fransisco, CA: Jossey-Bass, 2002.

② Blumberg, P. Developing learner-centered teaching: A practical guide for faculty [M]. San Francisco, CA: Jossey-Bass, 2009.

③ Weimer, M. Learner-centered teaching: Five key changes to practice [M]. San Fransisco, CA: Jossey-Bass, 2002.

④ Candy, P. C. Self-direction for lifelong learning. A comprehensive guide to theory and practice [M]. San Francisco, CA: Jossey-Bass, 1991.

身学习能力的重要性更加显著。

许多研究者都在倡导学生应该对自己以及自己的学习负责任。因此，自主逐渐成为教育的一个目标，而培养具备自我调节能力的学习者则是教育的另外一个重要目标。① 此外，现在很多用人单位要求学生具有信息素养技能和成为一个合格公民需要的一些素养。② 学生对自己的持续学习负责任会让他们日后能够更好地获取和处理相关的问题和信息。③

很多学生不能对自己的技能学习负责任，教师需要为学生的负责任学习创造条件。当学习责任从教师转移至学生时，教师应该支持学生对学习负责任，并且帮助学生获得在今后生活中所需要的技能。当学生有充足的时间来运用这些技能，并且教师能一致地运用形成性反馈来帮助学生获得进步时，学生会变成熟练的独立学习者，获得自我评价的能力。因此，学习中心的教师应该主动地保证学生实现技能的发展，并且创造多种机会让学生运用它们。根据上述理解，布伦伯格将学习中心教学中的学习责任分解为六个成分。

1. 提供对学习负责任的机会

这一成分的关键要素是要培养学生对自己的学习负责任。在现实课堂教学中，要让学生对自己的学习负责任并不容易，因为在现实课堂中，与教师不提供帮助相比较，教师给学生提供详细的学习帮助（比如提供讲课笔记、阅读大纲和复习资料等）能够让学生获得更好的学习成绩。虽然教师提供的这些帮助能够让学生满足短期的课程目标，但是这不利于培养学生的学习责任心。当教师承担学习责任的时候，将不利于培养学生对自己学习负责任的意愿。为了使得教学变得更加具有学习中心的特征，教师应该尽量不给学生提供过分的帮助，进而让学生有机会来对自己的学习负责任。但是，在教师提供机会让学生对自己的学习负责任之前，应该意识到培养学生对自己学习负责任的重要性，即应该充分认识到学习是

---

① Pintrich, P. R. The role of goal orientation in self-regulated learning [M]. San Diego, CA: Academic Press, 2000.

② Middle States Association of Colleges and Schools. Commission on Higher Education. Developing Research & Communication Skills: Guidelines for Information Literacy in the Curriculum [C]. Middle States Commission on Higher Education. 2003, 78 - 81.

③ Ramaley, J. A., & Leakes, A. Greater expectations: A new vision for learning as a nation goes to college [EB/OL]. http://www.greaterexpectations.org/pdf/GEX.FINAL.pdf, 2002.

学生的责任而不是教师的责任。

随着学习中心教学变革的逐渐推进，学生对学习的责任也逐渐增加。为了实现学生对学习负责任，在课程学习过程中，教师尽量少给学生指导，而是多创造机会让学生对自己的学习负责任。比如，在课程开始的时候教师应该提供研究的问题和解释为什么这些成分是重要的；在学期中，教师应该帮助学生形成自己的问题；在学期结束的时候，学生能够独立形成自己的研究问题。

2. 培养学生"学会学习"的技能

好学生会使用技能来改善自己的学习效率，这就是"学会学习(learning-to-learn)"的技能，它包括时间管理、自我监控、目标设置、怎么样自主阅读以及怎么样进行初始研究。在学校学习过程中，学生需要获得指向未来的学习技能。[①] 不幸的是，很多教师要么是教给学生已经学会的技能要么不教学生，而学习中心的教师通过教育活动来培养适合学生的学习技能：

- 学生开始学习的时候，教师通常需要帮助学生学习或者实践基本的学会学习的技能，并且很多基础课程主要聚焦于获取这些技能。学生在这些课程计划中，需要花时间来实现学习、休闲、练习和睡觉之间的平衡；
- 当学生在独立学习或者做研究的时候，中年级的学生需要教师在时间管理方面的指导；
- 教师能够帮助较高年级的学生学会学习技能；
- 高年级学生需要学习自我监控技能。

3. 培养学生自主的终身学习技能

自主的终身学习技能包括：判断个体的学习需要，知道谁拥有信息或者该到哪里去寻找这些信息，判断什么时候需要讨论，以及有意识地开发自己的学习潜能。终身学习的方式，比如，保持阅读文献和了解相关领域的最新动态的习惯，这种能力不是所有学生都会自然发展的。相反，教师需要以一个积极的角色培养学生自主学习的技能以便学生步入社会之后还能够继续学习。

坎迪(Candy，1991)提出了自主学习的三个维度：学习过程、学习策略以及自

---

① Candy，P. C. Self-direction for lifelong learning. A comprehensive guide to theory and practice [M]. San Francisco，CA：Jossey-Bass，1991.

主学习的表现结果。① 学习过程包括根据时间管理策略、资源的评价结果以及个人学习能力来确定需要学习什么、如何规划学习以及怎么开展学习的能力；学习策略涉及学生怎么样学习和处理信息；表现结果指学生的独立学习行为。

基于问题的学习是一种学习中心的教学方式。基于问题的学习可以通过某种程序来实现，即学生对所有的学习内容开展两次讨论，第一次是没有先前准备并且在第一次讨论之后研究问题要增加；第二次学生讨论一个问题，他们需要整合问题讨论来总结他们所学会的所有内容。

下面是基于问题学习的表征，这将有利于学生自主学习能力的发展：

● 基于学生自己的问题和他们对拟解决的问题的渴望来发展其内部动机；

● 学生需要自己研究学习内容而不是教师给予的；

● 同伴迫使学生准备再次重复问题。

基于问题的学习任务能够发展学生的自主学习技能。在基于问题的任务中学生会使用信息资源，比如，自主寻找图书馆和电子数据库。参与有意义的学习以便学生自己能够采用已经学会的技能来解决实际问题。学生也会发展自主学习技能，比如，确定自己需要学习什么和对自己已经回答了的问题展开评价的能力。甚至在学生完成基于问题的学习课程之后，他们会继续使用自主学习技能。②

4. 学生对学习的自我评价

这一成分的核心指向学生对自己学习和学习能力的自我意识。学生应该能够评价自己的学习和判断自己对知识的掌握程度，独立地告诉别人自己已经学会了多少。学习的自我评价应该聚焦于整合学习者、学生需要学习什么以及他们怎么样学习。③ 好学生会思考自己的学习，以及为了自己的学习而洞察全世界的学习经验，并且他们知道怎样才能更好地学习。

5. 学生对自己优势和局限的自我评价

① Candy，P. C. Self-direction for lifelong learning. A comprehensive guide to theory and practice [M]. San Francisco，CA：Jossey-Bass，1991.

② Blumberg，P. Evaluating the evidence that problem-based learners are self-directed learners：A review of the literature [A]. In D. Evensen，& C. E. Hmelo (Eds.)，Problem-based learning：A research perspective on learning interactions [C]. Mahwah：Erlbaum，2000，199 – 226.

③ Kramp，M. K.，& Lee Humphreys，W. Narrative，self-assessment，and the habit of reflection [J]. Assessment Update，1995，7(1)，10 – 13.

在这一成分中,学生评价自己各方面的优势和不足,包括但不限于:人际交往技能、团队合作能力、组织能力、技能掌握(包括沟通技能)和知识等,比如,写作是一个技能,它能够提升反思和自我批判能力。在这里强调学生的自我评价,是因为不同的学习结果要求学生在课程中开展多元自我评价。

6. 信息素养技能

既往研究定义了五种基本的信息素养技能:(1)形成研究问题的能力;(2)获取资源的能力;(3)评价资源的能力;(4)评价资源与内容之间联系的能力;(5)合理合法使用信息的能力。[①] 在今天的学习环境中,学生认为他们知道怎么样发现信息,是因为他们经常使用一些搜索引擎。但是,每一个学科都具有很多特定的信息渠道,并且包括评价这些信息资源和信息本身的指标。合理合法地使用信息包括主动解释和引用等。教师可能会明确地教授这些技能以及引导学生适当地使用这些内容。在信息社会背景下,现在社会更是要求学生具备这些信息素养技能。

(三) 内容功能

教师中心的教学聚焦于内容覆盖和帮助学生建立知识基础或者使用内容来解决问题,或者是这两者兼而有之;实际上,很多教师都认为他们自己的角色就是让教学覆盖所有内容或者给予学生学科相关的知识基础。[②] 然而,随着材料内容的增加,教师就会感觉到覆盖更多材料所带来的压力。然而,一味地强调内容覆盖并不能够帮助学生理解内容、理解为什么他们要学习这些内容以及今后怎样运用这些内容等。

相反,学习中心的教师除了帮助学生建构知识基础之外,还会帮助学生投入内容之中并且运用内容。学习中心的教师帮助学生学习和引导他们理解为什么要学习这些内容,选择合适的和有价值的内容给学生,并且帮助学生学习新内容。教师协助学生学习、思考以及解决学科中的现实问题。内容变成了最终期望的结果和一种实现期望结果的方式,这包括在学科中帮助学生使用内容来解决问题,使用内容来适应新的情境或者用内容来预测未来的事件和结果。

---

① American Library Association. Information literacy competency standards for higher education [EB/OL]. http://www. ala. org/acrl/ilstandardlo. html,2000.

② Blumberg, P. Developing learner-centered teaching: A practical guide for faculty [M]. San Francisco, CA: Jossey-Bass,2009.

教师中心的教学主要聚焦于建构知识基础，甚至是以牺牲学生的素养为代价来建构知识基础。而学习中心的教学中内容功能主要通过六个方面来进行体现：

1. 内容的多样化使用

内容的多样化使用包括超出获得知识或技能之外的四个子成分。通常情况下，学生是很少掌握额外的内容功能的，因为多数学生花过多的时间和精力集中于建立知识基础，当然这一问题也许在一定程度上是取决于教师。如果教师为了帮助学生掌握这些额外的内容功能，那么他们需要让学生更明白地使用这些功能。

在学习中心的教学中，教师需要帮助学生知道为什么需要学习这些内容，帮助学生获得特定学科的学习方式，帮助学生在学科学习中发展探究技能以及培养学生使用内容解决真实世界问题的能力。

- 知道为什么需要学习内容。教师们经常会听到学生抱怨，"为什么我要学这门课？我要……。"比如，物理课会涉及一些数学和化学学科的内容。首先，物理会涉及计算，而数学就是专门研究计算的学科。其次，作为教师应该知道物理和化学在相关内容上是相互支持的。这个问题在于教师不知道怎么样把这些意思转化成适合学生意义的内容。这里缺少对为什么内容应该被学习的解释，这种现象在现实课堂中特别常见。

  学生不能够理解为什么他们需要学习专业之外的内容。比如化学专业的老师会安排一些高级数学课程。学生可能看不到这些内容的价值，然而化学专业通常需要使用高级数学来解决专业问题。一般学生是不能在所学的学科与另外的学科之间进行迁移的，除非这些学科之间的关系是清楚和明显的；

- 获得特定学科的学习方式（比如怎样阅读基础材料）。作为学习中心的教师，应该帮助学生获得未来学习本学科内容所需的学习技能。根据教学水平和课程类型，特定的学习技能是有变化的。比如，在导入课的时候，教师需要向学生展示怎样来阅读教材，尤其是如何阅读图标或者如何正确地引用来源信息。而在更高级的课程上，教师需要讨论如何阅读学科领域的基本文献；

- 在学科中发展探究能力。科学教学的思维是不同于历史学家思维的。学生,尤其是初学者不能够认识到特定学科中所用到的探究方式。初学者对这些学习方式缺少理解,如果专家在特定的学科中使用基于证据的或者结构化的争论就可能会导致学生对内容缺乏理解。因此,教师需要帮助学生在学科中践行探究的方式。一种可操作的方式就是教师给学生提供解决问题的训练,以帮助学生发展探究技能;

● 学习解决真实世界的问题。区别初学者和富有经验的学习者的重要特征之一就是后者会使用学习内容解决真实世界的问题,初学者则很少这样做。因为在进行学科学习中解决问题是重要的,学生使用的问题解决方式可能是教师所使用的众多技能中的一个。

教师要求学生在学科课程情境中解决现实问题。教师可以运用案例插图或者模拟的方式,甚至超越课堂或者实验室的范围,比如在社会机构或者公司中让学生来解决实际问题。学生通过实地考察、实习或者见习的方式来进行训练。

2. 聚焦学生的内容投入

学生在课程材料上的投入水平影响学生能否很好地投入学习过程。当学生通过记忆来学习内容的时候,那是没有附加意义的,这样通常忘记得快。为了能够记住这些内容,并且运用它们,学生必须投入到内容中来建构属于自己的意义。

在学习中心的教学中,学生是通过将自己与新内容建构联系而展开理解的,开发属于自己的学习内容实例,使用自己的语言投入到内容中,以及反思内容的意义。当学生反思内容的时候,他们会在各自的生活或者现实世界情境中使用这些内容。反思不是总结其他人的话语,而是总结学生自己的观点。

3. 使用组织脚本

组织脚本是一门特定学科中最重要的主题,[1]特别是在导入课的时候,学生常常不能感受所学内容的组织脚本。因此,教师需要对所学内容的组织脚本进行清楚的描述,并且给学生展示,让学生知道他们应该在学习中怎样使用组织脚本。教师将组织脚本作为帮助学生理解和整合内容的方式,即知道如何使用组织脚本来代替简单记忆孤立的事实性内容,进而让学生更容易理解学科内容。

---

① Bransford, J. D. , Brown, A. L. , & Cocking, R. R. How people learn: Brain, mind, experience, and school [M]. National Academy Press, 1999.

4. 运用内容来促进学生的后续学习

教育的一个共同目的就是为学生后续的内容使用做准备,学习中心的教学更加强调这一点。学习中心视角下的教师积极地讲出内容以便让学生在课程结束的时候能够看到怎样才能通过已有内容来学习新内容。当教师给予学生继续学习的渴望和给予学生学习更多学科内容的工具的时候,在课程结束后学生就能够继续进行学习。比如,学生在学完第一年的英语课程后,应该能够继续阅读。

正如前面所提到的,学习中心教学中内容功能意味着内容对它自身而言是一种结果;但对其他结果而言,它又是一种手段。学习中心的教学中学生是不能有效地使用内容的。这就需要教师花费更多时间来帮助学生建构自己的内容。当然,学生是不能独立完成这一过程的,教师需要做的就是对这些材料进行解释和总结而不是让学生单独来做。尽管学生不能够独立完成学习,但是积极投入内容的学习过程有利于学生更好地掌握学科内容。

(四) 权力平衡

谁控制课程中的权力呢? 一些教师认为大部分权力是属于他们的,当然也有其他的教师并不这么认为。[①] 在教学实践中,如果学生有太多权力,教师常常表现出担心,因为他们担心这样会导致课堂混乱,同时还会导致那些没有积极参与课堂学习的学生也能够获得好成绩(浑水摸鱼)。这种课堂不是权力平衡的课堂,权力平衡的课堂教学应该是:学习中心的教学方式授权学生对自己的学习负责任,并且分享政策决定、学习方式和评价方式。

在典型的教师中心课堂中,教师决定课堂上发生的一切,包括所有的学习内容、学习方式、观点表达、评价方式、底线(学生学习的最低要求)以及课程政策。这种课堂决策是不与学生协商的,课程决策中只有命令。

相反,学习中心的老师非常尊重学生,允许学生参与评分规则的制定。作为学习中心的教师,在适当的时候会鼓励学生表达不同的观点,并且教师会布置开放式的作业,允许学生采取不同的方式来完成作业。学习中心的教师能够与学生

---

① Blumberg, P. (2009). Developing learner-centered teaching: A practical guide for faculty [M]. San Francisco, CA: Jossey-Bass, 2009.

分享课程权力,权力分享的程度根据课程类型和学生水平不同而有差异。学习中心的教师鼓励和指导学生对自己的课程学习负责任。当教师权力分配更加公平的时候,学生将从学习机会中受益,并且会理解没有抓住这些学习机会可能带来的不良后果。

在教师开始从教师中心教学转向学习中心教学的时候,权力关系自然而然就会发生变化。教师需要有更多的自信以及对学生的信任,如果做到了这两点,那么教师就更愿意放弃一些控制权了。一旦学生获得一些权力,他们将在课程中投入更多,更加愿意学习。^① 教师给予学生的权力总和是根据学生的成熟情况、学生动机以及教师自己对这些重新分配的权力的适应情况而定的。权力平衡可以通过六个成分来进行描述。

1. 课程内容的决定

作为课程内容专家,教师应该决定学习的大部分课程内容。当一门课程的前提条件是其他课程的时候,教师在选择基础课程还是新课程的时候需要在与学生合作的基础上来共同决定内容的范围。例如,虽然课程标准指定了学生需要学习什么,但是教师仍然有根据学生兴趣进行内容选择的空间。如果教师知道学生的学习兴趣,学习中心的教师会鼓励学生,并尽力满足他们的学习偏好。

2. 不同观点的表达

教师鼓励学生表达不同的观点的程度是存在学科差异的。一些学科的教师,特别是在人文学科中,自然鼓励学生就某一话题表达不同观点。这些学科的教师相信学生通过表达不同观点可以发展他们的批判性思维。而科学、数学和工程类学科中的教师是直接导入内容,较少让学生表达不同观点,特别是在课程开始的时候。但是,所有课程的教师应该鼓励学生在合适的时候对教师布置的作业表达出不同的看法。

虽然研究者们常常使用反对的观点来促进对一个科学话题的理解,但是这并不是早期课程学习的共同特点。这可能是因为很多学科教师认为学生必须掌握足够的现实知识。因此,这时候给予学生表达不同观点的空间就比较有限。

---

① Weimer, M. Learner-centered teaching: Five key changes to practice [M]. San Fransisco, CA: Jossey-Bass, 2002.

3. 如何决定学生的成绩

在教师中心的课程中,教师完全控制学生的成绩,学生不能通过其他的方法来证明其掌握的内容,即只有考试一种方式证明其掌握了学习内容。学习中心的教师给予学生一些控制权来决定学生怎么样获得学业成绩,让学生感到他们能够对自己的成绩有支配权,这样能够激励学生学得更多,并且获得更好的成绩。教师可以通过使用不同的方式,比如掌控标准或者制定等级制度给予学生成绩上的话语权。

4. 使用开放式任务

根据学习内容、成绩的评定方式、作业形式或者其他方面的因素来决定是否使用开放式任务,学习中心教学中的学习任务不是只关注正确答案。学生在开放式任务中会发现适合自己的任务。当任务有不同的完成方式时,学生或许能够选择不同的实现方式。开放式任务的发展过程和成果对于每一个学生而言都是独一无二的。

就如成分2,"表达不同观点",成分4也会根据学科不同而有改变。这里与"不同观点表达"是一样的,即在人文学科中主动使用更多的开放式任务,而不是在科学或者数学中。即使这样,在数学课程中,教师也能够给学生提供开放式的任务。

5. 课程政策、评价方法、学习方式和底线的灵活性

与这一维度中的其他成分相比,这一成分更加强调学生对自己的课程学习负责任,这样会引导学生更加主动地投入到学习中。一般而言,学生喜欢参与课程相关的管理方式、学习达到的底线水平、学习方式与评价方式的制定。当学生在课程中具有更多的话语权时,他们对这门课程就会更加满意,并且对未来怎么样改善这门课程提供一些结构化的建议。① 当学生参与班级政策决策的时候,他们通常会参与开发并且和教师使用相同的规则;当这些规则是学生和教师共同开发的时候,学生也更加容易接受这些规则。在民主、有秩序和有效的课堂中,教师和学生能够共同遵守在课程中确定的政策、底线和方式。

---

① Weimer, M. Learner-centered teaching: Five key changes to practice [M]. San Fransisco, CA: Jossey-Bass, 2002.

然而，由于多种原因，教师常常拒绝使用学习中心的教学方式来分享底线、评价方式等。因为教师认为这些规则的使用是针对好学生的或者是他们不认为学生能够决定政策。另外，也有教师感觉到学生不会同意这些规则或者与学生协商规则将花费太多时间；也有教师认为这一成分太难完成，特别是在大班里面。①

6. 学习机会

教师通过课内外活动让学生获得不同的学习机会，以此来代替命令学生学习。在学习中心的教学方式中，很少有教师命令学生参与活动规则的制定。在这种教学中，学生应该认识到没有利用学习机会的后果。教师中心的教师很难相信学生在没有规则和惩罚的条件下会自愿地抓住学习机会。但是，在学习中心的课堂教学中，教师会为学生创造足够的学习机会。

当教师提供了团体活动的时候，他们希望学生合作学习并从同伴身上学习。如果学生将小组任务分解成个人作业而没有开发合作任务，学生将会失去从别人身上学习的机会。但是，随着学习中心教学的发展，学生会理解为什么需要合作学习和如何从别人身上学习。

（五）评价的过程和目的

教师为什么评价学生？这个问题看似简单，实则并不简单。一般而言，教师通过评价学生在考试、作品学习或者技能掌握方面的表现，然后对学生的课程学习做出一个最终的判断。在现实中，大部分教师都是这样认为的。但是在学习中心教学的教师眼里，关于为什么和怎么样评价学生的问题是非常复杂的。

在教师中心的课程中，教师通过评价学生的能力或者技能来决定学生的成绩，这一评价被称为终结性评价。相反，学习中心的教师将评价整合在学习过程中。学习中心的评价呈现了不同的质量。这种评价更常用，它给予学生改进学习的机会，教师通过给予反馈帮助学生改进学习。学习中心的教师，需要利用同伴评价和自我评价，这将鼓励学生去证明他们的回答的准确性。因此，学生在评价过程中扮演着重要的角色。教师应该给学生提供从错误中学习的机会，然后来证明他们掌握了这些内容。

---

① Blumberg, P. Developing learner-centered teaching: A practical guide for faculty [M]. San Francisco, CA: Jossey-Bass, 2009.

如果课程中教师中心的性质太强的话,那么这一维度是教学变革的一个很好的开始。当教师开始变革他们评价的基本理论和评价学生的方式,教师或许因此不必改变整个课程组织也不用去考虑怎么教的问题,依照大多数教育家的观点,评价是学习的驱动器。① 因此,变革教师的评价将影响整个课程,特别是学生在课程学习中的行为。一旦教师开始使用学习中心的评价,教师将会看到在其他维度上也会发生变化。评价的过程与目的包括七个成分。

1. 将评价融入学习过程

学习中心的教师应该将评价整合在学习过程中。教师通过在学习活动中纳入学生学习的机会或者在学习活动过程中整合评价。

2. 形成性评价

形成性评价的目的是给予反馈和促进改进,因此,教师需要在课程中提供连续的形成性评价。相反,终结性评价意味着对学生的学业成绩做出判断而不是促进改善。为了实现促进学生改善的目的,教师可以在课程结束的时候,要求学生通过写纸条的方式,告诉教师课堂讨论中最含混不清的内容。当教师阅读学生写的纸条时,应该针对这些理解或者不理解的内容立即给予反馈。在下节课中,教师应该关注上节课中很多学生理解含混的内容。

3. 同伴评价和自我评价

给予或者接受反馈是个人和职业成功的基本技能。因此,学生会从给予和接受反馈的机会中受益。同伴评价、自我评价和教师评价的结合可以形成三角互证的数据。因此,创新性的数据更能够从根本上实现更有效的评价。在评价中,三角互证的数据意味着收集数据的来源是不同的或者超越时间的,能够避免依靠单一信息来源的效度问题。当不同来源的数据认同同一结果的时候,这对研究发现是极大的支持。② 因此,同伴评价和自我评价被用来收集更丰富的评价数据。

同伴和自我反馈在形成性评价中非常有用,它能够为学生改善自身学习状况提供精辟的见解。一般来说,学生对自己和同伴的表现都有比较合理的看法,比如某人是否尊重他人。但是学生不适合作为评价员来决定知识和技能的精度和

① Blumberg, P. Developing learner-centered teaching: A practical guide for faculty [M]. San Francisco, CA: Jossey-Bass, 2009.

② Scriven, M. Evaluation thesaurus [M]. Newbury Park, CA: Sage, 1991.

掌握情况,学生不能参与终结性评价。也就是说,教师在终结性评价中具有最终的权威。

这里需要重点强调的是学习的改进,这就能够解释自我评价既出现在学习责任维度中,同时也出现在这个维度中。虽然,这看起来是重复的,但是目的是不同的,如同名称所暗示的那样。学生对自己的持续学习负责任,评估自己的学习优势与局限。自我评价在学习责任维度中是单一出现的;在评价过程和目的维度中,学生使用自我评价的目的是和同伴评价、教师评价一起建立更为全面的评价数据库而出现的。

4. 发展从错误中学习的能力

在学习中心的教学中,学生有更多的机会来展示他们所掌握的材料。比如,学生在交给老师的作业本上会获得一个反馈而不仅仅是一个成绩。允许学生有更多机会来证明自己已掌握特定的内容,这样做的原因是:

● 在学生接受对于不能完全掌握内容的反馈之后,自己能够学习这些材料或者更好地掌握这些技能。因此,他们能够从错误中学习;

● 学生需要更长的时间来掌握内容或者技能,因此,随着时间的推移,教师能够创造机会让学生证明他们已经掌握这些内容;

● 如果学生能够通过额外的工作在草稿上反馈或者改进考试成绩中暴露的问题,那么学生可能会学得更多,并且获得更好的成绩。

5. 确认问题回答的准确性

当学生辨析自己的答案时,他们会用自己的语言来叙述这些内容或者核对课本中的内容,这样有利于促进学生更好地投入到内容学习中。在考试中,有可供选择的正确观点,虽然在考试之前学生不能认识到这一点。比如,一道选择题的正确答案是两种替代性的观点,但是当学生在完成教师编制的考试题的时候,他可能只认为其中的一种是正确的答案。当学生能够确认他们的回答是符合逻辑的,甚至能引用资料来支持自己的观点,并且还展示自己所理解的材料时那么我们可以确认这种方式有利于学生投入学习。

6. 反馈时间表

一般而言,学生都想知道获取成绩之前需要等多长时间。多数学生希望老师能够立马给出成绩,而当教师超过一天或者两天反馈的时候,学生就会显得比较着急。除了成绩,作为学习中心的教师应该对学生的表现提供结构性的反馈,并且提供改进建议。教师应该尽快给学生提供反馈以便帮助学生吸收这些反馈,但是有时这是难以实现的。在学期开始的时候或者当学生为了正确答案或者成绩提交作业的时候,教师和学生应该有一个公认的反馈时间表。在教师成绩评定之前,学生知道这可能是一个星期或者更长,他们就会集中精力学习其他材料而不去想他们的成绩。

教师在做反馈时间表的时候需要和学生商量,因为在教师进行下一步工作之前学生应该接受早期表现的反馈。当学生有足够时间来接收这些反馈的时候,他们才能够整合建议来改善他们的学习。

7. 真实性评价

教育学者呼吁开展评价,而这要求学生基于真实任务开展真实性评价。真实性评价使用简化的真实情境来模拟现实,比如,分析案例研究使用真实数据或者执行真实的实验室实验。[①] 当设计真实性评价的时候,教师选择因素的唯一准则是与课程目标相关。

布伦伯格的理论模型是从教学要素的角度来建构的。其实该模型中也涉及了众多的心理学理论,比如,自我调节学习、组织脚本、个体差异、高阶思维等思想,但是该理论模型不是简单地将这些心理学概念运用在理论模型中,而是将这些隐晦的心理学概念和思想进行进一步的加工,使其隐藏于容易理解的教学行为背后,即通过教师教学来实现学生的自我调节学习能力、高阶思维能力等的发展。正是因为该模型的这一处理,使得该模型的优势凸显,其具体表现为:首先,由于该模型是从教学要素的角度来建构的,这对于教师而言更加容易理解。其次,该理论模型不仅仅对学习中心教学的核心要素进行了分析,还对各要素所涉及的成分进行了一一说明,这对于教师和研究者而言,是非常实用的。最后,该理论模型将学习中心教学分解为教师角色、学习责任、内容功能、权力平衡和评价的过程与目的五要素,这种理解比较符合逻辑,也更容易理解。在分析学习中心教学的本质的时候运用该框架具有更强的适应性。鉴于此,本研究将以这一理论模型作为

---

① Suskie, L. Assessing student learning: A common sense guide [M]. San Francisco, CA: John Wiley & Sons, 2010.

理解学习中心教学的基础。

三、综合视域下的学习中心教学理论模型建构

麦库姆斯和米勒的理论模型以及布伦伯格的理论模型是目前两种常用的学习中心教学的理论。两种理论都对学习中心教学的内涵做出了解释，并且对其展开了持续研究。本节主要是对这两种理论模型展开评析，以便为开展本土化的学习中心教学的研究提供借鉴和启示。

（一）两种学习中心教学理论模型的启示

1. 学习中心教学是实现教育变革的重要手段

从国外两个经典的学习中心教学的理论模型成果和经验来看，实施学习中心的教学是实现教育变革的重要手段。到了 20 世纪末本世纪初，学习中心的教学已经逐渐在西方世界占据主导地位了。具有标志性的事件就是 1993 年美国心理学会制定了《学习中心的心理学原则》，这标志着美国学习中心教学开始走向了一个新的起点，即出现了新的专门的理论基础来指导学习中心的教学实践，随之麦库姆斯及其合作者经过多年的教育教学实践，归纳出了学习中心教学的基本框架。与此同时韦默和布伦伯格等研究者也基于自己的教育教学实践经验归纳出了学习中心教学的理论模型。这些理论模型在一定程度上促进着美国的教育变革。我国自新课程改革倡导学习中心教学以来，已经经历了十五年之久，虽然也出现过一些关于学习中心教学的研究，但是还没有形成体系。这就不能为教师的课堂教学提供指导框架，因而形式化的学习中心教学还大量存在。由此可见，建构学习中心教学的理论模型是大势所趋，这不仅能够为学习中心的教学实践提供指导性的框架，还有利于改善我国教师的课堂教学实践，进而实现教育变革。

2. 基于本土教育实际建构学习中心教学的理论模型

国外学习中心教学的理论模型为改进教育教学的实践提供了有效的理论基础，促进了国外基于实证的教育教学研究。比如麦库姆斯米勒经过本土教育实验研究才逐渐形成了基于学习中心教学的理论模型，而布伦伯格和韦默也是经过多年的本土教育教学实践探究之后才提出的学习中心教学的理论模型。这提示我们学习中心教学的理论模型需要以本土化的教育教学实践经验为基础。另外，由

于中西方的教育教学存在的差异较大,因而学习中心教学理论研究就必须建立在我国基本教育国情基础之上,不能够完全照搬西方的学习中心教学的理论模型,即从本土研究的视角研制适合我国教育体制和教育现状的学习中心教学的理论模型。

中美两国在课程与教学政策上最为明显的区别就是:中国有统一的国家课程标准,教师完全按照基于课程标准的教材来进行教学。而美国没有全国统一的课程标准,教师教学的自由权比较大,可以自己决定是否用教材或者使用什么样的教材。① 从具体的课堂教学表现来看,相比于美国教师过广的教学范围、年级间高度重复的模式,我国教师的课程实施更为集中与聚焦,每个年级都有较为明显的关注点,而且我国教师课程实施的个体差异大于美国教师。同时还发现我国教师较为严格地按照新课程标准和教材的要求来实施课程,但在课程准备的充分程度上差于美国教师。② 即不论是课程与教学政策还是具体的课堂教学实践,中美两国均存在较大差异。因此,开发基于中国本土化的学习中心教学实践的理论模型是非常有必要的。

3. 质性和量化分析相结合的方式是学习中心教学研究的一种趋势

从研究方法来看,上述两个学习中心教学的理论模型均采用了质性研究与量化研究相结合的方式。就麦库姆斯和米勒的理论模型而言,其首先是在学习中心的原则的基础上开展学习中心的教学实践,其次通过对教育教学实践进行质性的归纳与分析得出不同学段的学习中心教学的主要表征指标,然后形成学习中心教学的评估工具,最后是开展学习中心教学的实证研究(探究学习中心教学与学生非学业成就因素和学业成就等之间的关系)。布伦伯格的理论模型的形成也是采用类似的方式,即是韦默根据学习中心的理念实施课堂教学,然后韦默根据自己的教学实践归纳出了学习中心教学的五个核心特征,接着布伦伯格在韦默的基础上进一步将该理论模型进行修改和填充,并且转化成可以进行评估的工具,最后

---

① Schmidt, W. H., McKnight, C.C., Houang, R. T., Wang, H., Wiley, D. E., Cogan, L. S., & Wolfe, R. G. Why schools matter: A cross-national comparison of curriculum and learning [M]. San Francisco, CA: Jossey-Bass, 2001.

② 王烨晖,边玉芳,辛涛,李凌艳,Schmidt, Houang. 中美小学数学教师课程实施的跨文化比较[J]. 教师教育研究,2012,24(1):66—72.

由研究者使用该评估工具来量化分析现在的课堂教学。由上述分析可知,上述两种理论模型均是在教育实践的基础上展开质性分析归纳出学习中心教学的核心表征,然后形成评估工具,最后使用工具实施相关实证研究。因此,这提示我们采用质性分析和量化研究相结合的方式是研究学习中心教学的重要研究方法。

4. 两种理论模型差异比较的启示

上面三个方面是从两个学习中心教学理论模型的共同点来分析其对后续的学习中心教学的启示。这里将从两个理论模型的差异性方面来分析其对本研究实施本土化的学习中心教学研究的启示。

从研究的视角来看,麦库姆斯和米勒的理论模型主要是基于心理学的视角来分析学习中心教学的,即将学生分为两个学段分别采用不同的理论模型,K-3学段学习中心教学的核心要素是:创造积极的关系、提供学习动机支持、促进思考和技能学习;4—12学段学习中心教学的核心要素则是:创造积极的关系、提供学习动机支持、鼓励高阶思维和适应个体发展的差异性。而韦默和布伦伯格的理论模型则是从课程与教学的角度来建构学习中心教学的理论模型的,即学习中心的教学主要包括:教师角色、学习责任、内容功能、权力平衡以及评价的过程和目的。通过对上述两个理论模型的比较可以发现,从可操作性上看,麦库姆斯和米勒的框架相对更加抽象,而韦默和布伦伯格的理论模型则更加具体和可操作;从教师理解的角度来看,韦默和布伦伯格的理论模型由于是从日常的教学要素出发建构的,其更容易被教师理解。因此,该框架更加适合于评价教师的教学状况。从本研究的立场来看,主要聚焦于研究现实中的教师课堂教学,这就需要教师对学习中心教学有更好的理解。因此,综合上述考虑,本研究对于学习中心本质的理解采用布伦伯格的模型。

虽然由于上述原因,本研究没有采用麦库姆斯和米勒对学习中心教学的理解,但是他们提出来的"教师信念——教师实践——学习结果"理论模型(具体见图3-5)却对本研究的整体研究思路的建立有着重要的启示。即麦库姆斯和米勒"教师信念——教师实践——学习结果"理论模型中描述了教师信念、学校管理因素对学习中心教学实践的影响;并且认为学习中心的教学实践会对学生的非学术成就因素(学习动机因素)和学业成绩等学习结果产生重要影响。这与本研究第一章的文献综述的分析发现存在一定程度上的一致性,这为本研究的整体研究思路的建立提供了借鉴。

(二) 综合视域下的学习中心教学理论模型建构

根据对既往学习中心教学的主要研究问题的整理(第一章第二节),结合学习中心教学理论模型的分析(第二章),本研究在理解学习中心教学本质的时候是采用布伦伯格的分析框架,而在整篇文章的谋篇布局上则借鉴麦库姆斯和米勒的学习中心教学的机制模型,即"教师信念——教师实践——学习结果"模型的研究思路。通过对该模型中各变量具体内涵的分析发现,该模型中教师一般信念特征变量主要是教师效能、对学生的信任、反思意识以及自主支持四个方面的内容,而教师的学习中心的信念是一种专门信念。麦库姆斯之所以将上述五种教师信念因素纳入到其理论模型中,是因为在考尔德黑德(Calderhead, 1996)看来,教师信念系统主要涉及五个方面的内容:(1)关于学习与学习者的信念;(2)关于教学活动的信念;(3)关于学科的信念;(4)关于怎么教学的信念;(5)关于自我和教师角色的信念。[①] 在该模型中,学习中心信念指向学习和学习者的信念;教师教学效能感是指向教学活动的信念;教师反思意识是关于学科的信念;教师的自主支持是关于教学的信念;教师对学生的信任指向教师的自我和角色信念。虽然教师的反思意识能够指向学科,但是还是不够具体。基于此,本研究将教师的学科价值观纳入教师信念系统。即最后教师信念因素包括教学效能感、教师对学生的信任、教师的反思意识、教师的自主支持、教师的学科价值观和教师的学习中心信念六个指标。这些教师信念因素是一个相互关联的信念系统,共同对教师教学实践产生影响,即教师信念系统共同对教师的教学实践产生影响,而不是单一的教师信念因素对教师教学实践产生影响。[②] 因此,我们将上述六个信念因素放在一起,共同作为影响学习中心教学的教师信念系统。

为了研究方便,这里对这六种教师信念进行进一步的说明。教师的教学效能感是指教师对自己是否有能力完成教学任务、实现教学目标的一种主观直觉和判

---

① Calderhead, J. Teachers: Beliefs and knowledge [A]. In D. Berliner, & R. Calfee (Eds.), Handbook of Educational Psychology [C]. New York: Macmillan Library Reference, 1996.

② Aguirre, J., & Speer, N. M. Examining the relationship between beliefs and goals in teacher practice [J]. The Journal of Mathematical Behavior, 1999,18(3),327-356.

断;①教师对学生的信任是指教师对学生能够完成学习目标的主观判断;教师的反思意识是指教师对反思所持的内部观念,这种观念指引着教师反思的实际活动;②教师的自主支持是指教师能够站在学生的角度考虑问题,减少对学生的强迫行为,承认学生的情感,给予学生解释和自主选择的机会;③学习中心的信念是指教师对学习中心理念所持的一些基本观点形成的一个相对稳定的认知和情感结构;教师学科价值观是指教师对所教科目的一种主观认识和看法。

麦库姆斯和米勒的"教师信念——教师实践——学习结果"模型假设学校管理因素能够影响教师的学习中心教学。该模型中的学校管理因素主要包括学校的政策支持、学校的实践支持和学校的文化支持。④ 因此,本研究也将学校管理因素纳入本研究中作为影响学习中心教学的一个因素。另外,由于本研究聚焦于考察学习中心的教学,所以"教师信念——教师实践——学习结果"模型中的学生政策、实践和文化对学习中心信念和学业成就的影响路径不在本研究的考察范围。

"教师信念——教师实践——学习结果"理论模型中的学生学习结果变量有两类:学生动机因素和学习成就。该模型中的动机因素包括学生的自我效能、稳定的认知好奇、主动学习策略、努力逃避策略、表现取向的目标、任务掌握目标和任务回避目标等,我们知道这些因素其实也是学生非学业成就的重要表现。所谓非学业成就主要是指学业成绩之外的,学生在学习过程中获得的认知和情感等方面的体验。而将学生的学习结果划分为非学业成就和学业成就更加符合我们的认知结构。因此,本研究中用非学业成就来取代学生动机因素。另外,鉴于该模型中涉及的动机因素过多,甚至有些动机因素之间可能存在交叉,比如主动学习的策略必然与学生稳定的认知好奇存在交叉,本研究只选取稳定的好奇心和自我效能感作为学生非学业成就因素的代表;另外,关于非学业成就还涉及学生对学

① 孟宪云,罗生全. 中小学教师教学效能水平演变规律及启示[J]. 教育研究与实验,2017,(1):48—53.
② 彭茂华,王凯荣,申继亮. 小学骨干教师反思意识的调查与分析[J]. 西北师范大学学报(社会科学版),2002,39(5):27—30.
③ Deci, E. L., & Ryan, R. M. The "what" and "why" of goal pursuits: Human needs and the self-determination of behavior [J]. Psychological Inquiry, 2000,11(4),227-268.
④ McCombs, B. L., & Miller, L. Learner-centered classroom practices and assessments: Maximizing student motivation, learning, and achievement [M]. Thousand oaks, CA: Corwin Press, 2007.

校的整体感受,而学校幸福感指向学生对学校或者教育的满意程度,[①]它是个人需要在学校层面的一种反映。[②] 因此,本研究将学生的学习结果分为:学业成就和非学业成就因素,其中学业成就用学生的学业成绩为指标,非学业成就用学生的学习兴趣、学业自我效能感和学校幸福感为指标。

最后,本研究中的教师实践是指教师的学习中心教学实践,通过对学习中心教学理论模型的分析,本研究对学习中心教学的本质的理解是基于对布伦伯格理论模型进行的本土化建构,课堂教学实践包括五个核心要素:教师角色、学习责任、内容功能、权力平衡以及评价的过程和目的(详见第四章本土化的学习中心教学理论模型)。因此,在本研究的框架中教师实践用上述五个核心要素来代替。

根据上述分析建立了本研究的总体分析框架,具体见图 3-7。

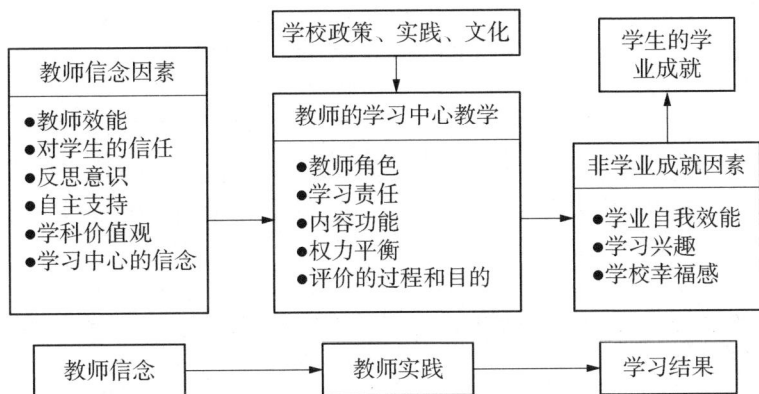

图 3-7 总体分析框架

上述研究框架是在对既往研究进行总结的基础上形成的,在这个框架形成之前需要对学习中心教学的本质内涵进行本土化的解释。基于此,就有了本研究的第四章"学习中心教学理论模型的本土化检验与修正",这一章回答的是"学习中心教学是什么"的问题。然后,根据本土化理论来编制学习中心教学的调查工具,其实这也是对本土化理论模型的一种量化验证;并且运用编制好的问卷来调查和

---

① 苗元江,赵英,朱晓红. 学校幸福感研究述评[J]. 教育导刊(上半月),2012,(9):14—17.
② Van Petegem, K., Aelterman, A., Rosseel, Y., & Creemers, B. Student perception as moderator for student wellbeing [J]. Social Indicators Research,2007,83(3):447-463.

分析我国学习中心教学有什么样的特征，这是回答"学习中心教学是怎么样的"的问题。接着，检视教师信念（教学效能感、对学生的信任度、反思意识、自主支持、学习中心的信念以及学科价值观）和学校管理因素（学校的政策支持、实践支持和文化支持）对学习中心教学的影响效应，这是回应"为什么学习中心教学是现在的样子"的问题。再接着，探究学习中心教学对学习结果（动机因素和学业成绩）的作用机制，这里回应的是"学习中心教学指向哪里"的问题。最后还要对上述研究做总结和启示的分析。针对上述研究问题，可以用一个图来展示本研究主要的问题解决思路，具体如图3-8所示。

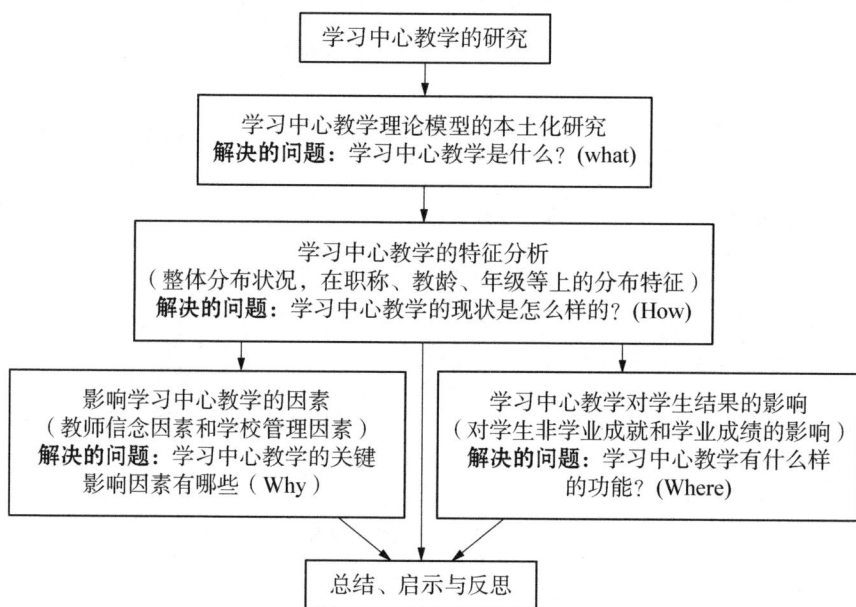

图3-8 问题解决路线图

第四章
综合视域下学习中心教学理论模型的本土化检验

国外研究者对学习中心教学的研究不仅仅只关注理论概念的讨论,他们还有不少从实证的角度来建构和归纳学习中心教学的核心要素,进而为评价学习中心教学提供依据。然而,国内鲜见有研究者对学习中心教学的理论框架进行实证检验和建构,而对分析框架进行建构或者检验是理论形成和应用的关键步骤。因此,本章内容主要是在借鉴国外布伦伯格的学习中心教学理论模型的基础上建构符合本土特征的学习中心教学的分析框架,以便为后面的学习中心教学的特征分析、影响因素检视以及功能考察提供知识基础。

本章通过对六名中小学语文教师进行访谈来了解他们所理解的学习中心教学,然后运用 NVivo 软件对六位语文教师的访谈内容进行整理分析,检验其是否符合布伦伯格提出的学习中心教学的五要素结构(内容功能、教师角色、权力平衡、学习责任以及评价的过程和目的)。本章内容主要分为三节:第一节澄清本章的研究问题;第二节分析六位个案教师对学习中心教学的理解,结合布伦伯格学习中心教学分析框架对个案教师们的访谈内容进行整理和对比,然后根据个案教师的理解对布伦伯格的框架进行修正;第三节是对个案分析进行总结和讨论,归纳出学习中心教学的核心要素及其内涵,并且分析核心要素之间的关系。

一、综合视域下学习中心教学理论模型的检验程序

受访六位教师均来自语文学科,他们有不同的工作环境和工作经历,但是他们有相似的教龄和年龄。为了研究需要,我们打破各自的学段限制,将这些教师的独立教学理解文本整理之后进行整合分析。本章主要从如下几个方面来了解

我国教师对于学习中心教学的构成要素的理解：

    1. 个案教师对教师角色的理解；

    2. 个案教师对学习责任的理解；

    3. 个案教师对内容功能的理解；

    4. 个案教师对权力平衡的理解；

    5. 个案教师对评价过程和目的的理解。

学习中心教学的构成要素是非常复杂的,上述五个维度可能还不足以全面覆盖学习中心教学的全部要素,但是它们却是与教师的课堂教学实践关系最紧密的要素。一般而言,教师对教学的理解是决定教师实施什么样教学的关键,因此只有先了解教师所理解的学习中心教学是什么,然后才能够更好地为教师实施学习中心的教学提供支持。因此,本章关于学习中心教学的构成要素的分析将按照上述思路展开。

本研究中质性研究方法主要解决的问题是"学习中心教学理论模型的本土化检验与修正",即第四章要解决的问题。良好的质性研究包括了适应复杂社会环境的一套严格而又灵活的设计程序。[①]

本研究旨在检验美国学者布伦伯格提出的学习中心教学的理论模型是否适合中国的教育教学实际。因此,这需要与我国的一线教师建立良好的沟通关系,对他们的课堂教学理念进行深层次的了解和分析,运用自下而上的方式总结和归纳出我国教师所认为的学习中心教学的核心要素。此外,我们的研究对象应该是经历过新课程改革(2001 年前入职)的一线教师,即教龄应该在 16 年以上的教师,然而这些教师有的已经退休,没有退休的已经成为教学一线的主力军,他们的事务性工作很多,要开展大规模的调查研究困难比较大,故本研究主要通过质性研究的方式来展开。

质性研究是以研究者本人作为研究工具,在自然情境下采用多种资料收集方法对社会现象进行整体性探究,使用归纳分析资料和形成理论,通过与研究对象互动对其行为和意义建构获得解释性理解的一种活动。[②] 与量化研究相比较,质

---

① Flick，U. An introduction to qualitative research：Theory，method and applications [M]. Thousand Oaks，CA：Sage，1998.

② 陈向明. 质的研究方法与社会科学研究[M]. 北京：教育科学出版社,2000.

116   为学而教：学习中心教学的研究

性研究更加适合开展如下的研究：对陌生的社会现象进行探索性分析；运用自下而上的方法来归纳和建构理论，对既有理论进行检验或者创新；从微观层面上对社会现象进行深入而细致的描绘，对小样本进行个案研究，深入探究问题的本质，进而解释社会现象和事物之间的复杂性；以开放的方式来收集资料，了解当事人对社会现象和事物的理解和态度等。

一般来说，实现质性研究的主要策略主要涉及访谈、观察、影响分析和日志分析等。与其他三种方法相比较，访谈更容易拉近访谈者和被访谈者之间的心理距离，这就更加有利于研究者更加真实地了解被访谈者对现象或者事物的理解。鉴于此，本研究就采用访谈的方式来开展研究。所谓访谈，它是指研究者"寻访"、"访问"被研究者并且与其进行"交谈"和"询问"的一种活动。访谈是一种研究性交谈，是研究者通过口头谈话的方式从被研究者那里收集（或者说"建构"）第一手资料的一种研究方法。本研究的研究思路是运用访谈收集资料，然后基于质性研究中常用的理论建构方法（扎根理论）对资料进行分析，最后通过编码找出关键概念之间的关系，进而揭示教师所理解的学习中心教学的本质所在。鉴于此，现拟将本研究的研究程序呈现如下：

（一）访谈

6名教师的访谈工作均由研究者本人完成。通过个别访谈的形式来实现。在访谈进行之前，研究者本人先做自我介绍，并且就研究目的和访谈内容的使用范围向访谈对象说清楚，在征得访谈对象同意的情况下对访谈内容进行录音和笔录。

本研究的访谈对象均为教龄在16年以上的教师。之所以选择这些教师作为研究对象，是因为：一方面，这些教师经历和实践过新课程改革之前的课堂教学和新课程改革之后的课堂教学，他们对新课程改革所倡导的学习中心的教学有着非常强烈的共鸣；另一方面，经过十多年一线教育教学实践的锻炼，这些教师对学习中心的教学有着更深刻的理解。本研究将我国新课程改革具有示范作用的东部某省的南部城市作为访谈选择的城市，然后分别从该市具有代表性的高中、初中和小学选择语文教师。之所以选择语文学科，是因为对于学习中心的教学而言，语文学科更加容易实现。

另外，本研究访谈的6位语文老师都是C市一个语文名师工作室的成员，这些教师的详细信息见下表：

表4-1 访谈教师的编码和信息汇总表

教师编号	P-FHP22	P-MHP23	M-MSP33	M-FSA23	H-FHN19	H-MSN24
所教学段	小学	小学	初中	初中	高中	高中
性别	女	男	男	女	女	男
教龄	22	23	33	23	19	24
职称	高级	高级	省特级	省特级	高级	省特级
职务	校长	校长	校长	副校长	无	无
是否班主任	否	否	否	否	否	否
最高学历	本科	本科	本科	研究生	本科	本科

本研究在结合布伦伯格学习中心教学理论模型的基础上，编制了半结构式的访谈问卷。访谈的主要内容是：①教师们对新课程改革的理解程度，主要考察教师们对新课程改革所倡导的课堂教学的理解程度。访谈的问题，例如，教师们所理解的新课程改革倡导的课堂教学具有什么样的特征？②教师所理解的学习中心教学，主要考察教师对学习中心教学的理解。访谈的问题，例如，您认为在学习中心的课堂教学中，教师应该扮演什么样的角色呢？您认为，在学习中心的课堂教学中，教师应该怎么样处理师生之间的关系呢？（具体见附件中的访谈问卷）。

（二）转码

为了研究方便，研究者本人将录音的内容转换成文字内容。为了保证研究的信度，研究者在转录的时候保证字句均来源于录音。为了保证信息的完整性，我们还对信息收录过程中的非言语行为信息进行整理和记录。通过转录和整理，最终获得了6份访谈资料，共计26891字，访谈时间共计223分钟。

（三）编码

本次对教师的编码采用的编码规则是：（1）主要用"学段＋性别＋职称＋职务＋教龄"的方式来呈现；（2）学段的表示方式是小学用"P"表示，初中用"M"表示,高中用"H"表示;(3)性别上,男性教师用"M"表示,女性教师用"F"表示;(4)职称分为高级和特级教师,其中高级教师用"H"表示,特级教师用"S"表示;(5)职务的表示形式是:校长用"P"表示,副校长用"A"表示,没有职务的教师用"N"表示;(6)教师的教龄就采用真实的教龄来表示。我们以编码 P‐FHP22 为例,它是表示的对象是一个小学教师,这个教师是一位女教师,同时是一位具有高级职称的校长,并且她还具有 22 年的教龄(详见表 4‐1)。

(四) 分析

第一步,导入文本资料。先让研究者熟悉访谈内容,以便让研究者对访谈内容有一个初步的概念结构。然后,在 NVivo10.0 软件中建立一个新的项目,并与转录好的 6 份资料进行统一管理。

为了让所收集的资料能够进行有效分析,本研究采用常用的质性分析软件 NVivo10.0 进行质性资料编码和分析工作。该软件是澳大利亚的 QSR 公司注册生产的系列产品之一,它是当前使用最为频繁的计算机辅助的质性分析软件之一。本研究旨在将定性数据尽可能进行量化处理。

第二步,对文本资料进行编码。对于质性资料的分析而言,编码过程是一个非常重要的步骤。本研究中资料的编码和分析都是以扎根理论为基础展开的。扎根理论的核心内容就是从一般的经验性材料中建构理论。一般研究者是直接从原始资料中归纳出概念和命题,然后上升到理论层面上来,即通过自下而上的方法在系统收集质性资料的基础上,找出事物或者现象的核心表征概念,然后在这些概念之间建立联系进而形成理论。[①] 在进行 NVivo 数据分析之前,我们需要对资料进行逐级编码:一级编码即开放式登录,就是从资料中发现概念类属,对类属加以命名,确定类属的属性和维度;二级编码又称为关联式登录或者轴心登录,主要任务是发现和建立概念属性之间的各种联系,以表现资料中各部分之间的联系;三级编码又称为核心式登录或者选择式登录,是指在所有已发现的概念类属中经过系统分析后选择一个"核心类属",将分析集中到那些与同一核心类属有关的码号上面。

---

① 贾哲敏.扎根理论在公共管理研究中的应用:方法与实践[J].中国行政管理,2015,(3):90—95.

NVivo10.0 提供了两种主要的编码思路,到底采用哪一种思路进行编码取决于要解决的问题和研究设计。第一种编码思路是"由粗到细",即通过文本搜索等功能先粗略地将材料组织宽泛的主题,接下来再对每一个主题的节点作深入的挖掘,进行更加细致的编码。第二种编码思路是"从细处着手",即直接进行细致的编码(根据需要创建节点),之后再合并节点并将其分组,形成相关的类别。本研究拟采用扎根理论的原则,即"自下而上"地从原始资料中推演出理论的方式来进行分析,因此本研究所采用的是"从细处着手"的编码思路。

二、综合视域下学习中心教学理论模型的质性检验

(一) 学习中心教学要素的初步探索

布伦伯格认为学习中心教学主要包括五个维度:教师角色、内容功能、学习责任、权力平衡以及评价的过程和目的。那么这种划分是否适合我国的教育教学状况呢? 为了检验该框架,本研究通过质性分析的方法对其进行检验。根据访谈的结果,通过研究设计中的程序(见第四章第三节的第一部分)对质性资料进行编码分析。通过对访谈数据进行整理分析,我们发现教师们是这样理解学习中心教学核心要素的。

1. 教师对自身角色的理解

作为学习中心教学中的核心要素之一的教师角色到底包括哪些重要的因素呢? 为了回答这一问题,根据 NVivo 的分析结果,可以发现,教师角色的材料来源为 6,参考点数为 61。根据布伦伯格的理论,学习中心教学主要涉及六个成分:"创造为了学生的学习环境""实现课程成分之间的一致性""开展教师、学生和内容之间的互动性活动""采用适应学习目标的教学或者学习方式""能够有效地表述目标"和"能够唤醒学生学习的内驱力"等。质性分析的结果显示受访教师对"教师角色"的理解可以归纳为五个自由节点(见表 4-2)。

通过对"教师角色"树节点的分析可以发现,其主要包括五个自由节点。然而通过对这五个自由节点的参考点的具体内容进行分析可以发现:自由节点一包括 12 个参考点数,这些参考点数的具体内容包括教师能够使用组织的方式来创造适应学生个体差异的良好的学习环境,这一理解与布伦伯格对"创造为了学生的学

表 4-2 "教师角色"中子节点的材料信息

码号	节点参考点数	参考点内容举例
自由节点一（创造为了学生的学习环境）	12	◆ 学习中心的教学中,应该强调教师为学生的学习创造学习环境,要让学生在轻松愉快的环境中获得成长,不能一味只管自己的教学而不关注学生对学习环境的需求。(P-MHP23) ◆ 教师在学习中心教学过程中的角色应该是服务性质的,主要是为学生的学习创设安全舒心的环境,让学生能够安心地学习;不能够让学生在学习过程中感觉到紧张和不安全,更不能让有些学生由于害怕而不敢上学。(M-FSA23) ◆ 学习中心的教学中应该关注到不同学生的需要。因此,教师应该通过组织和使用材料来创造学习环境以便满足不同学生的需求和学习特点。(M-MSP33)
自由节点二（实现课程成分之间的一致性）	16	◆ 课堂教学中要尽量实现目标与教学方式之间的契合,教学方式应该是围绕教学目标展开的。(H-MSN24) ◆ 在课堂教学中边教边评,即将评价贯穿在整个课堂教学过程中,这样学生能够加深学习的理解,更有利于课堂教学目标的实现。(P-FHP22) ◆ 教师在制定评价方式的时候应该紧密围绕目标展开,即要实现所评即所教、所教即所学;课程目标、教师的教学方法与对评价载体之间应该相互制约的,不应该各自分散。(M-MSP33)
自由节点三（开展教师、学生和内容之间的互动性活动）	15	◆ 对教学活动教师应该多与学生互动,但这种互动不是让学生毫无节制的盲动,而是围绕学习目标通过互动性活动的方式让学生加深对所学知识的理解。(P-MHP23) ◆ 课堂教学中,学生不仅仅是阅读学习内容或者听老师讲这些内容,学生还应该对所学内容提出疑问并与教师讨论所学内容,进而更好地投入到所学内容中,以让学生对所学内容有更加深刻的理解。(M-MSP33) ◆ 教师在课堂教学开始的时候需要仔细研读教学内容之间的逻辑,以便教师在上课的时候采取合适的教学方式开展课堂教学,当然教师也可以使用教参等资料以辅助教师更好地理解和使用教学内容,进而更好地指导学生的课堂学习。(H-FHN19)
自由节点四（能够有效地表述目标）	6	◆ 教师对目标的阐述应该能够让学生明白他们接下来可以怎么做。(H-MSN24) ◆ 教师所提出的教学目标务必要与所学内容相关,并且这些目标应该是能够具体化为相应的行为表现的。(M-MSP33)

码号	节点参考点数	参考点内容举例
		◆ 教师表述的教学目标应该是学生通过课堂学习能够实现的，即教学目标不能够超过学生现有基础太远。（P-MHP23）
自由节点五（唤醒学生学习的内驱力）	12	◆ 对于学生而言，教师不仅仅是传授知识，还应该是学生学习兴趣培养的重要外部力量，并且这种外部动力经过长时间的激励会转化成学生学习的内部动机。（P-MHP23） ◆ 教学需要给学生布置一些课外实践活动，让学生通过课外实践与课内的学习相结合来培养学生对学习的热情。（M-MSP33） ◆ 对学生的课堂学习而言，教师可以适当地制造一些民主竞争的氛围，以便激发学生学习的动力。（M-FSA22）

习环境"的理解比较一致。因此，自由节点一被命名为"创设良好的学习环境"。自由节点二包括16个参考点，这些参考点的内容涉及教师怎么样实现目标、教学方式或者学习方式、评价之间的协调一致，这一理解与布伦伯格关于"实现课程成分之间的一致性"和"采用适合学生学习目标的教学或者学习方式"两个因子之间都比较接近，也就是这一自由节点对这两个方面的内容均有涉及，因为"采用适合学生学习目标的教学和学习方式"的本质就是实现目标与教学方式的一致性，这一内容本身被包含在"实现课程成分之间的一致性"中，所以，自由节点二被命名为"课程成分之间的一致性"。自由节点三包括15个参考点，其主要内容是教师怎么样开展学习活动，以促进教师、学生和内容之间的互动，这与布伦伯格对"开展教师、学生和内容之间的互动"的理解比较接近，因此自由节点三被命名为"开展互动性的学习活动"。自由节点四包括6个参考点，其主要内容是教师如何准确有效地表述目标，并让学生能够清楚地理解目标，这与布伦伯格对"SMART目标表述"是一致的，因此自由节点四被命名为"目标表述的有效性"。自由节点五包括12个参考点，该参考点涉及教师采取哪些策略来促进学生内驱力的产生，这与布伦伯格对"唤醒学生的学习内驱力"理解接近，因此自由节点五被命名为"唤醒学生学习的内驱力"。上述五个因素分别指向教师在环境创设中的作用、教师在课程目标呈现的方式、教师教学活动的开展策略、教师激发学生学习动机的作

用、教师如何实现课程成分之间的一致性等方面,这些成分都是在强调教师在学习中心的教学中所扮演的角色问题。因此,将这五个因素概括为教师角色是合理的。

另外,根据参考点树的数量可知,"教师角色"这一树节点下面的自由节点数量由多到少依次是:实现课程成分之间的一致性(16),开展学生、教师和内容之间的互动性活动(15),创造为了学生的学习环境(12),唤醒学生学习的内驱力(12),能够有效地表述目标(5)。教师角色这一树节点中各自由节点的具体材料信息内容如表4-2所示。

2. 教师对学习责任的理解

学习责任包括哪些重要的成分呢?根据 NVivo 的分析结果可以发现,学习责任因子的材料来源为6,参考点数为52。布伦伯格认为学习责任主要涉及六个方面的内容:提供对学习负责任的机会、培养学生"学会学习"的技能、自主的终身学习技能、对自己学习的自我评价、对自己优劣势的评价和信息素养技能等。而质性材料分析的结果显示教师对学习责任的理解可以归纳为五个自由节点。

通过对"学习责任"树节点的分析可以发现,其主要包括五个自由节点。通过对这五个自由节点的参考点具体内容的分析可以发现:自由节点一涉及 10 个参考点,其主要内容是关于教师让学生认识到学习是学生应该肩负的责任、给予学生对自己学习负责任的机会以及协助学生对自己学习负责任,这一理解与布伦伯格对"提供对学习负责任的机会"的分析比较一致,因此,这一自由节点被命名为"提供对学习负责任的机会"。自由节点二涉及 11 个参考点,这些节点的主要内容包括教师培养学生学会自我管理、自我监控等学习技能,这与坎迪(Candy,1991)的对学会学习技能的理解比较接近,[1]因此,将这一自由节点概括为培养学生"学会学习"的技能。自由节点三涉及 14 个参考点,这些节点的主要内容包括培养学生根据个人能力去判断自己需要学习什么、怎么学习、如何获得学习支持等方面的内容,这主要指向学生自主学习和终身学习,因此这一自由节点被命名为"培养学生自主的终身学习技能"。自由节点四涉及 9 个参考点,其内容主要包括教师培养学生正确认识自己的学习能力和现有基础,让学生通过与人分享自己

---

[1] Candy, P. C. Self-direction for lifelong learning. A comprehensive guide to theory and practice [M]. San Francisco, CA: Jossey-Bass, 1991.

的学习过程来培养学生对学习的自我认知能力，培养学生对学习进行总结和反思的能力，这些均指向学生如何评价自己的学习；除此之外，这一自由节点还涉及对自己合作能力、人际交往能力等综合能力的评价；由此可见，这一自由节点整合了布伦伯格的"培养学生对学习的自我评价能力"和"对自己优缺点的评价能力"两个方面的理解，这可能是因为这两个成分均涉及自我评价，因此，这一自由节点被命名为"培养学生自我评价的能力"。自由节点五包括6个参考点，这些参考点涉及的内容是教师如何培养学生理性认识与合理利用信息技术来改善和提高学生的学习水平，因此，这一自由节点被命名为"培养学生的信息素养"。上述内容主要是培养学生对自己的学习负责任的意识、给予学生对自己学习负责任的机会；培养学生学会学习的技能；自主的终身学习的技能；培养学生对学习和综合素养的自我评价能力；培养学生的信息素养。这些内容均指向培养学生的学习基础和能力进而让学生对自己的学习负责任，因此，这一树节点被概括为学生的"学习责任"。

另外，根据参考点树的数量可知，"学习责任"这一树节点下面的自由节点数量由多到少依次是：培养学生自主的终身学习技能（14），培养学生"学会学习"的技能（11），提供对学习负责任的机会（10），培养学生自我评价的能力（9），培养学生的信息素养（6）。学习责任这一树节点中各自由节点的具体材料信息内容如表4-3所示。

表4-3 "学习责任"中子节点的材料信息

码号	节点参考点数	参考点内容举例
自由节点一（提供对学习负责任的机会）	10	◆ 我觉得学习中心的教学应该是尽量让学生在学习过程中去发现问题，并且寻求解决问题的策略和办法。（P-MHP23） ◆ 学习中心教学应该让学生对他们自己的学习负责任，不应该是传统的课堂教学，即教师一讲到底，学生一听到底。（H-FHN19） ◆ 在课堂教学中应该让学生有机会来提出问题，并且让学生有参与解决问题的机会。（M-FSA23）

码号	节点参考点数	参考点内容举例
自由节点二（培养学生"学会学习"的技能）	11	◆ 要让学生对他们自己的学习负责任,教师应该培养学生的一些学习技能,来让他们的学习更加有效,比如,学会制定学习计划等。(P - FHP22) ◆ 学习中心的教学中,学生应该具备对自己的学习行为进行控制和管理的能力,同时应该具备制定目标和按目标开展学习的能力。(H - MSN24) ◆ 学生应该掌握多种的学习方法,并且针对不同的学习内容,学生往往能够选择一种比较切实可行的方法来展开学习。(M - MSP33)
自由节点三（培养学生自主的终身学习的技能）	14	◆ 学习中心的教学中,学生应该对自己的学习有一个完全清晰的认识,并且确信他们自己有开展学习的能力,当然还需要培养学生自主学习的习惯。(M - FSA23) ◆ 学习中心的教学应该让学生学会怎样寻找帮助、到哪里寻找帮助,而不应该是直接从老师那里获得答案。(P - MHP23) ◆ 我们的经验告诉我们,学习中心的教学必须克服学生对教师的依赖,应该让学生培养出自主学习的技能。(H - MSN24)
自由节点四（培养学生自我评价的能力）	9	◆ 学习过程中应该让学生对他们自己的学习基础和现状有一个全面的了解,并且在这基础之上,让学生对他们自己目前的学习的掌握情况有一了解(即学生对他们自己的学习所得有一个了解)。(H - MSN24) ◆ 学习中心的教学过程中应该让学生告诉其同伴他们是如何学习这些内容的。(P - MHP23) ◆ 教师应该让学生学会对自身合作学习的能力、合作解决问题的能力以及人际交往的能力进行反思和评价,进而改善他们的这些方面的能力。(M - FSA33)
自由节点五（培养学生的信息素养）	6	◆ 对学生而言,要他们对自己的学习负责任,就需要学生学会利用网络资源来开展学习,而网络资源的利用需要具备一定的信息素养。(P - MHP23) ◆ 适当使用网络信息有助于学生了解一些与学习内容相关的实例,并且帮助学生更好地理解相关内容。(M - MSP33) ◆ 学生合理合法使用信息资源对学生形成对自己的学习负责任有很好的帮助,但是由于现在网络上的无效甚至是不良信息可能会给学生造成一些错觉,这就要教师给予学生适当的引导,帮助学生形成良好有效使用信息资源的习惯和能力。(H - MSN24)

3. 教师对内容功能的理解

学习中心教学中的内容功能到底包括哪些重要的因素呢？根据 NVivo 的分析结果可以发现，"内容功能"的材料来源为 6，参考点数为 53。布伦伯格认为"内容功能"可以解构为：内容的多样化使用、聚焦学生的内容投入、使用组织脚本帮助学生学习以及运用内容来服务学生后续的学习四个方面的内容。① 根据布伦伯格的理解，可以发现他主要是从学习内容的目标指向、学习内容的使用（学生投入情况）、学生在使用内容时教师的作用（教师的辅导作用）以及学习内容的长期目标四个方面来理解内容功能的。

通过对"内容功能"树节点的分析我们可以发现，其包括四个自由节点。通过对这四个自由节点的参考点具体内容的分析可以发现：自由节点一涉及 22 个参考点，其主要内容包括教师怎么使用内容帮助学生建构学习基础、通过内容学习掌握学习方法、让学生在内容学习中发展探究能力和思考能力以及引导学生重视内容学习的意义等，这与布伦伯格对"内容的多样化使用"的理解是一致的。因此，这一自由节点被命名为"内容的多样化使用"。自由节点二涉及 18 个参考点，这些参考点的内容包括在学习活动中让学生创造学习内容的新意义和例子、帮学生主动建立新旧知识之间的联系以及让学生学会反思内容以便增加学生对内容的理解，这与布伦伯格对"聚焦学生的内容投入"的理解比较一致。因此，这一自由节点被命名为"聚焦学生的内容投入"。自由节点三涉及 8 个参考点，它主要包括教师提供并且清楚地描述内容框架以便让学生更有效地掌握内容，这与布伦伯格对"使用组织脚本帮助学生学习"的理解比较一致。因此，这一自由节点被命名为"使用组织脚本帮助学生学习"。自由节点四包括 5 个参考点，其内容包括：现在学习的内容是为学生未来学习做准备的，通过现有内容的学习掌握一些技能以便于后续学习，这与布伦伯格对"运用内容促进学生的后续学习"的理解比较一致。因此，这一自由节点被命名为"运用内容促进学生的后续学习"。

根据参考点的数量可知，"内容功能"这一树节点下面的自由节点数量由多到少依次是：内容的多样化使用（22），聚焦学生的内容投入（18），使用组织脚本帮助学生学习（8），运用内容促进学生的后续学习（5）。内容功能这一树节点中各自由

① Blumberg，P. Developing learner-centered teaching：A practical guide for faculty ［M］. San Francisco，CA：Jossey-Bass，2009.

节点的具体材料信息内容如表 4‑4 所示。

表 4‑4 "内容功能"中子节点的材料信息

码号	节点参考点数	参考点内容举例
自由节点一(内容的多样化使用)	22	◆ 教学过程中,应该能够运用教材帮助学生打下良好的学习基础(知识基础),并且应该运用现实生活中的例子让学生认识到学习语文阅读、写作等的重要性。(M‑MSP33) ◆ 在学习过程中应该能够让学生掌握阅读、写作等内容相应的学习策略。(M‑FSA23) ◆ 至于内容的使用,学习中心教学还应该让学生有机会将所学的阅读和写作技能运用在日常生活中,比如阅读报纸、写春联等。(P‑MHP23)
自由节点二(聚焦学生的内容投入)	18	◆ 教材的学习是很重要的,但是对学习完教材之后,教师应该鼓励和引导学生对学习内容进行反思,进而使得学生更好地领悟所学内容。(P‑FHP22) ◆ 就学习中心的教学而言,不仅仅是让学生记住所学的内容,更重要的是让学生理解和内化这些内容。(M‑FSA23) ◆ 对于已经学习过的内容教师应该让学生回答现学内容与已经学过内容之间的关系,并且要求学生使用自己的语言来表达所学内容。(H‑FHN19)
自由节点三(使用组织脚本帮助学生学习)	8	◆ 课堂教学中教师需要将教学内容组织得能够适应学生的需求,让学生在课堂学习中更加容易理解。(P‑MHP23) ◆ 学习中心教学中,教师不仅仅是讲授书本知识,还应该为学生的学习提供知识内容之间联系的逻辑框架,以便学生能够更好地理解知识之间的关系,进而帮助学生更加顺畅地理解所学知识。(M‑FSA23) ◆ 学习中心的教学中,教师应该多使用学生生活中常见的事情为例子来促进学生更好地理解所学知识,比如在讲解说明文的时候,可以结合家里购买的实物的说明书进行讲解。(P‑FHP22)
自由节点四(运用内容促进学生的后续学习)	5	◆ 要实现学习中心的教学,教师应该使用教学内容来帮助学生在学习未来学习内容的时候打下基础,比如现在认识的字应该对后面的阅读有帮助。(H‑MSN24) ◆ 学习中心的教学中,教师应该给予学生学更多学习内容的期望,以便让学生能够更积极主动地投入到后续内容的学习中。(M‑FSA23) ◆ 要实现学习中心的教学,教师需要强调现有知识与未来要学习知识之间的联系,并且在学完现有知识之后给学生留一些悬念,让学生有学习后续知识的冲动。(P‑FHP22)

4. 教师对权力平衡的理解

学习中心教学中的权力平衡到底包括哪些重要的因素呢？根据 NVivo 的分析结果可以发现，权力平衡的材料来源为 6，参考点数为 40。布伦伯格认为权力平衡主要涉及六个方面的内容：课程内容的决定，不同观点的表达，如何决定学生的成绩，使用开放式任务，灵活的课程政策、评价方式、学习方式和底线以及学习机会。而质性材料分析的结果显示教师对权力平衡的理解可以归纳为六个自由节点。

由上述分析可知，"权力平衡"这一树节点包含了 6 个自由节点，各自由节点的具体内容分别是：自由节点一涉及 4 个参考点，并且这些参考点指向教师可以根据学生的兴趣来呈现课程内容，甚至是教师和学生共同商量课程内容的呈现顺序等，要求让学生充分参与课程内容的决定过程，这与布伦伯格对"共同决定课程内容"的理解是一致的。因此，将这一自由节点概括为"共同决定课程内容"。自由节点二涉及 9 个参考点数，这些参考点数指向教师允许和尊重学生的声音，给学生表达他们自己观点的机会，这与布伦伯格对"不同观点的表达"的理解是一致的。因此，这一自由节点被概括为"尊重学生声音"。自由节点三涉及 5 个参考点，指向教师不能够只通过考试成绩来决定学生的学业成就而应该对学生的学习过程和学习结果进行综合评价，其与布伦伯格对"如何决定学生成绩"的理解是一致的，因此这一自由节点被概括为"综合评价学生的学习结果"。自由节点四涉及 3 个参考点数，这些参考点数主要包括教师给学生布置开放式的课堂任务或者课外作业，这样有利于培养学生发表自己观点的能力和习惯，这与布伦伯格对"使用开放式任务"的理解是一致的。因此，将这一自由节点概括为"使用开放式任务"。自由节点五涉及 11 个参考点，其主要内容包括针对不同的学生，对他们的课程政策、评价方式、学习方式、教学方式以及达到目的的底线均应该有所不同，这与布伦伯格对"灵活的政策、课程成分和底线"的理解一致。因此，这一自由节点被概括为"灵活的课程政策、课程成分和底线"。自由节点六涉及 8 个参考点，其主要内容指向教师给学生创造自由平等的学习机会，让学生平等自由地参加到课堂学习中来，这与布伦伯格对"学习机会"的理解一致。因此，这一自由节点被概括为"创造学习机会"。从上述各自由节点内容的分析来看，这里主要是分析民主决定课程内容、尊重学生的声音、综合评价学生的学习表现、课程政策是灵活的以及给予学生表现的机会等内容,综合上述内容我们可以发现这些内容均指向师生之间的平等关系,因此将这一树节点被命名为"权力平衡"是合理的。

另外,根据参考点树的数量可知,"权力平衡"这一树节点下面的自由节点数量由多到少依次是:灵活的课程政策、课程成分和底线(11),尊重学生声音(9),创造学习机会(8),综合评价学生的学习结果(5),共同决定课程内容(4)和使用开放式任务(3)。权力平衡这一树节点中各自由节点的具体材料信息内容如表4-5所示。

表4-5 "权力平衡"中子节点的材料信息

码号	节点参考点数	参考点内容举例
自由节点一(共同决定课程内容)	4	◆ 课程内容一般都是由国家或者省市一级的教育行政部门决定的,不过教师可以根据学生的兴趣来选择一些学生感兴趣的实例引导学生对课程内容有更加深刻的理解。(P-FHP22) ◆ 课程内容大多由上级教育主管部门给出,留给教师和学生来协商或者共同决定的课程内容比较少,不过教师们还是可以与学生商量怎么样呈现课程内容单元或者将相关知识整合在一起以便让学生学得更好。(M-MSP33) ◆ 对于课程内容而言,虽然一般内容都是确定的,但是很多时候教师可以通过与学生商量甚至共同决定增加一些能够提升学生学习兴趣的内容,以便让学生更好地学习。(H-FHN19)
自由节点二(尊重学生声音)	9	◆ 对于权力平衡而言,给予学生表达他们观点的机会是非常重要的,学生能够表达自己的观点,他们就更加容易参与到课堂学习中来,并且更容易与教师互动。(H-MSN24) ◆ 给学生表达他们观点的机会是非常有必要的,因为这样能够让教师了解学生的想法,并且根据学生的观点和想法对他们进行有针对的引导,进而促进学生学习的改进。(M-MSP33) ◆ 在语文课堂上,特别强调调动学生的参与度,而这种参与度主要是通过给予学生表达的机会来实现的,学生表达不同的观点,说明学生能够参与到课堂学习中来,如果这种观点有比较特殊的视角则更加有利于课堂教学的深入探讨,进而培养学生深入思考问题的习惯。(M-FSA23)

码号	节点参考点数	参考点内容举例
自由节点三（综合评价学生的学习结果）	5	◆ 在语文课堂的教学过程中，对学生课堂学习的评价应该不仅仅只是关注学生考试成绩，更应该将学生课堂表现的情况作为学生课堂学习表现的重要方面，并且针对不同的学生也可以采取不同的考查方式。（P‐FHP22） ◆ 对学生学习结果的评价而言，为了促进学生的终身发展，在对学生进行评价的时候应该让学生充分了解评分标准（给予学生学习机会来了解学习结果的评价标准），并且给予学生多次改正的机会以便学生能够较好达到所要求的标准，还需要对学生的学习结果使用等级的方式来呈现。（P‐MHP23） ◆ 对于学生学习结果的评价应该不是那种高利害形式的考试，而应该是根据学生的现有水平、所学知识及其综合表现来评价他们的最终的学习结果。（M‐MSP33）
自由节点四（使用开放式任务）	3	◆ 就语文学科而言，我们的作业和考试中分布一些开放式的题目是有利于培养学生的想象力和迁移能力的。（P‐FHP22） ◆ 没有正确答案的试题或者作业是很有必要的，这种试题或者作业能够更加全面地展现学生学习的表现，并且这种作业或者考试的结果对于每一个学生而言都是独一无二的，这有利于尊重每一个学生的特征。（M‐MSP33） ◆ 对于语文课而言，设置开放式的问题让学生来回答是非常重要的，因为这种开放式的问题有利于学生之间、师生之间展开讨论，在讨论的过程中，学生就会加深对相关内容的理解，并且有可能会将这些内容使用在日常生活中。（H‐FHN19）
自由节点五（灵活的课程政策、课程成分和底线）	11	◆ 教师如果能够与学生协商着制定语文课堂学习规则，那么学生更加容易参与到课堂学习中来，因为面对自己参与制订的规则他们更加容易参与其中。（M‐FSA23） ◆ 对于语文课堂学习而言，采用什么样的评价方式，教师可以与学生共同协商，学生和教师共同商议的评价方式，学生的印象更加深刻，他们对评价方式的理解也更加有深度。（H‐FHN19） ◆ 对于课堂学习而言，由于每一个学生的学习基础不完全一样，因此，每一个学生所需要达标的底线也是不完全一样的，比如基础好的学生就应该有更加高的标准，而基础薄弱的学生达到底线的水平相应要低一些，这样才能够调动不同基础学生参与到课堂学习中来。（H‐MSN24）

码号	节点参考点数	参考点内容举例
自由节点六（创造学习机会）	8	◆ 语文课堂教学中，教师应该让学生明白和理解学习机会的重要性，比如，如果学生不参与课堂讨论就会面临下一次课堂讨论或者小组学习的时候可能会有不明白的地方，那么这位同学在下一次与其他同学讨论时可能存在障碍。(P-FHP22) ◆ 对于课堂教学而言，教师应该给学生安排一些学习机会让学生亲身体验学习的乐趣，让学生切身感受到学习的重要性。(P-MHP23) ◆ 学习中心的教学指向学生和学生的学习，最重要的是要让学生知道学习机会的重要，并且给予学生各种学习机会，让学生真正成为自己学习的主人，而不是由于受教师的要求而被动进行学习的被动学习者。(M-FSA23)

5. 教师对评价的过程和目的的理解

作为学习中心教学中的核心要素之一的"评价的过程和目的"到底包括哪些重要的因素呢？针对这一问题，NVivo 的分析结果显示，评价的过程和目的的材料来源为6，参考点数为34。布伦伯格认为评价的过程和目的主要包括：将评价融入学习过程中、开展形成性评价、同伴评价和自我评价、发展从错误中学习的能力、辨认回答的准确性、反馈时间表以及真实性评价。而质性分析的结果显示，这一树节点主要可以分解为六个自由节点。

由上述分析可知，"评价的过程和目的"这一树节点包含了6个自由节点，各自由节点的具体内容分别是：自由节点一涉及5个参考点，其主要内容指向教师如何将评价贯穿在自己的教学过程中，这样来调动学生学习的参与程度，巩固学生对所学内容的理解，这与布伦伯格对"将评价融入学习过程"的理解比较一致。因此，这一自由节点被概括为"融评于教"。自由节点二涉及6个参考点，其主要指向教师如何在课堂教学过程中给予学生形成性的反馈以便促进学生课堂学习的改进，其实这就是形成性评价的核心内容，这与布伦伯格对"开展形成性评价"的理解一致。因此，这一自由节点被概括为"开展形成性评价"。自由节点三涉及8个参考点数，其具体内容主要包括教师在课堂教学过程中充分开展学生自我评价和同伴评价的互证性评价，这与布伦伯格对"同伴评价和自我评价"的理解一致。因此,这一自由节点命名为"开展自我评价和同伴评价"。自由节点四涉及 5 个参考点,其主要内容是教师给予学生从错误中学习的机会,并且让学生来证明他们已经学会了所学内容,这与布伦伯格对"发展从错误中学习的能力"的理解一致。因此,这一自由节点被命名为"发展从错误中学习的能力"。自由节点五涉及 4 个参考点,其主要内容是给予学生对他们自己所做答案的准确性做出判断的机会,并且培养学生对他们自己的答案作出合理判断的能力,这与布伦伯格对"辨认回答准确性"的理解一致。因此,这一自由节点被命名为"自己评价回答的准确性"。自由节点六涉及 2 个参考点,其内容包括运用现实生活中的例子来展开评价。因此,这一自由节点被命名为"开展真实性评价"。综合上述分析,这些自由节点是评价与教学的关系、开展过程性评价、自我评价和同伴评价、发展从错误中学习的能力(试误)、让学生对自己的答案的准确性开展评价和开展真实性评价,这些自由节点均指向评价的过程和目的,因此,这一树节点概括为"评价的过程和目的"。这一结果与布伦伯格结果比较一致,但是布伦伯格框架中的"反馈时间表"没有被纳入进来,这可能是因为对我国教师的课堂教学实践而言,反馈时间相对比较固定而不会有太大变化,所以教师们就没有讨论这个话题。

另外,根据参考点树的数量可知,"评价的过程和目的"这一树节点下面的自由节点数量由多到少依次是:开展自我评价和同伴评价(8),开展形成性评价(6),融评于教(5),发展从错误中学习的能力(5),自己评价回答的准确性(4),开展真实性评价(2)。评价的过程和目的这一树节点中各自由节点的具体材料信息内容如表 4 - 6 所示。

(二)学习中心教学核心要素提炼

上面对布伦伯格的学习中心教学分析框架进行了本土化的初步检验。下面将对上述分析结果进行进一步的提炼分析。首先通过访谈上述 6 位具有 16 年以上教龄的老师,访谈的问题是:教师们对学习中心教学是怎么认识和理解的,教师们对"教师角色、学习责任、内容功能、权力平衡以及评价的过程和目的"具体内容的理解。通过研究设计中的程序对上述质性资料进行编码分析。

NVivo 编码形成的各级节点是从属关系,三级节点是从文献资料中提取的原始信息点,二级节点是将具有相似含义的三级节点进行整合而得到的,一级节点则

表 4-6 "评价的过程和目的"中子节点的材料信息

码号	节点参考点数	参考点内容举例
自由节点一(融评于教)	5	◆ 学习中心的教学很关注课程目标的达成程度,而对于我们的教学而言,一边评价一边教学是有效的方法之一。(H-FHN19) ◆ 边学边评的好处是有利于让学生集中注意力的重要方式,因为这种教学方式能够让学生对他们的学习开展及时性的评价,有利于巩固他们自己所学的内容。(M-MSP33) ◆ 对教学过程展开评价是非常重要的,因为在教师讲授为主的课堂中,教师只能够凭印象对学生的课堂学习情况进行评价,而学习中心的教学中教师应该将评价整合在教学过程中,这样的评价关注的信息更加全面和有效,更加有利于关注学生的学习情况。(P-FHP22)
自由节点二(开展形成性评价)	6	◆ 学习中心的教学应该重视评价的作用,尤其是过程性评价(形成性评价),而不应该只是运用纸笔考试作为唯一的评价形式。(M-FSA23) ◆ 课堂教学评价需要关注教师反馈的质量,而不仅仅是关注教师是否给予反馈或者只是给予简单的"是否"形式的反馈,教师课堂教学中应该尽量给予学生具有结构性的反馈,即教师反馈应该让学生对学习内容有更深的理解、甚至是要让学生知道所学内容背后的原因或者理论支撑等。(H-FHN19) ◆ 对学习中心的课堂而言,教师应该是多开展有利于学生学习改进的评价,比如,教师在指出学生学习作业中的错误的时候,还要告诉学生为什么错了以及怎么样进行改进。(P-FHP22)
自由节点三(开展自我评价和同伴评价)	8	◆ 在学生的课堂学习评价中,应该采用教师评价、学生的自我评价以及同伴评价三种形式相结合以便最全面和有效地反应学生的课堂学习状况。(P-MHP23) ◆ 学生们自己投入评价中,这能够促进学生自己先了解所要评估的内容,因此,这能够有效体现学习中心教学的特征。(M-MSP33) ◆ 采用自我评价和同伴评价的形式能够帮助教师了解学生的特征和学习状况,这有助于体现学习中心的特征。(H-FHN19)
自由节点四(发展从错误中学习的能力)	5	◆ 学习中心的教学的目标是学生学会什么,而不是教师完成任务,因此,教师在面对学生作业或者学习任务中不正确的地方时,教师应该帮助学生更正错误,并且引导学生从错误中进行学习。(H-MSN24)

码号	节点参考点数	参考点内容举例
		◆ 为了让学生能够从自己的错误中进行学习,教师在对学生进行学习结果评价的时候,应该是评价学生最终的学习表现(教师给予学生反馈,学生有改正的机会)。(P-FHP22) ◆ 为了帮助学生能够更好掌握学习内容,教师应该创造机会让学生不断尝试错误进而掌握学习内容的机会。(M-MSP33)
自由节点五(自己评价回答的准确性)	4	◆ 为了让学生能够更好地投入到学习中来,我们可以通过给学生机会来证明他们答案正确性的方式来刺激学生,这种方式能够让学生去寻找可能的依据来支持他们自己的答案的正确性。(H-FHN19) ◆ 让学生对他们自己的作业或者学习任务的答案的准确性进行判断,这种方式可以刺激学生为了确认准确性而去学习内容。(H-MSN24) ◆ 让学生确认他们自己答案的准确性,这对于学生而言是有利于他们进行学习反思的。(P-MHP23)
自由节点六(开展真实性评价)	2	◆ 对于评价而言,教师应该给出真实生活的例子,让学生迁移其评价能力。(P-FHP22) ◆ 教师应该让学生对他们日常生活中常见的与课堂教学内容相关的例子展开真实性的评价。(M-FSA23)

是单一的学习中心教学的概念。统计软件得到的不同级别的参考点数表明了研究者们认为学习中心教学各要素的重要程度,高频词节点表明 6 位教师都认为比较重要,这是研究者需要关注的重点,其在学习中心教学中是不可缺少的重要内容。通过访谈,得出如下信息:

通过对访谈资料进行一级编码,按照受访者使用的概念进行意义提取,我们一共获得 26 个自由节点(即码号),这些自由节点分别是(1),(2),(3),(4),(5),(6),(7),(8),(9),(10),(11),(12),(13),(14),(15),(16),(17),(18),(19),(20),(21),(22),(23),(24),(25),(26)。

二级编码主要是对一级编码进行类属分析。所谓类属分析,它是指在资料中寻找反复出现的现象以及可以解释这些现象的重要概念的一个过程,在这一过程中,具有相同属性的资料将会被归纳进入同一个类别之中,进而形成上位的概念。在进行资料分析的时候,自由节点是最小的单位,而类别属性是基于对许多自由节点的组合提炼出的上位意义单位。通常,二级编码就是对一级编码中所得出的自由节点按照一定的逻辑进行意义归类。在 NVivo 软件中，就是将自由节点按照一定的逻辑关系归属为相应的树节点。在本研究中，我们将(1)、(4)、(6)、(9)、(23)归纳为"教师角色"这一树节点；将(2)、(7)、(10)、(14)、(22)归纳为"学习责任"这一树节点；将(3)、(8)、(11)、(25)归纳为"内容功能"这一树节点；将(5)、(12)、(16)、(17)、(19)、(20)归纳为"权力平衡"这一树节点；将(13)、(15)、(18)、(21)、(24)、(26)归纳为"评价的过程和目的"这一树节点。

当一级自由节点和二级树节点之间的类属关系建立好之后，下面就是尝试着建立最后的三级编码——核心式登录。所谓核心式登录是指在所有已发现的概念类属中经过系统分析后选择一个"核心类属"，将分析集中到那些与这一核心类属相关的码号上面。[①] 一般而言，核心类属是 NVivo 分析中最上位的意义单位。本研究将核心类属概念确定为"学习中心教学"（访谈编码资料如上表所示）。学习中心教学主要是涉及教师、学生、内容、师生之间的关系以及怎么评价五个方面的问题。教师角色是指教师在教育教学过程中应该扮演一个促进者的角色，学习责任是指教师需要培养学生哪些核心素养以便实现让学习者能够对他们自己的学习负责任，内容功能主要是指教师利用内容来帮助学生进行学习和发展，权力平衡则是指师生之间应该多协商、给予学生表现的机会等，评价的过程和目的主要是改变传统的终结性评价和教师单一评价、对学生的能力开展基于真实问题的评价。

(三) 学习中心教学五个核心要素及其关系

表 4-7 中五个树节点是学习中心教学的核心指标，但是它们之间并不是完全毫不相关的，研究发现其实这五个树节各自包括的节点参考点之间是存在一定交叉的。

为了捋清楚各自由节点之间的分布情况，本研究将树节点的编码参考点数进行整合。由于树节点之间的关系比较复杂，本研究制作了一个各树节点交叉点数表格（具体见表 4-8）。比如，教师角色和权力平衡两个树节点之间就有一个"5"，即在资料编码过程中有五处分析了这两个树节点之间的关系或者有五处将这两个树节点整合起来进行描述。通过对访谈资料的内容分析，本研究根据树节点下面的参考点数分别进行编码，并且根据参考点数标出了交叉点数，然后就形成了下表：

---

① 陈向明. 质的研究方法与社会科学研究[M]. 北京：教育科学出版社，2000.

表4-7 学习中心教学访谈资料的编码

一级编码	二级编码	三级编码
学习中心教学	内容功能	教师能够多样化地使用内容,鼓励学生投入与迁移,使用组织脚本,为了学生未来的学习;
	教师角色	教师能够组织材料和使材料适用于不同学习倾向的学生来创造良好的学习环境,努力实现课程成分之间的一致性,开展教师、学生和内容之间的互动性活动,采用适应学习目标的教学方式,能够有效的表述目标,能够唤醒学生学习的内驱力;
	学习责任	给予学生对自己学习负责任的机会,培养学生指向现在和未来的学习习惯,培养学生自主终身学习的技能,开展学生对自己学习的评价(学习能力的自我意识),学生对自己优劣势的综合评价,培养学生的信息素养;
	权力平衡	课程内容的决定,让学生自由表达观点,多种方式判定学生的学业结果,使用开放式的任务,灵活的课程政策、评价方式和教学方式,给予学生学习机会;
	评价的过程和目的	将评价整合在学习过程中,给予学生形成性评价,开展同伴评价、自我评价和教师评价的三角互证的评价形式,发展学生从错误中学习的能力,让学生对自己的回答的准确性做判断,与学生商量反馈时间表,让学生对现实世界的真实任务展开评价。

表4-8 学习中心教学五要素之间的交叉点数表

	教师角色	学习责任	内容功能	权力平衡	评价的过程和目的
教师角色	61	8	9	5	3
学习责任	—	52	7	6	4
内容功能	—	—	53	4	3
权力平衡	—	—	—	40	4
评价的过程和目的	—	—	—	—	34

由上表可知,五个树节点的分布情况是:教师角色的参考点数为61,学习责任的参考点数为52,内容功能的参考点数为53,权力平衡的参考点数为40,评价的过程和目的的参考点数为34。这里面评价的过程和目的的参考点数相对较少一点,其他四个树节点之间相互重合点数比较多,这说明这四个树节点之间的相互关系更为紧密,其中权力平衡、教师角色和学习责任三个树节点之间的重叠尤为突出,这说明这三者之间的关系比较紧密。上述五个核心要素之间不是一种因果关系,也不是分阶段分布在学习中心的教学过程中,是一种既相互独立,又相互关联的关系,这五个因素共同影响学生的学习。根据上表,这能够为学习中心的教学理论模型的建构奠定一定的基础。

为了进一步明确上述五个因素之间的关系,依据上图中树节点之间的关系来建构学习中心教学的模型。本研究在上面研究的基础上使用"探索"工具中的模拟功能,依据树节点及其相互之间的关系来共同建构新的学习中心教学的结构模型。

三、综合视域下学习中心教学理论模型的本土内涵

本研究通过对中小学语文教师的访谈以及对访谈内容的分析,检验了学习中心教学的主要构成要素,现对研究结果总结如下:

(一) 学习中心教学核心要素的概念分析

根据布伦伯格学习中心教学理论模型,通过对个案教师访谈资料进行的归纳提炼,本研究将学习中心教学的核心要素概括为:教师角色、学习责任、内容功能、权力平衡以及评价的过程和目的。下面就对这五个核心要素所包含的内涵进行本土化的分析,并且将质性分析的内容与布伦伯格的理论进行比照,以便检验布伦伯格框架中有哪些内容是符合我国国情的,哪些需要作出修正,在此基础上形成本土化的学习中心教学的理论模型,以便为深入分析学习中心教学研究提供本土化的理论支持。

1. 教师角色的内涵

传统的教师中心的教学主要强调教师在信息方面的灌输,不关注课程目标、教学方式以及学生学习之间的匹配情况,而在学习中心的教学中,教师主要扮演的是一个促进学生学习的角色,具体表现为教师通过仔细考虑学生的课程学习目标,并

在此基础上改进教学方式或者学习方式以便实现课程学习目标。通过质性资料的分析可以发现,中国背景下学习中心的教学能够被概括为五个方面的内容,其中布伦伯格理论框架中的"实施与学习目标一致的教学方式"和"实现课程成分之间的一致性"合并成了一个内容,除此之外,其他四个方面的内容与布伦伯格的思想在一定程度上是一致的,本土化的教师角色所包括的五个方面具体表现为:

就"创造为了学习的环境"而言,质性研究分析发现,创造学习环境主要是要求教师为学生的学习创造良好学习环境、组织好课堂氛围、根据学生个体差异创造具有包容性的学习环境,让每一个学生都感觉到能够适应这一学习环境。这一理解与布伦伯格的理解是一致的。

就"实现课程成分之间的一致性"而言,这一成分主要是教师在进行教学设计的时候应该着重关注课程目标、教学方式、学习评价之间的一致性,尤其是围绕课程目标来开展教学和学习评价,这样的教学更加具有针对性。这对布伦伯格的理论进行了整合。

就"开展互动性的学习活动"而言,其主要是要求教师以活动为载体来开展教师、学生和课程内容之间的互动,让学生能够更好地投入学习。这与布伦伯格的理解比较接近。

就"准确有效地表述目标"而言,质性资料的分析发现,学习中心的教学非常关注学习目标表述的有效性、可理解性、可执行性。这与布伦伯格的理解有一定的相似性,即布伦伯格主要是用 SMART(明确的,specific;可测量的,measurable;可实现的,attainable;相关的,relevant;时间指向,time oriented)目标的表达标准,由此可见虽然这里的内容都指向目标表达,但是布伦伯格的标准更加清晰,因此,我们将布伦伯格的 SMART 目标表述标准作为目标表述的下位指标。

就"唤醒学生学习的内驱力"而言,其聚焦于通过教师长时间的外部刺激让学生产生学习动机,然后通过长时间的刺激让学生将外部学习动机转化成学生自己的内部学习动机。当然刺激学生产生内部学习动机的方式有很多种,这里强调的是教师采取哪些策略来促进学生内驱力的产生。

2. 学习责任的内涵

学习责任一直以来都是学生所必须承担的,然而,随着学校扩招和大班制教学的实行,很少有学生能够对他们自己的学习负责任。最为显著的是 20 世纪后期,教师承担了太多的学习责任,以至于很多学生对教师依赖过多,失去了学习的自主性,进而在课堂学习中表现出被动应付的态度。学习中心的教学非常关注学生是否对自己的学习负责任。通过质性分析发现学习责任主要涉及五个树节点,这些树节点的具体内容为:提供对学习负责任的机会、培养学生"学会学习"的技能、培养学生自主的终身学习技能、培养自我评价能力以及培养学生信息素养技能。这些内容具体表现为:

就"提供对学习负责任的机会"而言,质性资料的分析发现,其主要是关于教师让学生认识到学习是学生应该肩负的责任、给予学生对自己学习负责任的机会以及学生在对自己学习实施负责任行为的时候教师如何协助他们等。概括起来就是给予学生应用下面各种技能的机会,并且对学生应用各种技能的情况进行反馈和指导。就"培养学生'学会学习'的技能"而言,质性资料分析发现其主要指向培养学生的自我管理、自我监控和自我调节等能力。而布伦伯格的学会学习的技能是采用坎迪的分析框架来进行定义的,该定义将学会学习的技能解构为:时间管理、自我监控、目标设置、怎样自主阅读以及怎么样进行原始研究等能力。然而,学生仅仅有自我监控能力还是不够的,监控之后学生还应该学会自我调节,因此,这里在坎迪"学会学习技能"的基础上再纳入了一个自我调节的技能。

就"培养学生自主的终身学习技能"而言,质性资料的分析发现,其包括培养学生根据能力判断自己需要学习什么、怎么学习、如何获得学习支持等方面的内容,这主要指向学生自主学习和终身学习。就"培养学生的自我评价能力"而言,质性资料分析发现其主要内容涉及教师如何让学生学会对自己的学习基础和学习能力进行合理评价。当然这一维度还涉及了培养学生对自己在学习过程中的人际交往技能、团队协作、组织能力、技能掌握情况进行整体上优势和劣势的分析能力。这是将布伦伯格的"培养学生评价自己学习的能力"和"培养学生对自己整体学习状况优劣势的自我评价能力"两个成分整合成一个。

就"培养学生的信息素养"而言,质性资料分析发现其主要内容是要求教师能够让学生理性和有效使用信息资源,从而来帮助他们改善学习状况。而布伦伯格则是从(1)建构研究问题;(2)访问来源;(3)评价来源;(4)评价内容;(5)合法地使用信息这五个方面来培养学生信息技能的。虽然这两者有差异,但是从具体分布上来说应该是一致的。需要说明的是,布伦伯格的前面四种信息素养指向学生有效地使用信息,而第五个合法地使用信息指向学生应该理性对待网络。

3. 内容功能的内涵

韦默指出,学习中心教学中的内容功能是指教师能够利用学习内容来培养学生终身学习的技能。而布伦伯格进一步指出学习中心的教学要求教师做好这几件事:能够多样化地使用内容;让学生更好地投入内容学习中;使用组织脚本帮助学生学习;使用内容帮助学生的后续学习。然而,通过对访谈资料进行的质性分析发现我国中小学语文教师也认为学习中心教学中的内容功能可以归纳为上述四个方面,这与布伦伯格的理解是比较一致的,但是每一个方面的具体内涵可能存在一定的差异。这些异同具体表现为:

就"多样化地使用内容"而言,本研究发现其主要指向教师怎么使用内容帮助学生建构学习基础、通过内容学习掌握学习方法、让学生在内容学习中发展探究和思考能力以及引导学生重视内容学习的意义等,这些内容与布伦伯格的框架都比较一致。而布伦伯格框架中关于使用内容解决真实世界的问题这一内容在我们的访谈中没有出现,这可能是因为在我国的课堂教学中,尤其是语文学科的内容与现实世界的问题链接存在一定距离。

就"让学生投入学习内容"而言,通过质性访谈发现这一自由节点指向教师帮助学生通过内容建立新旧知识之间的联系、开发自己对内容理解的例子、赋予内容个人意义以及鼓励学生学会反思学习内容。这一理解与布伦伯格的理解是比较一致的。

就"使用组织脚本帮助学生学习内容"而言,通过质性访谈发现其主要包括教师提供并且清楚地描述内容框架以便让学生更有效地掌握内容,以及让学生对所学内容进行整合。这一理解与布伦伯格的理解也是比较一致的。

就"使用内容帮助学生的后续学习"而言,该自由节点指向现在的学习内容为学生未来学习做准备,包括通过现有内容的学习掌握一些技能以便于后续学习。这与布伦伯格的理解比较相似。

4. 权力平衡的内涵

权力平衡是从关系角度来理解课堂教学的。学习中心的教学非常关注学生在课堂学习过程中的参与水平。传统教师中心的课堂教学中,课程成分、课程政策和学生的学习底线都是命令或者指令式的,不与学生商量的;而学习中心的教学正好相反。通过对质性访谈资料的分析发现,权力平衡树节点可以分解为:共同决定课程内容、尊重学生声音、综合评价学生的学业表现、使用开放式的学习任务、灵活的课程成分和政策、创造学习机会。这些自由节点的内容主要表现为:

就"共同决定课程内容"而言,质性访谈资料显示其主要是指针对课程内容呈现方式、课程内容整合和分解情况、课程内容与学生兴趣之间的关系、新课程内容和旧课程内容之间的关系等可以调整的内容展开师生之间的商议。而布伦伯格的课程内容决策指向教师根据学生的基础和兴趣与学生共同商议决定课程内容。这是质性资料分析和布伦伯格的框架之间存在的不一致。当然这种不一致是可以理解的,因为美国的课程内容是不固定的,而在我国,课程内容基本上固定;师生之间是无法就课程内容民主决策产生的。因此,我们这里还是使用质性访谈中对课程内容决定的理解。

就"尊重学生声音"而言,质性访谈资料显示其主要内容是教师给予学生表达的机会,并且尊重学生对同一问题的看法和观点。布伦伯格的框架中将这一自由节点概括为"允许学生表达不同的观点",我们在这里将其进行了简化,并命名为"尊重学生声音"。当然,质性资料分析和布伦伯格的理解是一致的。

就"综合评价学生的学业表现"而言,质性访谈资料的分析发现这一方面的内容主要包括基于对学生的学习过程和学习结果进行综合分析来评价学生的学业表现。

就"使用开放式的任务"而言,质性访谈资料分析发现其内容就是指向教师给学生布置一些开放式的课堂任务或者课外作业(没有固定答案),这样有利于培养学生发表自己观点的能力和习惯。

就"灵活的课程成分和课程政策"而言,质性访谈资料显示其主要涉及的内容是:尊重学生的个体差异,教师的课程政策、评价方式、学习方式、教学方式以及达到目的的底线均应该有所不同。

就"创造学习机会"而言,质性访谈资料的分析发现其主要指向教师给学生创造自由平等的学习机会,让学生平等自由地参与到课堂学习中来。这也与布伦伯格的思想是一致的。

5. 评价的过程和目的的内涵

评价是教学改进的驱动器,如果说教师中心的教学基本上是以终结性的评价为特征,那么学习中心教学应该是将评价贯穿在整个课程教学中的,即开展形成性评价。质性资料的分析发现,评价的过程和目的主要是涉及六个方面的内容:融评于教、开展形成性评价、开展自我评价和同伴评价、发展学生从错误中学习的能力、判断自己答案准确性的能力以及开展真实性评价等。这些内容具体表现为:

就"融评于教"而言,质性资料分析发现其主要指向教师如何将评价贯穿在自己的教学过程中,以此来提高学生学习的参与程度,巩固学生对所学内容的理解。这与布伦伯格对"在学习过程中开展评价"的理解比较一致。

就"开展形成性评价"而言,质性资料的分析指向:教师如何在课堂教学过程中给予学生结构性的反馈以便促进学生课堂学习的改进,其实这就是形成性评价的核心内容。布伦伯格在其研究中也强调形成性评价是通过结构性的反馈来促进学生学习。

就"开展自我评价和同伴评价"而言,质性资料的分析主要指向教师在课堂教学过程中充分给予学生实施自我评价和同伴评价的机会,进而为评价学生提供多方面的证据。这与布伦伯格的理解是一致的。

就"发展从错误中学习的能力"而言,质性资料的分析主要指向教师给予学生从学习错误中来进行学习的机会,并且让学生来证明他们已经学会了所学内容。布伦伯格也是这么理解的,即教师要给予学生评价错误和纠正错误的机会。

就"判断自己答案准确性的能力"而言,质性资料的分析发现其主要强调要给予学生对自己所做答案的准确性做出判断的机会,并且培养学生对他们自己的答案作出合理判断的能力。

就"开展真实性评价"而言,质性资料分析主要是教师基于学生真实的案例开展评价。由于在我国这一点涉及较少,因此,访谈中涉及的参考点数也比较少。

(二) 学习中心教学核心要素的概括分析

关于学习中心教学的评估框架的建立是非常复杂的,正因如此,自新课程改革实施以来,就鲜有研究者从事相关方面的研究。基于这一考虑,本研究拟对国外学习中心教学分析框架进行中国化检验以便为我国的学习中心教学评价提供理论基础。通过对六位专家型语文教师的访谈,可以了解这些经历过整个新课程改革的教师对学习中心教学的理解,在他们的理解的基础上进一步分析和归纳出学习中心教学的核心要素。学习中心教学评价的核心要素关系情况如图 4-1所示。

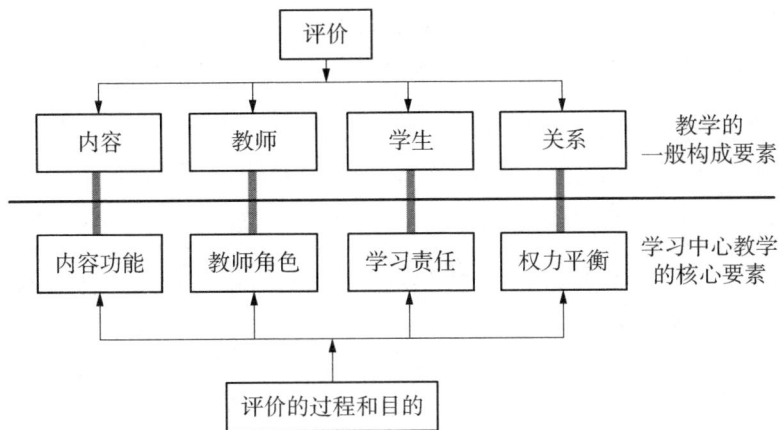

图 4 - 1　教学的一般观感要素和学习中心教学的核心要素的对照图

通过对六位语文教师访谈结果的质性分析发现,学习中心的教学主要可以从内容、教师、学生、关系和评价五个方面来对其进行评估。如图 4 - 1 所示,上面是一般教学的五个要素,而下面则是与之对应的学习中心教学的构成要素。一般而言,教学主要包括内容、教师和学生三个核心要素;①除了这三个要素本身,还有研究者指出教师、学生和教学内容是课堂教学的铁三角关系,②因而,这三个要素之间的关系也是课堂教学中需要考虑的重要指标之一;当然也有研究者认为课堂评价也是课堂教学过程中的重要构成部分。③ 也就是说,一般课堂教学应该涉及内容、学生、教师、关系和评价五个方面(见图 4 - 1 的黑线的上面部分)。通过对学习中心教学相关访谈材料进行的质性分析发现,学习中心教学的核心要素应该是:内容功能(发挥内容的育人功能)、教师角色(实现教师作为学生学习的促进者的角色)、学习责任(培养学生对自己学习负责任的能力和给予学生对自己学习负责任的机会)、权力平衡(处理好教师、学生和内容之间的关系)以及评价的过程和目的(评价的过程和目的为学生的学习目的和过程服务),这一整体框架与布伦伯格的学习中心教学的评估框架是一致的,这说明布伦伯格的框架在整体上是适合我国国情的。

---

① 钟启泉."课堂互动"研究\意蕴与课题[J].教育研究,2010,31(10):014.
② 叶澜.课堂教学过程再认识\功夫重在论外[J].课程·教材·教法,2013,33(5):3—15.
③ Ellen Osmundson,何珊云,王小平.理解课堂中的形成性评价.全球教育展望,2012,41(4):3—6.

（三）学习中心教学核心要素之间关系的分析

根据上述研究，本研究总共得到了五个树节点：内容功能、教师角色、学习责任、权力平衡以及评价的过程和目的。然后通过 Nvivo 软件的分析，我们发现这五个树节点是构成学习中心教学的五个结构要素，并且它们之间存在着一定关系，这为初步建构学习中心教学的结构模型提供了重要基础。根据上述五要素之间的相互关系，我们初步建构了学习中心教学的结构模型，见图 4-2。上图中的实线双箭头表明两个因素之间存在着相互作用的关系。

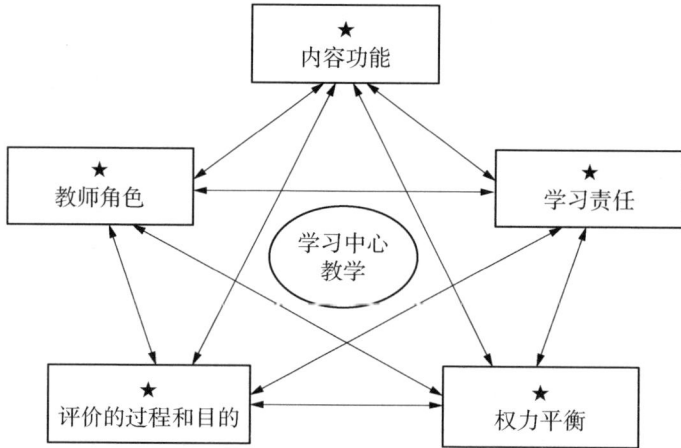

图 4-2　学习中心教学核心要素的结构模型图

第五章
综合视域下学习中心教学的评估工具与特征

上一章对布伦伯格和麦库姆斯等的学习中心教学的理论框架进行了本土化的修正,根据本土化检验的结果,学习中心的教学包括五个核心要素:内容功能、教师角色、学习责任、权力平衡以及评价的过程和目的。然而,要了解我国的学习中心教学的实施状况以及在现有状况的基础上如何改进课堂教学状况以便使得我国的课堂教学更加具有学习中心的特征,这就需要在本土化理论建构的基础上,编制学习中心教学的调查工具。为了将学习中心教学的研究深入下去,本研究拟对学习中心的教学展开初步的实证分析。

一、学习中心教学评估工具和特征分析的程序

本章的研究目的是了解我国教师的学习中心教学的现状和分布特征,进而为提高或者改善学习中心的教学状况提供实证依据。然而,要了解学习中心教学的状况,就需要有合理有效的评价工具。本土化的学习中心教学理论模型包括教师角色、学习责任、内容功能、权力平衡以及评价的过程和目的等关键因素。因此,本章的具体内容安排如下:

1. 学习中心教学的评估量表的编制;
2. 学习中心的课堂教学特征分析。

开展学习中心的课堂教学评价是探究学习中心的课堂教学状况的前提。然而,就目前我国的教学评价而言,极少有研究者涉及学习中心的课堂教学评价,基于这种现状,开发学习中心教学的评价工具就显得尤为重要。因此,本章内容首先是开发学习中心教学的评价工具,然后分析目前我国课堂教学中的学习中心的

分布特征,进而为提高课堂教学的学习中心水平提供实证依据。

(一) 问卷编制程序

1. 项目分析和探索性因子分析

第一批数据主要用于问卷编制的项目分析和探索性因子分析。本研究采取分层取样的方法,从中部地区某省会城市抽取初中生 320 名进行调查,最后回收 316 份问卷,然后删除作答不完整的 4 份,最后有效问卷共 312 份,有效率为 97.5%。其中,女生为 212 名,所占比重为 67.95%,男生为 100 名,所占比重为 32.05%。

2. 第二批数据

这批数据是本研究的核心数据。这里用这批数据进行验证性因子分析和信度分析,本研究中的量化研究主要做了如下研究设计:

(1) 抽样方法

选择具有"中国特色"的典型区域某市义务教育阶段的学生作为研究对象,采用分层抽样方法,根据各区/县的人均生产总值、教育经费、常住人口、城镇人口比重以及教育水平,将 17 个区分成四组,从每组里面随机抽取一个区/县,最终得到 4 个入样区/县;再根据每个学校属性(城市、城乡结合、乡村)、学校性质(公立、私立)、学校经费投入以及学生质量共抽取了 53 所学校;最后根据每个班级的班级类别(平行班、特色班等)、学生水平、学生组成(男女比例)等,从入样学校的初一、初二年级学生中抽取 2—3 个班级,如图 5-1 所示。入样班级的所有学生都填写

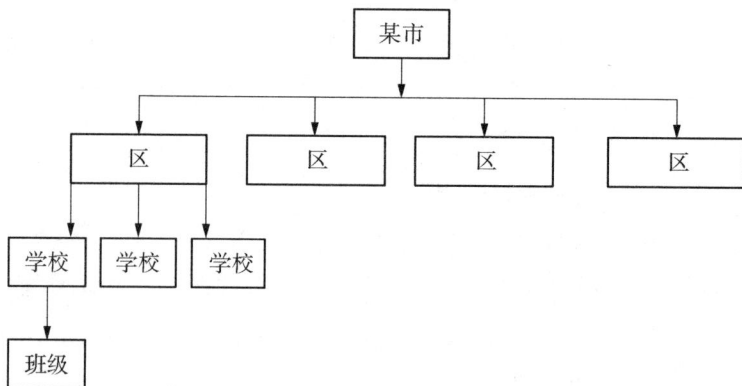

图 5-1 分层抽样示意图

学生问卷,入样班级对应的教师填写教师问卷,以及入样学校的校长填写校长问卷。53 所学校 204 个班级总共 5 452 名初中生,其中教师 204 名,校长或者副校长 53 名。同时在征得该市和样本学校同意的前提下,研究者还收集了入样学生的期中和期末语文统考成绩。

最后,由专门团队录入数据,然后进行数据清理。

(2) 问卷调查的样本

为了保证研究的代表性,本研究主要以分层抽样的方式收集问卷。本研究调查了 53 所学校,204 个班级,总共 5 452 名初中生,204 名教师,53 名校长或者副校长。通过对问卷的整理,最后保留有效学生问卷 5 284 份,教师问卷 204 份,校长问卷 52 份。被调查的学生、教师和学校信息的分布如下表所示。

表 5-1　学生被试的背景信息汇总

个人信息		人数	比重	个人信息		人数	比重
性别	男生	2792	52.8%	是否住校	是	2042	38.6%
	女生	2492	47.2%		否	3 242	61.4%
年级	初一年级	2796	52.9%	是否独生子女	是	1699	32.2%
	初二年级	2488	47.1%		否	3 585	67.8%

由上表可知,本研究中所调查的学生被试中男生为 2 792 名(所占比例为52.8%),女生为 2 492 名(所占比重为 47.2%);初一年级学生为 2 796 名(所占比重 52.9%),初二年级学生为 2 488 名(所占比重为 47.1%);住校学生为 2 042 名(所占比重为 38.6%),非住校生为 3 242 名(所占比重为 61.4%);独生子女为1 699 名(所占比重为 32.2%),非独生子女为 3 585 名(所占比重为 67.7%)。

表5-2 教师被试背景信息汇总

	教师信息	人数	所占比重		教师信息	人数	所占比重
性别	男	41	20.1%	教龄	5年及以下	49	24.0%
	女	163	79.9%		5—10年	33	16.2%
学历	大专及以下	18	8.8%		11—15年	38	18.6%
	本科	164	80.4%		16—20年	40	19.6%
	研究生及以上	22	10.8%		21—25年	19	9.3%
职称	三级及以下	27	13.2%		25年以上	25	12.3%
	二级	68	33.3%	教师编制	是	157	77.0%
	一级	66	32.4%		否	44	23.0%
	高级及以上	43	21.1%				
年级	初一年级	105	51.5%				
	初二年级	98	48.5%				

由上表可知,本研究中的男性教师为41人(所占比重为20.1%),女性教师为163人(所占比重为79.9%);教师中大专及以下学历的教师为18人(所占比重为8.8%),本科学历为164人(所占比重为80.4%),研究生及以上学历为22人(所占比重为10.8%);教师中三级及以下职称的教师为27人(所占比重为13.2%),二级职称教师为68人(所占比重为33.3%),一级职称教师为66人(所占比重为32.4%),高级及以上职称教师为43人(所占比重为21.1%);初一年级教师为105人(所占比重为51.5%),初二年级教师为98人(所占比重为48.5%);教师中教龄在0—5年的为49人(所占比重为24.0%),5—10年教龄的教师为33人(所占比重为16.2%),11—15年教龄的教师为38人(所占比重为18.6%),16—20年教龄的教师为40人(所占比重为19.6%),21—25年教龄的教师为19人(所占比重为9.3%),25年以上教龄的教师为25人(所占比重为12.3%)。

表5-3 样本学校背景信息汇总

学校信息		数量	所占比重	学校信息		数量	所占比重
校长性别	男	40	76.9%	学校性质	公立	43	82.7%
	女	12	23.1%		民办	9	17.3%
校长学历	专科及以下	10	19.2%				
	本科	29	55.8%				
	研究生	13	25%				

由上表可知,本次调查的学校数为52所,这些学校的校长信息分布如下:男性校长为40名(所占比重为76.9%),女性校长为12名(所占比重为23.1%);校长学历的分布为,专科及以下的学历为10名(所占比重为19.2%),本科学历的为29位(所占比重为55.8%),研究生及以上学历的为13位(所占比重为25.0%)。学校的性质分布情况是:公立学校为43所(所占比重为82.7%),私立学校为9所(所占比重为17.3%)。

(二)学习中心教学特征分析程序

学习中心教学特征分析主要是运用第二批数据,先分析整体教学特征,然后分析学习中心教学的分布差异。

二、学习中心教学评估工具的编制

(一)问卷形成的理论基础

本土化的学习中心教学理论主要涉及五个核心要素:教师角色是指要发挥教师对学生学习和发展的促进者角色,具体表现为做到创造学习环境,准确表述目标,实现课程成分之间的一致性,开展互动性的课堂活动以及唤醒学生学习的内驱力等。学习责任是指教师应该给予学生承担学习责任的机会和培养他们对自己学习负责任的能力,具体表现为给学生提供对学习负责任的机会,培养学生"学会学习"的技能,培养学生自主的终身学习技能,培养学生自我评价的能力以及培养学生的信息素养。内容功能是指教师在课堂教学中应该能够多样化地使用内容,让学生更好地投入内容学习中,使用组织策略帮助学生学习,使用内容帮助学生学习后续内容。权力平衡是指在教育教学过程中教师应该与学生在平等对话的基础上来展开课堂教学和学习,具体是指民主决策课程内容,尊重学生声音,综合评价学生的学业表现,使用开放式的学习任务,灵活的课程成分和政策,给学生创造学习机会。评价的过程和目的是指应该将评价贯穿在教学过程中,并且指向学生的学习和发展,具体表现为课堂教学中教师应该开展评教结合,实施形成性评价,运用自我评价和同伴评价,发展学生从错误中学习的能力,合理判断自己答案的准确性以及开展真实性评价。在这一理论框架的基础上,本研究尝试开发学习中心教学的评估工具,具体的问卷编制程序如下。

(二)评估工具形成的实证分析

1. 项目分析

根据各题项与问卷总分之间的相关(题总相关低于 0.3)删掉了三道题。最后保留下来 51 道题,保留下来的各题项与总分的相关系数在 0.331~0.628 之间,项目之间具有较好的区分度。

2. 探索性因子分析

先对测量被试的取样情况进行检验,通过因子分析发现,Bartlett 球形检验卡方值为 18 148.693,自由度为 726,KMO(Kaiser-Meyer-Olkin)值为 0.827($P<0.001$),这说明所取样的样本可以进行下一步的分析。通过主成分分析法抽取 51 个题项的因子,分析结果显示,初始负荷矩阵,特征根大于 1 的因子有 8 个,解释总变异的 52.181%,其中有 6 个题项的因子负荷低于 0.4。经过多次主成分分析,删除了 4 道题,最终剩下 41 道题。通过对这 41 道题进行斜交旋转,得出旋转后的因子负荷矩阵,并且按照如下标准来确定因子的数目:(1)因子特征根大于1;(2)因子至少包含 3 个题项;(3)抽取的因子在旋转前应该能够解释 2.0% 的总变异;(4)因子整合起来有利于命名。碎石图的结果显示,适合抽取 5 个因子。运用主成分分析法,做极大正交旋转,结果显示 5 个因子的方差解释率为 46.085%。探索性因子分析的结果如下表所示。

表 5 - 4　学习中心教学各因子的探索性因子分析

题　　项	因子 1	因子 2	因子 3	因子 4	因子 5
1. 课堂上我有机会说出自己不懂的地方	0.614				
2. 作业内容和上课内容之间的一致性	0.403				
3. 老师的课堂总能够兼顾每一个学生	0.617				
4. 老师总能将学习难点转化成我容易理解的内容	0.742				
5. 课堂上老师讲课经常联系真实发生的事情	0.629				
6. 课堂上老师和学生交流学习方式	0.692				
7. 每次上课老师会预先说明希望我们学会什么	0.524				
8. 我清楚每堂课学什么	0.487				
9. 老师鼓励我们对同一道题有不同的想法	0.707				
10. 课堂上老师给机会让我和同伴共同解决问题或者做同一件事		0.491			
11. 当复习的时候我会将前后所学知识融会贯通		0.688			
12. 我总是在书本和笔记上划出重点部分以帮助学习		0.622			
13. 课堂上我会主动问老师问题		0.455			
14. 我能够把课堂上学习的内容用到别的课上去		0.462			
15. 学习时我总喜欢通过自问自答的方式来检验自己是否已掌握所学内容		0.569			
16. 当我请同学帮忙的时候,总会有同学帮我		0.573			
17. 当我碰到学习问题的时候,大多数老师会帮助我		0.595			
18. 对我来说学习这门课程是很重要的			0.559		
19. 我能够掌握这门课程上所教的学习技能			0.645		
20. 思考问题时,我会将前后知识联系起来			0.676		

题 项	因子1	因子2	因子3	因子4	因子5
21. 我能够学习这门课上具有挑战性的内容,那样我能学到新的东西			0.546		
22. 阅读书本时我能够将所阅读内容与自己已掌握的知识联系起来进行思考			0.670		
23. 不管老师要不要求,我也会自觉地做书本上每一章节后的练习以检验自己对所学内容的掌握情况			0.602		
24. 老师的讲解总是很清晰			0.449		
25. 我认为这门课程的内容是有用的			0.625		
26. 和教师商定有挑战性的内容,进而来学习更多新的东西				0.615	
27. 对我来说学习内容是有趣的				0.620	
28. 课堂上老师让我主动表达自己对某问题的看法				0.573	
29. 老师会根据我的作业、课堂表现和考试成绩来综合评价我的学习				0.444	
30. 老师会给我们布置一些没有固定答案的课外阅读任务				0.416	
31. 老师会根据问题的难易程度来提问学生				0.402	
32. 老师给予我们和同伴讨论的机会比较多				0.458	
33. 我希望学好这门课程				0.489	
34. 老师经常会向我们提问					0.562
35. 回答后,老师会继续追问为什么这样回答					0.421
36. 学生答错之后老师会给予纠正					0.405
37. 即使老师没有布置,我也会用做题的方式来检验自己对知识的掌握情况					0.634
38. 教师会引导我们理解做错的部分					0.429
39. 考试后我会平静地分析考试中所犯错误					0.630
40. 我能够掌握这门课里面最难懂的内容					0.458

题　　　项	因子 1	因子 2	因子 3	因子 4	因子 5
41. 老师会给我们布置一些实践性没有固定答案的作业					0.422
特征根	11.012	4.871	3.224	2.016	1.529
贡献率	25.209	8.125	6.311	4.128	2.312
累计贡献率	25.209	33.334	39.645	43.773	46.085

根据各因子所涵盖的内容,对上述五个因子进行命名。因子 1 包括 9 个题项,其具体内容主要指向教师创造课堂环境,课程成分的一致性,与目标一致的教学方式,课堂互动,目标表述的准确性,激活学生学习动机等。这 9 个题项包含内容与本土化的学习中心教学的教师角色维度内容非常接近,因此,该维度被命名为"教师角色"。因子 2 涉及 8 个题项,其内容指向:引导学习责任,培养学生"学会学习"的技能,培养学生自主的终身学习技能,培养学生对学习的自我评价能力以及培养学生对学习资源的判断能力五个方面的内容。这些内容均指向培养学生对自己学习负责任的能力,因此该因子被命名为"学习责任"。因子 3 涉及 8 个题项,其主要内容指向:多样化地使用内容,学生更好地投入学习内容,教师使用组织策略帮助学生学习,现在的内容学习为后续的学习服务等。这些内容主要是学习内容的使用,因此该因子被命名为"内容功能"。因子 4 涉及 8 个题项,其具体内容指向:共同课程内容决定,允许学生表达自己的观点,综合决定学生的学业表现,使用开放式的任务,灵活的课程政策和课程成分,创造学生的学习机会等方面。这些内容与学习中心教学中的权力平衡维度是一致的,因此该因子被命名为"权力平衡"。因子 5 涉及 8 个题项,其具体内容指向:将评价贯穿于学习过程中,指向使用形成性评价,开展自我评价,学生证明自己理解错误的内容,指向让学生辨认回答问题的准确性,开展真实性评价等。这与建构的学习中心教学的评价的过程和目的是一致的,因此该因子被命名为"评价的过程和目的"。

3. 问卷信度分析

在因子分析的基础上我们对上述问卷进行进一步的同质性信度和分半信度

的检验,信度检验结果如下表:

表 5-5　学习中心教学问卷及各维度的信度系数

	内容功能	教师角色	学习责任	权力平衡	评价的过程和目的	全问卷
同质性信度	0.839	0.773	0.777	0.739	0.735	0.899
分半信度	0.868	0.737	0.761	0.708	0.745	0.884

上表显示,学习中心教学的评价量表在整体上的同质性 Cronbach'α 系数为 0.899,全问卷的分半信度(split-half reliability)为 0.884。内容功能、教师角色、学习责任、权力平衡以及评价的过程和目的五个分问卷上的同质性信度系数分布在 0.735—0.839 之间,这五个分问卷的分半信度系数分布在 0.708—0.868 之间。上述信度检验的结果表明,本问卷信度较好。

4. 问卷的效度分析

为了检验该《学习中心教学问卷》的效度,我们主要采用结构效度检验的方式对其进行检验。

如表 5-6 所示,学习中心教学的评估问卷与各分问卷之间的相关系数在 0.791—0.862 之间,并且内容功能、教师角色、学习责任、权力平衡和评价的过程和目的五个分问卷之间的两两相关系数在 0.261—0.523 之间,需要指出来的是各分问卷与总问卷之间的相关系数均要高于各分问卷之间的相关系数,这初步说明了问卷的结构是合理的。

表 5-6　学习中心教学总分与各维度之间的相关系数矩阵

	内容功能	教师角色	学习责任	权力平衡	评价的过程和目的
内容功能	1				
教师角色	0.402**	1			

	内容功能	教师角色	学习责任	权力平衡	评价的过程和目的
学习责任	0.472**	0.341**	1		
权力平衡	0.523**	0.469**	0.416**	1	
评价的过程和目的	0.431**	0.515**	0.479**	0.261*	1
全问卷	0.836***	0.791***	0.862***	0.822***	0.821***

注：* 表示 $P<0.05$，** 表示 $P<0.01$，*** 表示 $P<0.001$

为了进一步验证学习中心教学的评估工具的效度，本研究调查了 5 284 名初中生（具体见第三章第二节），并运用 Amos4.0 软件对问卷的结构效度展开进一步的验证性因子分析，具体结果如图 5-2 所示。

在验证性因子分析中，评估结构模型良好的指标是：绝对拟合指数（GFI）、比较拟合指数（CFI）、非范拟合指数（NNFI 或 TLI）、递增拟合指数（IFI）四种评价指标均大于或等于 0.9，渐进残差均方（RMSEA）小于 0.08。只有上述指标均达标才表示模型拟合好。χ^2/df 在 2.0 至 5.0 之间时，表示可以接受该模型。通过验证性因素分析发现，χ^2/df 的值为 3.132，IFI、TLI、CFI 和 GFI 值均在 0.9 左右，RMSEA 为 0.049 小于 0.08，并且各题项对其相应因子的影响系数均在 0.41 以上（具体见表 5-7，图 5-2），这表明该模型具有较好的拟合度，同时这也进一步验证了学习中心教学可以解构为内容功能、教师角色、学习责任、权力平衡以及评价的过程和目的五个因子。

表5-7 学习中心教学结构的验证性因子分析的拟合指数

模型	χ^2	df	χ^2/df	IFI	TLI	CFI	GFI	RMSEA
	10 643	3 398	3.132	0.902	0.906	0.911	0.899	0.049

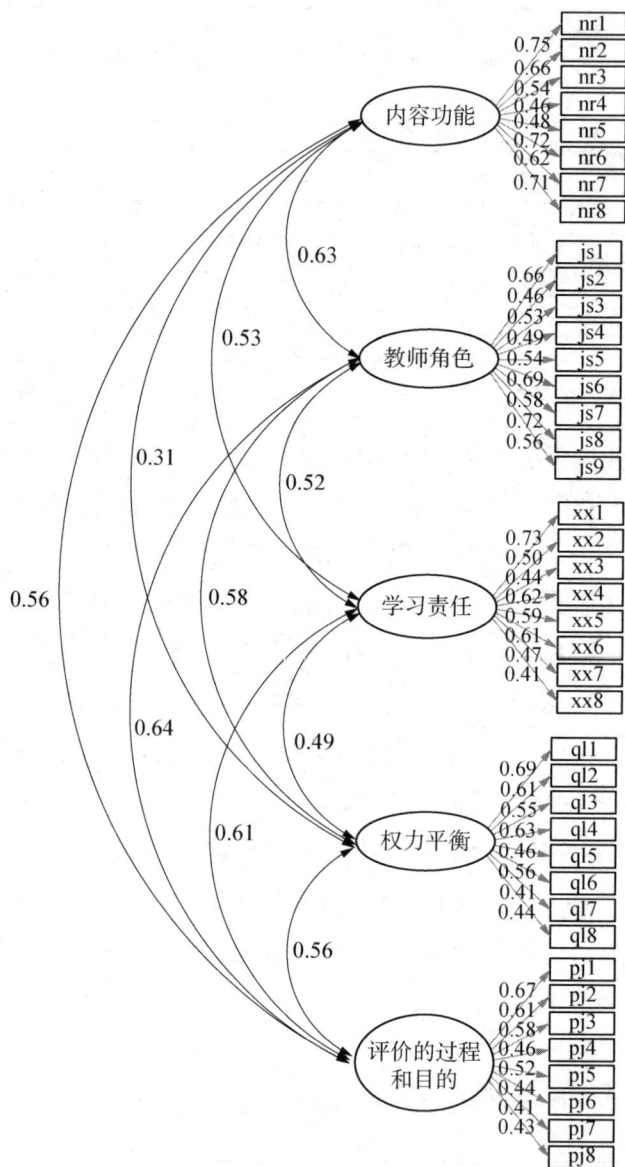

图 5 - 2　学习中心教学的验证性因子分析

(三) 学习中心教学评估工具的开发

本研究在本土化理论的基础上,编制了针对学习中心教学的核心条目。通过对问卷的信效度进行检验发现,学生评价的《学习中心教学》评估量表的信效度均良好,这说明自编的学生评价的学习中心教学的量表能够有效测量学习中心的教学。本问卷的信效度良好主要表现为:经过严格的程序筛选出来的学习中心教学的调查问卷最终由 41 个题项组成,同质性信度检验和分半信度检验发现这两种信度系数分别为:0.899 和 0.884。而国外学者克拉克(Clark,1995)指出信度系数如果能够达到 0.8,那么问卷的信度就是比较合理的了。[①] 由此可见,本问卷是可以用来测量学习中心的教学。同时本研究也发现学习责任、权力平衡以及评价的过程和目的三个分量表的同质性信度和分半信度稍微偏低,当然也有研究者认为分量表的信度系数只要能够在 0.7 以上,那么分问卷的信度也是可以接受的。[②] 其次,就效度而言,五个分问卷与总问卷之间的相关均呈中等偏上的相关,而五个分问卷之间的相关呈现中等偏低水平的相关,这说明整个问卷是测量的同一个内容(学习中心的教学),并且各分问卷之间存在一定程度的独立性。另外,验证性因子分析的结果也显示本研究中的拟合系数均达标,这进一步证明了问卷是可用的。

本研究的理论基础是本土化的学习中心教学理论模型,在质性分析中对于学习责任维度中的信息素养这一部分,老师们一致认为对于中小学生而言,发展他们的信息素养还是早了一些,当然为了研究的完整性,我们在编制问卷的时候也设计了 3 个关于信息素养的题目(主要是询问课堂上老师提供给他们使用信息工具的情况),结果这 3 个题项没有被析出来。这进一步说明了就我国的中小学生而言,专门为了让学生能够对自己的学习负责任而去培养学生的信息素养可能不太现实。

本研究效度分析中的各分问卷之间的相关分析也显示各分问卷与总问卷之间的相关较高,而分问卷之间的相关偏低,这也验证了上一章中的质性资料分析发现的学习中心教学的五个方面之间存在一定的交叉的结果。

综合上述分析,自编的《学习中心教学评估量表》是合理有效的。当然,今后可能随着研究的深入以及基础教育课程改革的进一步深入,各种先进的教学理念

---

① Clark, L. A. , & Watson, D. Constructing validity: Basic issues in objective scale development [J]. Psychological assessment,1995,7(3),309.

② 杨娟,侯燕,杨瑜,张庆林.特里尔社会应激测试(TSST)对唾液皮质醇分泌的影响[J].心理学报,2011,43(4):403—409.

会对今后的学习中心的教学有着更好的理解,并且不同时代学生和教师的特征也会有差异,那么为了适应社会和教育发展的步伐,今后对该问卷进行不定期的修编也是非常必要的。

三、学习中心教学的特征分析

对学习中心教学的发展特征进行研究能够为改善教师课堂教学质量提供实证依据。那么我国的学习中心的教学存在什么样的特征呢?通过对文献进行分析发现,学习中心的教学存在性别、城乡、学段、教龄、职称、学历以及收入上的分布差异,为了检验在上述指标上学习中心教学的差异,本研究对其进行了如下的分析。

(一) 学习中心教学存在显著的人口统计学变量差异

1. 学习中心教学的总体状况

为了了解学习中心教学的基本情况,本研究调查了 5 284 位初中生,让他们来评价自己的语文老师实施的学习中心教学的情况,然后对问卷进行整理,最后对语文学习中心教学及其各因子的平均数和标准差进行了统计分析,具体结果如表5-8所示。

表5-8　学习中心教学行为的整体分布情况

	内容功能	教师角色	学习责任	权力平衡	评价的过程和目的	学习中心教学
M	2.929	2.878	2.812	2.819	2.515	2.794
SD	0.406	0.489	0.404	0.373	0.378	0.336

由上表可知,学习中心教学的总体平均数为 2.794,这一值略高于中间值"2.5",这说明语文学科中的学习中心教学水平是处于中等偏上的水平。另外,就五个维度上的表现来看,除了评价的过程和目的因子仅仅靠近中间值之外,其余的内容功能、教师角色、学习责任和权力平衡的平均值均在 2.8 以上,

其中,学习责任维度的得分稍微低一些。学习中心教学各因子的得分由低到高的排序是：评价的过程和目的<学习责任<权力平衡<教师角色<内容功能。

2. 学习中心教学在性别、年级和学校所在地上的分布差异

为了判断学习中心的教学是否存在性别、年级和学校所在地上的分布差异,本研究对学习中心教学及其各因子在性别、年级和学校所在地三个因素上的差异展开多元方差分析,具体结果如表5-9所示。

表5-9　不同性别、年级和学校所在地教师的学习中心教学的多元方差分析

变异来源	内容功能	教师角色	学习责任	权力平衡	评价的过程和目的	学习中心的教学
性别	11.310***	1.361	1.546	3.047	7.216**	1.350
年级	93.620***	0.327	36.733***	15.462***	29.694***	36.521***
学校所在地	10.115***	14.893***	34.726***	10.829***	44.041***	23.423***
性别＊年级	1.212	5.725*	0.036	1.304	1.222	2.204
性别＊学校所在地	3.322*	0.440	0.984	0.844	0.445	0.828
年级＊学校所在地	0.772	0.733	2.049	0.237	3.794*	0.565
性别＊年级＊学校所在地	1.000	0.710	0.461	0.623	0.247	0.726

(注：＊表示 $P<0.05$,＊＊表示 $P<0.01$,＊＊＊表示 $P<0.001$,下同)

由上表可知,学习中心的教学在教师年级和学校所在位置上的主效应显著;但是学习中心教学总体上不存在显著的性别＊年级、性别＊学校所在地、年级＊学校所在地的二阶交互作用,并且性别＊年级＊学校所在地三阶交互作用也不显著。

上述分析表明年级和学校所在位置的主效应显著,那么这些组内差异是什么

样的呢？通过对主效应显著的两个因素进行进一步的差异检验，具体结果如下表所示：

表5-10 学习中心教学在年级和学校所在位置上的主效应分析（M±SD）

	年级		t值	学校所在地		t值
	初一年级	初二年级		城市	农村	
内容功能	2.98±0.41	2.87±0.40	10.467***	2.95±0.43	2.90±0.37	10.976***
教师角色	2.88±0.48	2.85±0.50	1.226	2.98±0.49	2.86±0.48	14.410***
学习责任	2.85±0.41	2.78±0.39	6.498***	2.87±0.40	2.74±0.37	32.965***
权力平衡	2.83±0.37	2.79±0.36	4.213***	2.88±0.37	2.81±0.34	10.765***
评价的过程和目的	2.54±0.38	2.48±0.37	5.660***	2.56±0.38	2.43±0.35	42.887***
学习中心教学	2.82±0.34	2.76±0.33	6.692***	2.86±0.33	2.75±0.29	23.084***

由上述分析可知，学习中心教学存在显著的年级和学校所在地上的分布差异，并且具体表现为初一年级教师的学习中心教学水平要显著高于初二年级教师，城市教师的学习中心教学水平要显著高于农村教师。从内容功能、教师角色、学习责任、权力平衡以及评价的过程和目的五个因子上的分布上来看，除了教师角色因子之外，初一年级教师在其他四个因子上的得分均显著高于初二年级教师；城市教师在学习中心教学的五个因子上的得分均显著高于农村教师。

3. 学习中心教学的教龄差异

为了检验学习中心教学是否存在教龄上的分布差异。本研究以学习中心教学及其各因子为因变量，教龄为自变量进行单因素方差分析。方差分析的结果如下表所示：

表 5-11　不同教龄教师在学习中心教学及其各因子上的差异分析

因变量	教龄	M	SD	F 值
内容功能	5 年及以下	2.924	0.146	0.196
	5—10 年	2.934	0.189	
	11—15 年	2.924	0.156	
	16—20 年	2.906	0.129	
	21—25 年	2.903	0.110	
	25 年以上	2.928	0.136	
教师角色	5 年及以下	2.846	0.187	0.885
	5—10 年	2.907	0.224	
	11—15 年	2.910	0.181	
	16—20 年	2.868	0.178	
	21—25 年	2.846	0.123	
	25 年以上	2.854	0.179	
学习责任	5 年及以下	2.801	0.135	0.602
	11—10 年	2.855	0.194	
	11—15 年	2.816	0.188	
	16—20 年	2.810	0.142	
	20—25 年	2.787	0.131	
	25 年以上	2.815	0.148	
权力平衡	5 年及以下	2.802	0.123	0.606
	5—10 年	2.838	0.160	
	11—15 年	2.832	0.128	
	16—20 年	2.838	0.126	
	21—25 年	2.797	0.110	
	25 年以上	2.810	0.164	

因变量	教龄	M	SD	F 值
评价的过程和目的	5 年及以下	2.486	0.124	0.560
	5—10 年	2.529	0.175	
	11—15 年	2.500	0.168	
	16—20 年	2.511	0.125	
	21—25 年	2.509	0.104	
	25 年以上	2.533	0.125	
学习中心教学	5 年及以下	2.772	0.127	0.440
	5—10 年	2.812	0.175	
	11—15 年	2.796	0.151	
	16—20 年	2.787	0.120	
	21—25 年	2.769	0.095	
	25 年以上	2.788	0.139	

由上表可知,学习中心教学及其五个因子均不存在显著的教龄差异。为了便于进一步考察学习中心教学及其各因子在教龄上的发展变化情况,本研究制作了如下的发展趋势图。

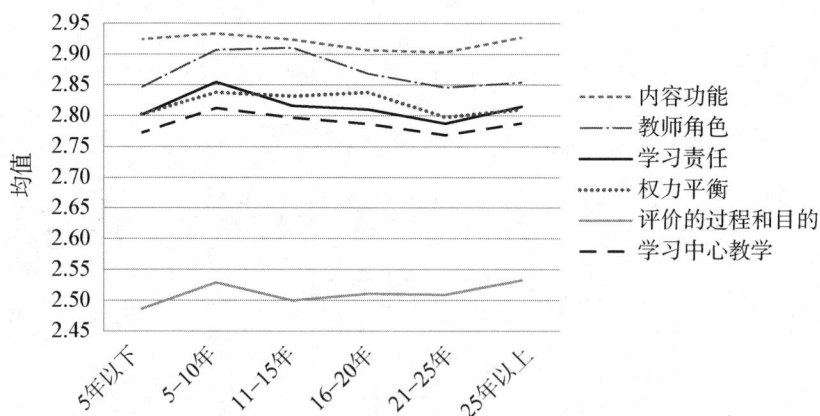

图 5-3　学习中心教学及其各因子在教龄上的分布趋势

由图 5-3 可以直观地看到学习中心教学以及内容功能因子、教师角色因子、学习责任因子和权力平衡因子在教师从教的前十年是呈现出缓慢上升的趋势，并且在 5—10 年之间达到一个高峰，之后开始呈现出下降的趋势，并且在 21—25 年间出现了一个发展的低谷，之后又开始呈现出上升的趋势。但是评价的过程和目的因子的表现则与上面的发展趋势不一样，即在 5—10 年出现高峰之后，11—15 年出现一个低谷，然后一直都处于缓慢上升的趋势，并且在 25 年以上开始达到发展的顶峰。

4. 学习中心教学的职称差异

现有研究发现，不同职称教师的专业发展水平存在显著差异，[1]那么不同职称的教师实施的学习中心的教学是否存在差异呢？为了回答这一问题，本研究以学习中心教学及其各因子为因变量，教师职称为自变量进行单因素方差分析。方差分析的结果如下表所示：

表 5-12　不同职称的教师在学习中心教学及其各因子上的差异分析

因变量	职称	M[2]	SD	F 值
内容功能	三级	2.895^{3*}	0.116	2.79
	二级	2.895^{3*}	0.150	
	一级	2.957	0.167	
	高级	2.922	0.118	
教师角色	三级	2.796^{3*}	0.145	3.477
	二级	2.855^{3*}	0.166	
	一级	2.922	0.215	
	高级	2.874	0.169	

---

① 雷浩. 中学教师关怀行为的发展路径研究[J]. 教师教育研究,2015,27(2)：54—59.
② 上表中的数字表示该栏职称与该上标数字表示的职称在多重比较中显著要低，* 则表示多重比较之后的显著性水平；1＝三级职称，2＝二级职称，3＝一级职称，4＝高级职称。

因变量	职称	M	SD	F 值
学习责任	三级	2.762[3]*	0.100	3.757
	二级	2.784[3]*	0.142	
	一级	2.858	0.192	
	高级	2.829	0.139	
权力平衡	三级	2.765[3]*	0.088	3.027
	二级	2.810	0.125	
	一级	2.852	0.146	
	高级	2.826	0.147	
评价的过程和目的	三级	2.459[3]*[4]*	0.098	6.011
	二级	2.469[3]*[4]*	0.131	
	一级	2.552	0.165	
	高级	2.535	0.109	
学习中心的教学	三级	2.735[3]*	0.088	4.299
	二级	2.763[3]*	0.126	
	一级	2.829	0.163	
	高级	2.797	0.119	

由方差分析的结果可知,不同职称的教师实施的学习中心的教学存在显著的差异($P<0.05$)。在学习中心教学的各因子中,内容功能($P<0.05$)、教师角色($P<0.05$)、学习责任($P<0.05$)、权力平衡($P<0.05$)、评价的过程和目的($P<0.01$)均存在显著的职称分布上的差异。事后多重比较分析发现,在学习中心的教学上,一级职称教师的表现要显著优于三级职称和二级职称教师的表现,由此可见,一级职称是学习中心教学的一个关键高峰期,即处于这一阶段的教师非常关注学生和学生的学习。

从各个因子的分布情况来看,内容功能、教师角色和学习责任三个因子上均呈现出一级职称教师的表现显著优于三级和二级职称教师的表现;在权力平衡因子上,三级职称教师的表现显著弱于一级职称教师的表现;在评价的过程和目的因子上,高级职称和一级职称教师的表现要显著优于三级和二级职称教师的表现。为了进一步清楚地观察不同职称教师实施的学习中心教学的变化趋势,本研究绘制了如下的发展趋势图。

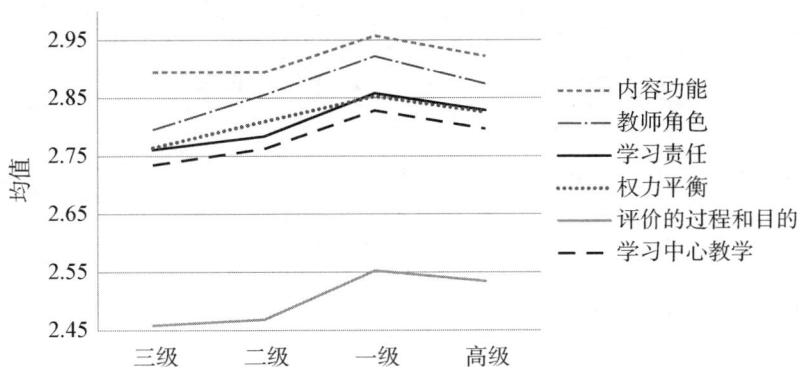

图 5-4　学习中心的教学及其各因子的职称上的分布趋势

由上图可以直观地看到学习中心教学及其内容功能、教师角色、学习责任、权力平衡以及评价的过程和目的五个因子的水平由三级职称到一级职称逐渐上升,而高级职称教师实施的学习中心的教学及其各因子上的水平均缓慢回落。由此可见,一级职称的教师是实施学习中心教学的高峰群体。

5. 学习中心教学的学历差异

文献研究发现,既往研究者认为学历是影响教师教学行为的重要指标,[①]而学习中心的教学中涉及教师的多种教学行为和方式,那么其是否会存在教师学历上的分布差异呢? 为了检验该假设,本研究拟以学习中心教学及其各因子为因变量,以教师的学历为自变量进行单因素方差分析,为揭示上述研究假设提供实证支持。方差分析的结果如下表所示:

---

① 张景焕,金盛华,陈秀珍.小学教师课堂教学设计能力发展特点及影响因素[J].心理发展与教育,
　2004,20(1):59—63.

表5-13 不同学历教师在学习中心教学及其各因子上的差异分析

因变量	学历	M①	SD	F 值
内容功能	大专	2.855	0.137	2.010
	本科	2.926	0.142	
	研究生	2.934	0.185	
教师角色	大专	2.763^{2*3*}	0.180	3.653^{*}
	本科	2.882	0.175	
	研究生	2.899	0.232	
学习责任	大专	2.724^{2*3*}	0.139	4.017^{*}
	本科	2.818	0.157	
	研究生	2.860	0.160	
权力平衡	大专	2.755^{2*3*}	0.144	2.872^{*}
	本科	2.825	0.131	
	研究生	2.845	0.147	
评价的过程和目的	大专	2.447	0.128	1.965
	本科	2.513	0.140	
	研究生	2.525	0.145	
学习中心教学	大专	2.709^{2*3*}	0.126	3.521^{*}
	本科	2.793	0.133	
	研究生	2.813	0.162	

由方差分析的结果可知,不同学历教师实施的学习中心教学水平存在显著差异($P<0.05$)。就学习中心教学的各因子的结果而言,不同学历的教师在教师角色($P<0.05$)、学习责任($P<0.05$)和权力平衡($P<0.05$)三个因子上的分布水平存在显著差异;不同学历的教师在内容功能和评价的过程和目的因子上的水平分布上不存在显著差异。进一步的事后检验发现,学习中心研究生学历教师的得分和本科学历教师的表现显著高于专科学历教师的表现。由此可见,本科和研究生

① 上表中的数字表示该栏学历与该上标数字表示的学历在多重比较中显著要低,＊则表示多重比较之后的显著性水平;1＝大专,2＝本科,3＝研究生。

学历教师的学习中心教学水平要显著好于专科学历的教师。

就教师角色、学习责任和权力平衡三个因子上的分布情况来看，其得分水平分布均表现为：研究生学历教师的得分和本科学历教师的得分显著高于专科学历教师的得分。为了进一步清楚地观察不同学历教师的学习中心教学的变化趋势，本研究绘制了如下的发展变化趋势图。

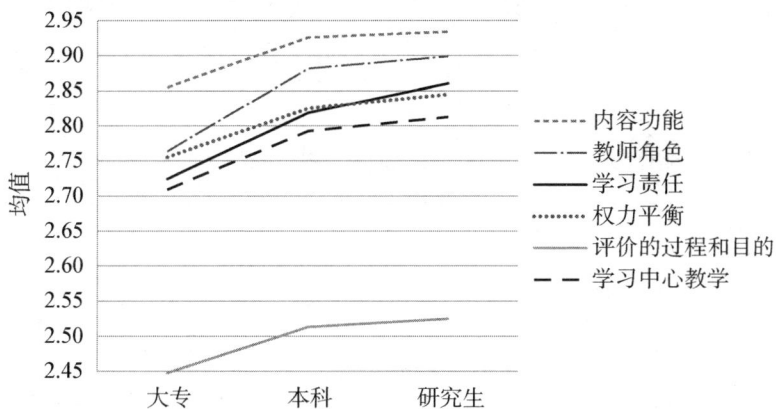

图 5-5　学习中心教学及其各因子在教师学历上的分布趋势

由上图可以清楚地看到学习中心教学及其内容功能、教师角色、学习责任、权力平衡以及评价的过程和目的五个因子上均呈现出：由大专到本科再到研究生学历上的得分均有所增加。这说明教师学历越高，学习中心的教学表现就越好。由此可见，招聘高学历研究生进入教学一线是有其合理性的。当然，从上图也可以发现，不管是学习中心的教学还是五个因子上面均表现为：从专科到本科学历教师的学习中心的教学水平是急速提升的；而从本科学历到研究生学历学习中心的教学水平虽然也有所提升，但是这个提升的速度是比较缓慢的。那么综合上述分析，这说明教师的学历确实能够提高学习中心教学的水平；但是随着学历的提升，这一变化逐渐趋于平缓。

6. 学习中心教学的班级规模差异

既往研究发现，班级规模是影响教师课堂教学的重要因素，[1]甚至有研究者指

---

① 王牧华，靳玉乐.论促进教师教学方式变革的课堂环境建设策略[J].课程·教材·教法，2011，31（5）：22—27.

出，班级规模不同，课堂教学形态也会存在差异，①学习中心的教学是多种课堂教学方式的集合，那么班级规模不同，学习中心的教学会不会存在差异呢？为了检验该研究假设，本研究以学习中心教学及其各因子为因变量，以班级规模类型（本研究根据前人研究②和本次调研的每个班级的人数分布情况将班级规模划分为三种类型：正常规模班级＝45人及以下，大规模班级＝45人以上60人及以下，超大规模班级＝60人以上）为自变量进行单因素方差分析。方差分析的结果如下表所示：

表5-14　学习中心教学及其各因子在班级规模上的差异分析

因变量	班级规模	M③	SD	F值
内容功能	超大规模	2.891	0.159	3.132
	大规模	2.910[1]*	0.137	
	正常规模	2.955	0.147	
教师角色	超人规模	2.875	0.212	1.333
	大规模	2.852	0.167	
	正常规模	2.900	0.187	
学习责任	超大规模	2.830	0.180	3.032
	大规模	2.786[1]*	0.151	
	正常规模	2.842	0.149	
权力平衡	超大规模	2.822	0.137	0.965
	大规模	2.808	0.137	
	正常规模	2.838	0.131	
评价的过程和目的	超大规模	2.518	0.158	3.033
	大规模	2.483[1]*	0.129	
	正常规模	2.535	0.138	

---

① 雷浩.初中语文课型特征分布的实证分析[J].全球教育展望,2015,44(1)：25—34.

② 雷浩.初中语文课型特征分布的实证分析[J].全球教育展望,2015,44(1)：25—34.

③ 上表中的数字表示该栏班级规模与该上标数字表示的班级规模在多重比较中显著要低，* 则表示多重比较之后的显著性水平；1 = 超大规模，2 = 大规模，3 = 正常规模。

因变量	班级规模	M	SD	F 值
学习中心教学	超大规模	2.787	0.155	2.222
	大规模	2.768	0.127	
	正常规模	2.814	0.135	

由上表的方差分析可以发现,不同班级规模在学习中心教学的水平上不存在显著差异($P>0.05$);就学习中心教学的各因子而言,不同班级规模的教师在教师角色($P>0.05$)、权力平衡($P>0.05$)两个因子上的表现不存在显著的差异,但是不同班级规模教师在内容功能($P<0.05$)、学习责任($P<0.05$)以及评价的过程和目的($P<0.05$)三个因子上的表现是存在显著不同的。

为了进一步了解内容功能、学习责任以及评价的过程和目的三个因子在不同班级规模上的分布情况,本研究对方差分析的结果做了事后检验。结果发现这三个因子在班级规模上的分布情况表现为:在内容功能因子上,超大规模班级的教师得分显著低于大规模班级教师的得分;而在学习责任和评价的过程和目的两个因子上均表现为大规模班级教师的得分显著低于正常规模班级教师的得分。为了进一步清楚地观察不同班级规模上学习中心教学的变化趋势,本研究绘制了如下的发展变化趋势图。

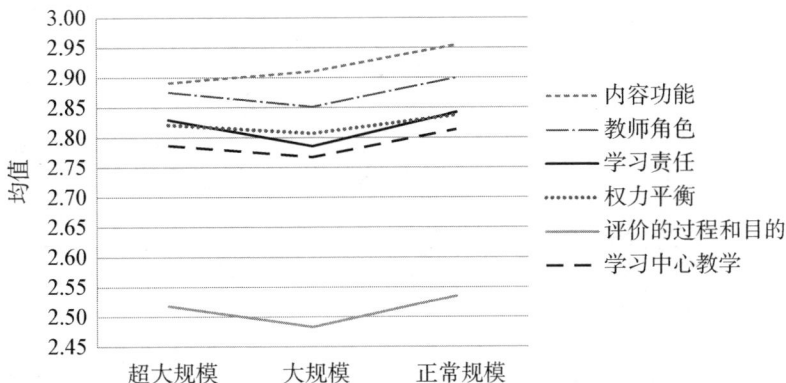

图 5-6　学习中心教学及其各因子在不同班级规模上的分布趋势

由上图可以清楚地看到学习中心的教学处于最低水平的是大规模班级,处于最高水平的是正常规模班级,超大规模班级的水平处于前两者之间。就学习中心教学五个因子的分布情况来看,在内容功能因子上正常规模班级的得分>大规模班级的得分>超大规模班级的得分;在教师角色、学习责任、权力平衡、评价的过程和目的四个因子上的得分均表现为:正常规模班级的得分>超大规模班级的得分>大规模班级的得分。这说明学习中心教学水平与班级规模之间的关系并不是一种简单的线性关系。至于具体什么样的班级规模是最适合开展学习中心的教学还有待后续研究进一步考察。

7. 学习中心教学在教师毕业院校上的分布差异

就目前我国的师范教育而言,师范院校对培养教师专业技能有着专门的要求,并且高校的师范教育有明确的指向性。因此,与非师范生相比较而言,师范生在课堂教学上应该更加具有优势,那么这种差异是否存在于学习中心的教学中呢?为了回答此问题,本研究以学习中心教学及其各因子为因变量,以学生毕业院校类型为自变量来开展独立样本 t 检验。分析的具体结果如下表所示:

表 5-15　学习中心教学及其各因子在教师毕业院校上的差异分析

因变量	毕业院校类型	M	SD	t 值
内容功能	师范	2.923	0.150	0.099
	非师范	2.919	0.115	
教师角色	师范	2.876	0.187	0.377
	非师范	2.859	0.169	
学习责任	师范	2.818	0.161	0.581
	非师范	2.795	0.138	
权力平衡	师范	2.825	0.135	1.156
	非师范	2.786	0.133	
评价的过程和目的	师范	2.511	0.143	0.343
	非师范	2.499	0.118	
学习中心教学	师范	2.790	0.139	0.554
	非师范	2.772	0.119	

通过 t 检验发现,师范院校毕业和非师范院校毕业的老师在学习中心教学水平上不存在显著差异。就学习中心教学的五个因子而言,师范院校毕业和非师范院校毕业的教师在这五个因子上的得分均不存在显著差异。虽然它们之间的差异不显著,但是师范院校毕业与非师范院校毕业的老师之间的真实得分情况是否存在一定的变化规律呢? 鉴于此为了便于进一步观察学习中心教学及其各因子在毕业院校来源上的分布情况,本研究制作了下图:

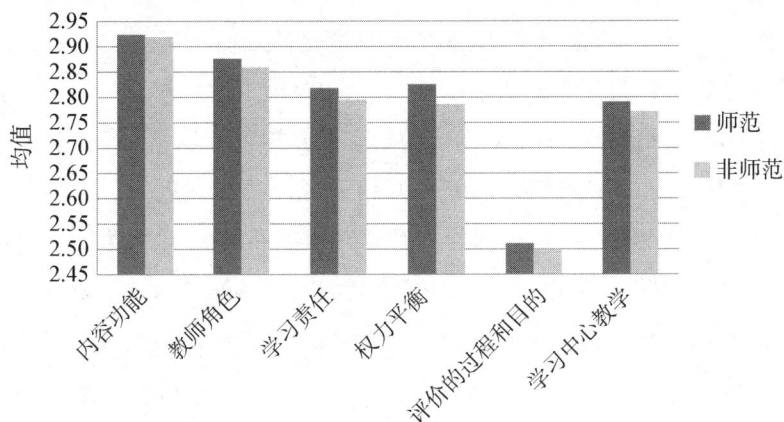

图 5-7　学习中心教学及其各因子在不同毕业院校上的分布情况

上图可以直观地看到在学习中心教学的得分情况上,师范院校毕业的老师确实要好于非师范院校毕业的教师;就学习中心教学各因子的分布情况而言,内容功能、教师角色、学习责任、权力平衡以及评价的过程和目的五个因子上均表现为师范院校毕业的教师要好于非师范院校毕业的教师。这说明师范院校毕业的教师在实施学习中心教学上要优于非师范院校毕业的教师。

(二)学习中心教学水平差异的原因

本研究以本土化的学习中心教学的理论模型为基础编制了学生评价的《学习中心教学的评估工具》。通过严格按照抽样程序对我国中部某省会城市进行了学习中心教学的现状调查研究,通过对调查数据进行分析,归纳出了学习中心教学的分布特征。

1. 我国学习中心教学处于中等偏上水平,其中内容功能表现最好,评价的过程和目的则需要进一步提升通过调查发现,初中语文学习中心教学的平均分为 2.749,该值高于临界值 2.5,这说明初中语文学习中心的教学水平处于中等偏上。这一状况与我国持续 15 年之久的基础教育新课程改革是分不开的。自从 2001 年国家教育部颁布《基础教育课程改革纲要(试行)》以来,我国的课堂教学就非常强调学习中心的教学,经过持续十多年的努力,新课程改革所倡导的指向学生和学生学习的理念已经深入人心,并且这些理念正逐渐改变着我国中小学课堂教学实践。正是基于这一背景,教师实施的课堂教学越来越重视学生和学生的学习过程。

在学习中心教学的各因子上,除了评价的过程和目的因子的得分比较低之外,其余四个因子的得分均在 2.8 以上,处于中等偏上的水平。学习中心教学五因子的得分,从高到低的排序是:内容功能＞教师角色＞学习责任＞权力平衡＞评价的过程和目的。内容功能因子的平均值最高,这可能是因为:其一,相较于国外相对广泛的课程内容,国内的课程内容相对固定和集中,这为教师们仔细研究和使用教学内容提供了契机;其二,内容功能的重要指向是为学生后续内容的学习服务,而我国的教师非常强调先前学习的内容为后面课程内容的学习做铺垫。当然,本研究也揭示了我国初中语文教师在评价的过程和目的上面的得分比较低,这可能是由于:一方面,我国的课堂教学因为有教学任务的要求,而结构化的课堂教学反馈所花费的时间稍多,因此教师们为了完成教学任务,一般在课堂教学中较少进行结构化的课堂教学反馈;另一方面,评价的过程和目的因子还强调学生自我评价和同伴评价,但是一般而言这种评价有利于促进学生对所学内容的理解,但是这种评价要求学生具备一定的基础,目前我国课堂中学生的基础参差不齐。因此,要开展这种评价也是有一定难度的。综合上述分析,我国学习中心教学中教师们的强项主要集中于发挥学习内容在课堂教学中的功能,而不足就是如何较好地将评价贯穿于教学过程中,进而促进学生的学习。前面的研究已经指出了学习中心教学五个因子之间存在一定的关联性,如果改进一个因子就可能会导致其他因子也会得到改变,这提示我们如果将评价的过程和目的因子作为改进教师课堂教学的关键点的时候,学习中心教学的其他因子也会得到相应的改善。

2. 初一年级教师的学习中心教学的水平要高于初二年级教师

通过调查,本研究发现不同年级教师所实施的学习中心教学水平存在显著差异($P＜0.05$)。这在一定程度给予既往研究以实证支持,比如,刘红云和孟庆茂的研究显示年级差异是影响教师课堂教学的重要因素,[①]高巍的研究也表明年级不同教师主要的课堂教学行为存在差异。[②] 本研究主要集中于初一和初二年级,本研究发现初一年级教师的学习中心教学水平要显著高于初二年级的教师。

学习中心教学之所以会出现显著的年级差异,这可能与各年级所处的特定阶段以及语文课堂性质有关。首先,初一作为小学向初中过渡的关键年级,这一阶段学生的关键任务是适应新学段的学习,培养学生适应新学段的学习方式,这时候的课堂教学更加关注学生和学生的学习过程;而到了初二,学生的主要任务开始有所不同,由于面临初三的中考压力,并且初三主要是复习课,因此初二年级课堂教学中学生面对新内容的学习节奏就比较快了,这要求教师能够更多地倾向于教学任务的完成,而对学生学习的关注自然而然就少了。其次,语文课堂教学非常强调情境性,初一年级由于教师的课堂教学任务相对较轻,其课堂教学情境也是处于一种轻松的环境中;而初二年级教师由于课堂教学任务重,教师实施学习中心教学的情境相对固定、缺少活力,并且初二学生对新环境的好奇心理也没有初一时那么强烈,而且初二学生一想到中考压力就会显得比较沉闷。诸多因素导致了在初二年级开展学习中心教学时的状况不如初一年级理想。当然,这一研究结果提醒我们,其实导致初二年级学习中心的教学表现不理想的主要原因还是中考单一的知识纸笔测验的压力。因此,今后改变中考单一的纸笔测试形式或者提供给初中学生更多的选择性是改进初二课堂教学中学习中心教学水平的重要策略。

3. 城镇教师学习中心教学水平要高于乡村教师

通过调查发现,学习中心的教学存在显著的学校所处位置的差异($P<0.05$),并且这种差异主要表现为:城镇教师学习中心教学水平显著高于农村教师。这在一定程度上支持了既往研究者的结论。我国学者王嘉毅和李颖以西部地区为例进行的调查研究发现我国西部地区义务教育阶段城乡教师的课堂教学质量存在较大差距,甚至有些农村学校的教学质量未达到课程标准的基本要求;[③]胡定荣和

① 刘红云,孟庆茂. 教师背景变量对教师教学效果影响的多层线性分析[J]. 心理发展与教育,2002,18(4):70—75.
② 高巍. Flanders课堂教学师生言语行为互动分析系统的实证研究[J]. 教育科学,2009,25(4):36—42.
③ 王嘉毅,李颖. 西部地区农村学校义务教育教学质量研究[J]. 教育研究,2008,29(2):21—32.

朱京曦的研究也指出我国城乡的教学质量是存在较大差距的,并且其认为缩小城乡教学质量差距是促进城乡教育均衡发展的重要策略。① 由此可见,城镇教师学习中心教学的水平要高于乡村教师是有一定研究基础的。

那么为什么会出现城镇教师的学习中心教学水平高于乡村教师呢? 本研究认为存在如下几种原因:其一,农村教师的教学任务杂而多。有调查显示在我国乡村中小学中教师任教多门学科的现象十分常见,城市教师周课时明显少于乡村教师。② 正是因为乡村教师的教学任务多而杂,这就导致了他们追求的是完成教学任务而较少关注学生的学习和发展。其二,与城市教师相比较,农村教师较少有机会出去开展专门的教育教学理念培训或者较少有机会接受先进的学习中心的教育教学理念,而教学理念对教师的教育教学行为的引领性是非常强的。其三,与城市和农村课堂学习中学生的特点有关。与乡村课堂学习中的学生相比较,城市学生的个性更加鲜明,他们更加容易表述其在课堂学习中的不同观点,这就导致了教师们在开展课堂教学的时候与学生之间的互动更加多一些,学生获得的学习机会也就多一些,自然而然,城市里面学习中心教学水平要高于农村。基于上述分析,提高乡村学习中心教学水平是非常必要的,而且其是关系国家教育均衡战略实施成功与否的重要检验指标。③

4. 学习中心的教学呈现出随着教龄增长而波动式发展的趋势,并且5—10年和21—25年教龄阶段分别是实施学习中心教学的高峰点和低谷

通过调查发现不同教龄的教师在学习中心教学及其各因子上均不存在显著差异($P>0.05$)。然而,进一步对学习中心教学及其各因子在教龄上分布趋势的分析发现:(1)学习中心的教学水平在前十年是逐渐上升的,并且在5—10年这一教龄阶段达到最高水平;(2)学习中心教学在5—10年教龄阶段之后逐渐下降,到21—25年教龄阶段出现低谷;(3)整体上学习中心教学呈现出波动式发展的趋势。

本研究发现5—10年教龄阶段是教师实施学习中心教学的最高水平阶段。

---

① 胡定荣,朱京曦.缩小教学质量差距与促进城乡教育均衡发展[J].教育研究与实验,2011,(5):38—41.

② 许丽英.教育资源配置均衡理论研究——缩小教育差距的政策转向[D].吉林:东北师范大学,2007.

③ 胡定荣,朱京曦.缩小教学质量差距与促进城乡教育均衡发展[J].教育研究与实验,2011,(5):38—41.

这在一定程度上支持了既往研究结果，比如伯利纳（Berliner，1994）的研究发现，十年教学实践的积累会使得教师的教学逐渐走向成熟；①另外，斯特菲（Steffy，2000）等人的研究发现教龄十年的教师非常容易走向职业发展的"高原期"②。本研究认为出现这种现象与教师的经验积累和所处的年龄阶段有关系。就教师教学经验的积累来看，如果让教师跟班上课，十年教龄可以让教师把整个初中三年教三遍，这样的教师对课堂教学中的各种重难点的处理是非常熟练的、对各种突发事件的解决也是很有经验的，尤其是这一教龄阶段的教师对各阶段学生的研究也是有一定的基础。因此，他们开展的教学更加具有学习中心的特征。另外，就具有十年教龄的教师的年龄来看，他们大多处于30岁左右，这时候正是个人发展最为迅速的时候，这时的教师既有一定的经验，又善于学习、理解以及实践一些先进的教育教学理念，因此，这时候的教师表现出较高水平的学习中心的教学也就不难理解了。

本研究还发现，21—25年教龄阶段是教师实施学习中心教学的低谷。这是开展学习中心教学中需要关注的一个阶段。出现这种现象的原因可能有两个：其一，与教师所处教龄阶段的特殊性有关，一般教师课堂教学经验积累在前面都已经积累得差不多了，超20年教龄的教师，属于经验重复型，这样的教师虽然积累了多年的教育教学经验，但往往只是在经验中重复，缺少反思与探索个性化教学方法的意识；③并且这时候后面还有年轻教师逐渐成长起来，与年轻教师的快速成长相比较这一教龄阶段的教师明显失去了快速发展的可能性，正是因为这种自身专业发展上的停滞不前以及外部青年教师快速发展造成的压力，导致教师们没有心思来开展学习中心的教学。其二，与这一教龄阶段教师同龄的成功人士相比较，教师的成就可能显得并不那么耀眼。处于这一教龄阶段的教师大多处于40—50岁左右，而这时候正好是社会上其他各行业人士取得成就的重要时期，正是所谓的"从政的有权、经商的有钱"的阶段；与这些人相比较，教师们面临着下有小孩

① Berliner，D. C. Expertise：The Wonders of Exemplary Performance ［A］. In：John，N. Mangieri，Cathy Collins Block（Eds.）. Creating powerful thinking in teachers and students ［C］. Ft. Worth，TX. Holt，Rinehart and Winston，1994，141－186.
② Steffy，B. E.，et al. Life cycle of the career teacher ［M］. Thousand Oaks，CA：Corwin Press，2000.
③ Steffy，B. E.，et al. Life cycle of the career teacher ［M］. Thousand Oaks，CA：Corwin Press，2000.

需要培养,上有白发苍苍的父母需要照顾的情况,这时候教师的社会压力最大,也容易导致教师无法集中精力来开展学习中心的教学。

当然本研究还发现随着教龄的增长,学习中心的教学出现了波动式的发展趋势。这提示我们在实施学习中心教学的时候应该关注高峰和低谷时期,以便让高峰时间持续更长,并且缩短甚至是消除发展低谷,进而促进学习中心教学水平的不断提升。

5. 职称是影响教师实施学习中心教学的重要因素,一级职称教师学习中心教学的水平最高

本研究通过调查发现,不同职称的教师在学习中心教学及其各因子上的得分均存在显著差异($P < 0.05$ 或者 $P < 0.01$)。这说明职称是影响教师实施学习中心教学的重要因素。这与之前的研究比较一致。[1]

之所以职称是影响学习中心教学的重要因素,这是因为:一方面,对不同的职称而言,其对教师教学水平的要求是不同的,即职称越高对教师教学水平的要求也就越高(当然,由于评上高级职称之后只有很少的教师能够评上特级教师,因此,处于高级职称的教师出现教学懈怠的情况是常有发生的)。另一方面,不同职称阶段教师对课堂教学的理解也存在差异,一般来说职称越高的教师其对课堂教学的理解也越透彻,即课堂教学的本质应该是指向学生的学习而不是教师的教学,而只有理解好了课堂教学的本质才能够更好地实施课堂教学。因此,职称对教师的课堂教学的影响是可以理解的。

然而,通过对学习中心教学及其各因子在职称上的发展趋势来看,从三级职称到一级职称学习中心教学及其各因子的表现均是处于上升趋势的,并且在一级职称的时候,学习中心的教学达到最高水平,而高级职称教师的学习中心教学及各因子的水平又开始缓慢回落。由此可见,一级职称是教师实施学习中心教学的最高水平阶段。这可能是三级职称、二级职称和一级职称的教师都有评职称的期望,因此他们实施学习中心的教学能够显著改善教学效果,而高级职称已经是职称上的最高水平了,当然这其中有少部分教师能够评特级教师。但是对多数教师而言,评特级职称的愿望并没有那么强烈,甚至有些教师认为他们的专业发展已

---

① 方旭,杨改学. 高校教师慕课教学行为意向影响因素研究[J]. 开放教育研究,2016,22(2):67—76.

经到顶,因此其对教学就开始懈怠了。这提示我们今后的教师专业发展中应该重点培养高级教师的终身发展和学习的意识,以便让他们的学习中心教学水平在一级教师的基础上更上一个台阶。

6. 学历越高的教师学习中心的教学水平越高

通过对调查数据的分析发现,不同学历的教师所实施的学习中心的教学水平存在显著差异($P<0.05$)。在学习中心教学的各因子上,除了内容功能($P>0.05$)和评价的过程和目的($P>0.05$)两个因子上不存在显著的学历上的差异之外,教师角色($P<0.05$)、学习责任($P<0.05$)和权力平衡($P<0.05$)上面均表现出显著的学历差异。进一步的事后检验发现,学习中心教学及其三个因子上的得分情况均表现为:研究生学历教师的得分和本科学历教师的得分显著高于专科学历教师的得分。之所以会出现这种情况可能是因为专科学历的教师大多年龄比较大,他们在大学学习的时候接受的课堂教学理念相对传统;而本科和研究生学历的教师年龄相对较小一些,他们在大学学习的教育理念相对先进一些,因而更加容易实施学习中心的教学。

而通过进一步的分布趋势可以发现,学历越高教师的学习中心教学水平就越高。这提示我们,国家提倡高学历教师进入教学一线开展课堂教学的政策是有必要的。当然,本研究还对各职称阶段教师的学历情况进行了一个分析,结果发现:专科学历的教师中一级和高级职称教师的比重是 50%,一级职称教师的比重为22.2%;本科学历教师中一级和高级职称教师的比重为 53.6%,其中尤其是一级职称教师的比重达到了 34.1%;研究生学历中一级职称和高级职称教师的比重为54.6%,其中一级教师职称的比例为 27.3%。通过对上述内容的分析,可以判断教师学历越高教师在评职称上面更加有优势,进而导致他们表现出更高的学习中心教学的水平。当然,上述分析只是学历越高学习中心教学水平越高的一种解释。另外,本研究认为出现上述现象的原因也可能是学历越高的教师对于实施学习中心教学的理念越容易接受,而理念又是转化成实施行为的重要前提。[1] 本研究还发现学历高的教师对学习中心教学的理解更加深刻。因此,他们实施的学习

---

① 郭成,徐燕刚,张大均. 新课程改革中教学观念向教学行为转化的条件与策略[J]. 中国教育学刊,2004,(2):30—33.

中心的教学水平也就越高了。综合上述分析,本研究认为学历越高学习中心教学的水平越高是可以理解的。

7. 学习中心的教学与班级规模之间的关系不是一种简单的线性关系

通过对调查数据的分析,本研究发现,学习中心教学在不同班级规模上的表现不存在显著差异($P>0.05$)。在学习中心教学的各因子上,除了在教师角色($P>0.05$)和权力平衡($P>0.05$)两个因子上不存在显著的班级规模上的差异之外,在内容功能($P<0.05$)、学习责任($P<0.05$)和评价的过程和目的($P<0.05$)上面均表现出显著的班级规模差异。这说明班级规模影响着教师课堂教学中发挥内容功能、引导学生对学习负责任以及开展课堂教学评价。而进一步的事后检验发现,正常规模的班级在内容功能上的表现要显著优于超大规模班级的表现;而在学习责任和评价的过程和目的两个因子上均表现为正常规模班级的表现优于大规模班级。之前也有研究发现,班级规模是影响课堂教学的重要因素。[①] 但是关于什么样的班级规模是最有利于教师开展课堂教学或者是最有利于教师取得好的教学效果,目前暂无相关的答案。本研究发现班级规模能够影响学习中心教学中的三个要素,因此,这提示我们实施学习中心教学的时候需要适当地关注班级规模。

另外,从学习中心教学及其各因子在不同班级规模上的分布趋势来看,处于最低水平的是大规模班级,最高水平的是正常规模班级,超大规模班级处于上述两者之间。由此可见,班级规模与学习中心教学并不是一种线性关系。既往研究指出,随着班级规模的扩大,教师花在课堂教学秩序和课堂管理上的时间会增加,那么教师给予学生自主学习的机会就会减少;另外,随着班级规模的扩大,教师需要采用各种教学策略来适应不同学生的学习,而此时教师给予学生自主学习的机会也会减少。[②] 而自主学习本来就是学习中心教学的学习责任因子的重要指标之一,由此可见,班级规模能够在一定程度上影响教师实施学习中心的教学。然而,到底什么样的班级规模才能够最有效地改进教学质量呢?目前对这一问题的争

---

① 卢海弘. 班级规模变小,学生成绩更好? 美国对缩小班级规模与学生成绩之关系的理论与实验研究述评[J]. 比较教育研究,2001,22(10):33—37.

② Pedder, D. Are small classes better? Understanding relationships between class size, classroom processes and pupils' learning [J]. Oxford Review of Education, 2006,32(02),213 - 234.

论还比较大,比如班级规模研究经典的道格拉斯-斯密斯曲线就曾指出 15 个人的班级是最有利于提高教学质量的,[①]但是,后来卡昂(Cahen,1983)对 25 个班级规模与教学质量的研究进行了元分析发现班级规模对教学质量的影响值只有 0.14;[②]斯拉文(Slavin)的研究也表明小规模的班级对教学质量的影响值只有 0.13。[③] 这说明关于班级规模与课堂教学之间的关系还是未取得一致结论。而本研究提出了一个重要的结论就是:班级规模与学习中心教学之间不是一种简单的线性关系。当然,关于什么样的班级规模是最有利于实施学习中心教学的问题还需要后续研究进行深入探究。

8. 师范院校毕业教师在学习中心教学及其各因子上的表现均略优于非师范院校毕业教师

通过对调查数据的分析发现师范院校毕业的教师与非师范院校毕业的教师在学习中心教学及其各因子上均不存在显著差异(P>0.05)。这与现有研究结果比较一致,比如李秀英和戴晔通过对师范院校毕业教师和非师范院校毕业教师的课堂教学质量进行分析表明,师范院校毕业的教师和非师范院校毕业的教师的课堂教学质量并不存在显著差异。[④]

为了进一步描述师范院校毕业教师和非师范院校毕业教师在学习中心教学方面的直观表现,本研究绘制了师范院校毕业教师与非师范院校毕业教师的学习中心教学及其各因子的发展趋势图。结果显示,师范院校毕业的教师在学习中心教学及各因子上的得分均是略高于非师范院校毕业的教师。之所以会出现上述现象,其可能与师范院校与非师范院校在专业人才培养上对知识与教学技能培养的侧重点不同有关。首先,就专业人才培养的知识内容而言,一般院校可能更加侧重于基础性知识的传授;而对于师范院校毕业的教师而言他们除了掌握基础性知识之外,还应该掌握课堂教学的一般性的教学艺术和策略。其次,就专业技能

① [日本]日本教育行政学会编. 各国中小学班级编制的比较研究[J]. 林松庆,译. 外国教育参考资料,1989,(3):47—53.

② Cahen, L. S. Class Size and Instruction: A Field Study [M]. Research on Teaching Monograph Series, 1983.

③ Slavin, R. Class size and student achievement: Is smaller better? [J]. Contemporary education,1990,62(1),6.

④ 李秀英,戴晔. 师范与非师范教师教学效果比较分析[J]. 统计教育,2007,(10):33.

而言,一般院校的学生主要侧重于一般应用型人才所需的技能,而师范院校的学生还需要开展教育实习,通过教育实习来提高他们对专业知识和技能的运用能力。因此,师范院校毕业的教师在课堂教学上面的表现略优于非师范院校毕业的老师。这提示我们,国家开展专门的师范生培养制度是非常有必要,而且是有效改进教师课堂教学质量的重要策略。

第六章

综合视域下学习中心教学的形成机制和功能机制检视

第五章主要分析了开发的《学习中心教学评估工具》的信效度,并且对我国教师的学习中心教学的发展特征进行了探究。上述研究中开发的《学习中心教学评估工具》为开展本章研究提供了工具基础,对教师实施的学习中心教学的特征分析为我们了解教师实施的学习中心教学的大体状况有了一个基本的认识,这对我们开展后续研究是有帮助的。然而,要对学习中心教学展开深入研究,如果仅仅局限于了解教师实施的学习中心教学的水平是远远不够的;"教师信念——教师实践——学习结果"模型提示我们,教师的学习中心的教学实践会受到教师信念和学校管理因素的影响;为深入研究这一问题,本章将进一步聚焦于从教师信念和学校管理方面的因素来探究影响教师实施学习中心教学的因素,以便为改善教师实施的学习中心教学的水平提供源头上的支持。

一、综合视域下学习中心教学两种机制的检验程序

(一) 研究假设

1. 学习中心教学的形成机制假设

本章的分析框架是按照之前的分析框架进行描述,即主要从教师信念和学校管理因素两个方面来分析学习中心教学的影响因素。其中教师信念方面的因素包括教师的教学效能感、反思意识、对学生的信任、自主支持、学习中心信念和学科价值观,学校管理因素则主要涉及学校的政策支持、实践支持和文化支持。

本研究中学习中心教学的调查对象是学生,因此,首先将每个班学生回答的教师实施的学习中心教学水平取平均数,将其转化成班级水平的数据,以此作为

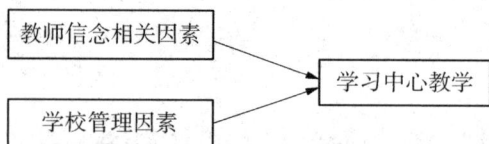

图 6-1　教师信念和学校管理因素对学习中心教学的影响效应分析

学习中心教学的数据。由于本研究是在控制班级层面的学生整体特征和教师个人特征的基础上探究教师信念因素对学习中心教学的影响；在控制班级层面的因素、校长个人因素和学校整体情况因素的条件下考察学校管理因素对学习中心教学的影响。因此，本研究中的数据既涉及了班级层面的因素，也涉及了学校层面的因素，即这个数据涉及了两个层面的因素，为了减少误差，本研究需要采用多层线性模型（Hierarchical Liner Modeling，简称 HLM）的方法进行分析。之所以选择这一种数据处理的方法，主要是因为，多层线性模型解决了传统估计方式中不能够将多个层面的嵌套数据整合到一个模型中进行分析的缺陷。[1] 一般而言，多层线性模型可以做两层及以上数据的分析。本研究主要研究的是影响教师实施学习中心教学的因素，因此，本研究主要从两个层面来收集数据：第一层是班级层面的数据，第二层是学校层面的数据。对于多层线性模型而言，第一层数据跟一般线性回归类似，即主要考虑自变量对因变量的解释率；而第二层数据比第一层数据更上位（比如当学生因素是第一层数据的时候，教师因素就可以是第二层数据了），即第二层变量对第一层的特征有一个截距效应和斜率效应值（回归系数）。截距效应会对因变量有影响，但是不会改变其对其他自变量的影响；斜率是指不同的第一层自变量在不同的第二层自变量上会对因变量产生不同的影响。

　　根据上述原理，本研究中的多层线性模型的分析过程主要包括两个步骤：第一步，对班级层面的因素进行回归分析；第二步，在第一步的基础上，将学校层面的数据放入方程一起进行回归分析。本研究中，学习中心教学（Y）既与班级层面

① 杨娟，赖德胜，泰瑞·史努莉.什么因素阻碍了农村学生接受高中教育[J].北京大学教育评论,2014,12(1)：138—191.

的因素(X)有关系,也与学校层面的因素有关系(Q)。由于班级层面的变量和学校层面的变量不在同一个层面上,所以不能将二者放入一个简单的回归方程中来解释学习中心教学的水平。多层线性模型分析中则是将学校层面的自变量对因变量的效应作为截距或者斜率放入班级层面的因素对因变量的回归方程中。对于每一个学校,估计班级层面的因素 β_{0j} 和 β_{1j} 的等式相同,比如:

$$Y_{ij} = \beta_{0j} + \beta_{1j} + r_{ij} \tag{1}$$

这里的 j 代表学校层面的变量,i 代表班级层面的变量。β_{0j} 是截距,β_{1j} 表示的是班级层面因素对因变量的回归系数。然后,β_{0j} 和 β_{1j} 被看作因变量,将学校层面的因素作为自变量展开回归分析。

$$\beta_{0j} = \gamma_{00} + \gamma_{01} M_j + \mu_{0j} \tag{2}$$

$$\beta_{1j} = \gamma_{10} + \gamma_{11} M_j + \mu_{1j} \tag{3}$$

按照这样的方式,班级层面的因素和学校层面的因素是否能够对学习中心教学产生影响可以放在一个多层线性模型中来进行分析。多层线性模型的计算方法主要是通过最大似然值的估计、限制性最大似然值估计或者期望最大值来进行估计。[①] 本研究应用多层线性模型分析中最为常用的伯努利模型(Bernoulli model)来分析学习中心教学的影响因素。该模型既分析影响学习中心教学在第一层面的差异,也会分析学校间在第二层面的差异。

根据本研究的特点,我们建立了包含班级和学校两个层面的模型。第一层的模型如下:

$$Ln Y_{ij} = \beta_{0j} + \sum_{q=1}^{q} \beta_{pj} \alpha_{pij} + r_{ij} \tag{4}$$

$Ln Y_{ij}$ 表示的是第 j 所学校第 i 个学习中心教学的水平,β_{0j} 表示的是常数项,α_{pij} 表示的是班级层面的自变量矩阵,P 表示的是自变量对应的回归系数,r_{ij} 表示的是随机干扰项。

[①] Raudenbush, S. W. , & Bryk, A. S. Hierarchical Linear Models: Applications and Data Analysis Methods [M]. Thousand Oaks, CA: Sage, 2002.

第二层模型中,每一个班级层面的回归系数 β_{Pj} 由学校层面的自变量预测,因此可将 β_{Pj} 表示为学校层面的自变量函数。第二层模型如下:

$$\beta_{Pj} = \gamma_{P0} + \sum_{q=1}^{q} \gamma_{pq} M_{qj} + \mu_{1j} \tag{5}$$

其中,β_{Pj} 表示班级层面的自变量回归系数,γ_{P0} 表示截距项,M_{qj} 表示学校层面的自变量,γ_{pq} 表示学校层面的自变量对因变量的回归系数,μ_{1j} 表示随机误差项。

2. 学习中心教学的功能机制假设

本章的主要内容是分析学习中心教学对学习结果的作用机制。"教师信念——教师实践——学习结果"模型提示,学习中心教学能够直接影响学生的非学业成就,并且学习中心教学通过非学业成就的中介作用间接影响学生的学业成绩。也就是说学习中心教学与学生学习结果之间的关系是:学习中心教学→学生非学业成就→学生的学业成绩。基于上述分析,本研究建立了学习中心教学功能效应的预设模型,具体如图6-2所示。

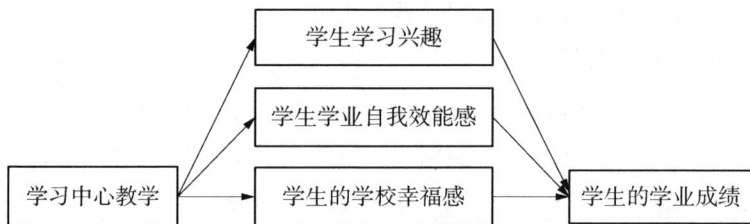

图 6-2　学习中心教学功能效应的预设模型

(二) 检验的工具与程序

1. 数据来源

第二批数据(同第五章)。

第三批数据。这一批数据主要用于结构方程模型检验。本研究采用分层抽样的方法选取 351 名被试,删除不完整问卷 10 份,最后保存 341 份有效问卷,问卷有效率为 97.15%。其中男生 169 名(所占比重为 49.56%),女生 172 名(所占比重为 50.44%)。

2. 问卷调查的工具

（1）学习中心教学的调查工具

学习中心教学的调查工具的编制程序为：在布伦伯格的理论模型的基础上进行质性分析，并对该框架进行检验和修正形成了具有本土化的学习中心教学的理论模型。然后，在此基础上编制了学习中心教学的调查问卷。通过对上述问卷进行分析发现，学习中心教学评价量规主要涉及五个维度：教师角色、权力平衡、内容功能、学习责任以及评价的过程和目的。这五个维度各自可以进一步分解为若干题项。然后通过第五章第二节的分析发现该问卷信效度良好，这说明该问卷适用于评估中国的学习中心教学。

（2）学生问卷

① 学生背景信息

学生的个人信息主要包括学生的性别、年级、是否住宿、是否是独生子女以及家庭社会经济地位（SES）。对于性别、年级、是否住宿、是否是独生子女的变量的考察主要是将其转化成"0"和"1"的方式。对于家庭社会经济地位变量的选择主要采取如下的方式进行：

社会经济地位的测量有多种方法，其中比较典型的要数布兰德利（Bradley，2002）建立的以家庭经济收入、受教育程度和职业作为测量社会经济地位的指标。[①] 本研究中学生家长的职业根据既往研究的标准划分为五个等级。[②] 学生家长的受教育程度主要划分为四个等级：高中、大专、本科、硕士及以上。对于家庭收入的测量，为了克服学生在经济水平自我评价时候出现从众效应，这里主要选用家里的电脑、冰箱、书房等九项家里日常设施为测试项目，这些项目都是等级数据，计算学生家长在这个选项上的得分情况，然后与权重相乘，最后得出家庭社会经济地位指数。

然后采用探索性因素分析对上述 3 个指标进行分析，以便检验它们是否适合整合成一个综合指标。通过探索性因素分析发现，Bartlett 球形检验值为

----

① Bradley, R. H. , & Corwyn, R. F. Socioeconomic status and child development [J]. Annual review of psychology，2002，53(1)，371 - 399.

② 师保国，申继亮. 家庭社会经济地位，智力和内部动机与创造性的关系[J]. 心理发展与教育，2007，23(1)：30—34.

1 120.34，$P<0.01$，样本适应性指标 KMO 为 0.862＞0.5，这表明上述三个指标可以合并进行因子分析。采用最大正交旋转提取主成分的方法对三个指标进行探索性因素分析，结果显示特征根大于 1 的因子有且仅有一个，总方差解释率为 61.23％，这说明这二个指标可以整合成一个因了。探索性因素分析还显示，三个指标的因子负荷分别为：家庭经济为 0.62，受教育程度为 0.71，职业为 0.69。接下来对上述三个指标的分数进行标准化，然后用标准分乘以各指标的因子负荷，再接着将乘以因子负荷之后的三个分数相加，得出社会经济地位的总分，计算社会经济地位的公式如下。

$$Z 总社会经济地位 ＝0.62×Z 家庭经济＋0.71×Z 受教育程度$$
$$＋0.69×Z 职业$$

② 学习兴趣调查工具

本研究中的学习兴趣问卷为自编的问卷，该问卷主要是测量学生对学习任务的感兴趣程度。通过对该问卷的信效度检验发现，整个问卷的 Cronbach's α 系数为 0.83，验证性因素分析结果如下：χ^2/df 为 1.882，GFI 为 0.913，CFI 为 0.909，TLI 为 0.923，IFI 为 0.909，RMSEA 为 0.048。这说明该问卷具有良好的信效度。

③ 学校幸福感的调查工具

本研究中采用的学生学校幸福感问卷调查的是学生在学校的满意度，该问卷是在借鉴欧普蒂尼科和万达汶（Opdenakker & VanDamme，2000）[1]编制的学校幸福感问卷的基础上编制的。该问卷主要测量学生在学校的愉快体验、学生对所学内容的态度以及学生的学校归属感。问卷采用李克特四点计分，从"非常不同意"到"非常同意"。整个问卷的 Cronbach's α 系数为 0.86，验证性因素分析结果如下：χ^2/df 为 1.162，GFI 为 0.901，CFI 为 0.910，TLI 为 0.916，IFI 为 0.900，RMSEA 为 0.059。这说明该问卷具有良好的信效度。

④ 学业自我效能感调查工具

本研究采用由梁宇颂编制的学业自我效能感问卷。该量表共 22 个项目，分

---

① Opdenakker, M. C., & VanDamme, J. Effects of schools, teaching staff and classes on achievement and well-being in secondary education: Similarities and differences between school outcomes [J]. School Effectiveness and School Improvement, 2000, 11(2), 165 - 196.

为学习能力效能感和学习行为效能感两个维度,这两个维度各包括 11 个项目,其中学习能力效能感是指个体对自己是否具有顺利完成学业、取得良好成绩和避免学业失败的学习能力的判断和自信,包括"我相信我自己有能力在学习上取得好成绩"等项目;学习行为效能感是指个体对自己能否采取一定的学习方法达到学习目标的判断与自信,包括"当我思考某一问题的时候,我能够将前后所学的知识联系起来"等内容。[①] 量表采用四点计分,从"非常不同意"到"非常同意"。本研究中整个问卷的 Cronbach's α 系数为 0.782。学习能力效能感和学习行为效能感两个分量表的 Cronbach's α 系数分别为 0.801 和 0.761。本研究中,问卷的验证性因素分析结果如下:χ^2/df 为 2.012,GFI 为 0.909,CFI 为 0.910,TLI 为 0.918,IFI 为 0.912,RMSEA 为 0.041。

⑤ 学生的学业成绩指标

学生学业成绩指标主要用学生期末考试中的语文成绩,为了使成绩在学校内可比较,我们对学生成绩进行年级内标准化,即我们所使用的学生学业成绩指标为年级内标准化之后的成绩。

(3) 教师问卷

① 教师的个人信息因素

对于教师的个人信息,这里主要涉及教师的性别、教龄、毕业院校类型、职称、学历等因素。在第四章对这些内容在学习中心教学上的分布情况进行了初步的分析。

② 教师的教学效能感

教师的教学效能感包括 5 个项目,该问卷采用 Likert 四点计分,从"非常不同意"到"非常同意"。通过对这五个项目展开探索性因子分析,结果显示提取一个因子 Bartlett 球形检验值为 418.752,KMO 值为 0.783＞0.500,方差解释率为 61.075％,各项目的因子负荷水平在 0.711～0.845 之间。这说明这 5 个项目可以被用来检测教师的教学效能感水平。

③ 教师对学生的信任

教师对学生的信任考察的是教师自己认为学生有没有能力进行自主学习以

---

① 梁宇颂. 大学生成就目标,归因方式与学业自我效能感的研究[D]. 武汉:华中师范大学,2000.

及学生会不会进行自主学习的一种稳定的信念。这一内容主要通过 5 个项目进行测试,问卷采用 Likert 四点计分,从"非常不同意"到"非常同意"。通过对这 5 个项目进行探索性因子分析,结果显示提取一个因子 Bartlett 球形检验值为 526.787,KMO 值为 0.759>0.50,方差解释率为 75.877%,各项目的因子负荷水平在 0.848～0.890 之间。这说明 5 个项目可以被用来检测教师的主动参与教研活动的水平。

④ 教师的反思意识

教师的反思意识是指教师对反思所持有的内部观念,这种观念指引着教师反思的实际活动。[①] 教师的反思意识主要包括 4 个项目,问卷采用 Likert 四点计分,从"非常不同意"到"非常同意"。通过对上述 4 个项目的探索性因子分析发现,Bartlett 球形检验值为 7659.148,$P<0.001$,这说明这 4 个项目是可以进行因子分析的。同样从样本适性度上来看,KMO 值为 0.787>0.50,这说明样本是适合进行因子分析的。并且本研究发现提取一个因子之后,方差解释率为 63.082%,4 个项目的因子负荷分别为:0.826、0.764、0.744 和 0.838。发现同质性 Cronbach'α 系数为 0.804,全问卷的分半信度为 0.686。最后进行效度分析,4 个项目与总分之间的相关分别为:0.822、0.760、0.759 和 0.832,项目之间的相关在 0.345～0.456 之间。这说明教师反思意识问卷可以通过上述 4 个项目来进行评估。

⑤ 教师的自主支持

教师的自主支持是指教师对感受到的重要他人对自己自由选择和自主决定的支持,并能够从重要他人处获得有价值的信息,获得情感体验的认同并且感受到较小的压力。这一内容主要是通过 4 个项目来进行测试。这四个题项均采用 Likert 四点计分。通过对这 4 个项目进行探索性因子分析,结果发现,Bartlett 球形检验值为 5641.001,$P<0.001$,KMO 值为 0.759>0.50,并且本研究发现提取一个因子之后,方差解释率为 57.830%,并且 4 个项目的因子负荷水平分别为:0.777、0.806、0.690 和 0.764。然后对其进行信度检验,发现同质性 Cronbach'α 系数为 0.754,全问卷的分半信度为 0.679。最后进行效度分析,4 个项目与总分

---

① 彭华茂,王凯荣,申继亮.小学骨干教师反思意识的调查与分析[J].西北师范大学学报(社会科学版),2002,39(5):27—30.

之间的相关系数分别为：0.779、0.785、0.729 和 0.744；4 个项目之间的相关系数则在 0.378～0.519 之间。这说明教师的自主支持可以通过上述 4 个项目来进行检测。

⑥ 教师的学科价值观

关于教师的语文学科价值观主要包括 5 个项目，问卷采用 Likert 四点计分，从"非常不同意"到"非常同意"。通过对这 5 个项目展开探索性因子分析，结果显示提取一个因子 Bartlett 球形检验值为 673.098，KMO 值为 0.882>0.50，方差解释率为 66.685%，各项目的因子负荷水平在 0.790～0.820 之间。这说明项目可以被用来检测教师的语文学科价值观的水平。

⑦ 教师的学习中心教学信念

关于教师的学习中心教学信念主要包括 5 个项目，问卷采用 Likert 四点计分，从"非常不同意"到"非常同意"。通过对这 5 个项目展开探索性因子分析，结果显示提取一个因子 Bartlett 球形检验值为 691.265，KMO 值为 0.806>0.50，方差解释率为 52.652%，各项目的因子负荷水平在 0.698～0.820 之间。这说明 5 个项目可以被用来检测教师的学习中心教学信念的水平。

（4）学校问卷

学校问卷由学校的教务主任或者分管教学的副校长填写。

① 学校整体背景信息

学校基本信息涉及学校的性质（公办或者民办）、学校规模、学校所在地区的社会经济特征、学校办学条件的情况。

② 学校的政策支持

学校政策支持主要是指学校制定了哪些支持学习中心教学的政策。该项内容通过 5 个项目来进行测量，问卷采用 Likert 四点计分，从"非常不同意"到"非常同意"。通过对这 5 个项目的探索性因子分析发现，Bartlett 球形检验值为 881.112，$P<0.001$，这说明这 5 个项目是可以进行因子分析的。同样从样本适性度上来看，KMO 值为 0.597>0.50，这说明样本是适合进行因子分析的。并且本研究发现提取一个因子之后，方差解释率为 37.297%，5 个项目的因子负荷分别为：0.401、0.425、0.512、0.613 和 0.750。效度检验发现，题项与总分之间相关分别为：0.589、0.612、0.678、0.698 和 0.764，题项之间的相关系数则在 0.231～

0.432 之间。这说明这 5 个项目可以用来检测学校的政策支持。

③ 学校的实践支持

学校的实践支持是指学校所采取的支持实施学习中心教学的实践策略。该内容通过 5 个项目来进行测试，问卷采用 Likert 四点计分，从"非常不同意"到"非常同意"。通过对这 5 个项目进行探索性因子分析发现，Bratlett 球形检验值为 891.132，$P < 0.001$，这说明这 5 个项目是可以进行因子分析的。同样从样本适性度上来看，KMO 值为 0.697 > 0.50，这说明样本是适合进行因子分析的。并且本研究发现提取一个因子之后，方差解释率为 51.226%，5 个项目的因子负荷分别为：0.469、0.539、0.578、0.629 和 0.691。效度检验发现，项目与总分之间相关系数分别为：0.532、0.626、0.633、0.706 和 0.789，项目之间的相关系数则在 0.251~0.463 之间。这说明这 5 个题项可以用来测量学校的实践支持。

④ 学校的文化支持

学校的文化支持是指学校创设了什么样的文化氛围来支持学习中心的教学。这可以通过 5 个项目来进行测试，问卷采用 Likert 四点计分，从"非常不同意"到"非常同意"。通过对这 5 个项目的探索性因子分析发现，Bartlett 球形检验值为 631.264，$P < 0.001$，这说明这 5 个项目是可以进行因子分析的。从样本适性度上来看，KMO 值为 0.798 > 0.50，这说明样本是适合进行因子分析的。并且本研究发现提取一个因子之后，方差解释率为 51.248%，5 个项目的因子负荷分别为：0.531、0.615、0.689、0.698 和 0.771。效度检验发现，项目与总分之间相关系数分别为：0.523、0.621、0.649、0.721 和 0.752，项目之间的相关系数则在 0.252~0.419 之间。这说明这 5 个题项可以用来检测学校的文化支持。

（5）校长问卷

校长问卷主要是调查校长的性别、年龄和学历等背景信息。

3. 检验的程序

对于数据的收集和整理主要是运用 Excel 和 SPSS 软件来实现的。

对数据的分析则是根据不同的研究问题使用不同的分析方法和研究工具来实现的。首先，对于教师信念因素、学习中心教学、学习兴趣、学业自我效能感、学校幸福感等工具质量的分析主要是通过运用 SPSS 软件来进行探索性因素分析、信效度检验，运用 Amos 软件进行验证性因子分析的。其次，对于学习中心教学的特征分析主要是采用 SPSS 软件进行 t 检验和方差分析,以及使用 Excel 进行相关趋势图的绘制。接着,对学习中心教学的影响因素分析是运用 HLM7.0 (Hierarchical Liner Modeling 7.0)软件进行多层线性模型分析来实现的。最后,关于学习中心教学的功能的分析主要采用 SPSS 软件实现相关分析和回归分析,并使用 Amos4.0 软件进行结构方程模型分析。

二、学习中心教学的形成机制研究

(一) 教师信念因素对学习中心教学的影响效应分析

1. 学习中心教学水平的差异来源分析

为了了解学习中心教学的影响因素的来源,本研究以学习中心教学总分为因变量进行零模型的考察。零模型中把学习中心教学的差异分解为学校内差异和学校间差异两个部分,学校内差异主要是由班级层面的因素造成的,学校间的差异则是由于各个学校层面因素造成的。经过 HLM 软件的分析,零模型的结果如下:

表 6-1 学习中心教学水平差异来源分解:零模型分析的结果

随机效应	标准差	方差成分	组内相关 (ICC)	自由度	χ^2	P 值
第二层随机项(U0)	5.089	25.898	0.3547	51	167.47258	0.000
第一层随机项(R)	6.865	47.123				

上表的结果显示,随机项方差估计的卡方检验显示差异显著,这说明来自学校层面的因素对学习中心教学水平的差异有显著影响。并且计算跨组相关 ICC = U0/(U0 + R) = 25.898/(25.898 + 47.123) = 0.3547,一般而言,ICC>0.059 说明有必要进行多层线性模型分析。因此,通过零模型的分析可知,对于分析学习中心教学水平差异的影响因素时必须纳入学校层面的因素。

另外,本研究发现组内相关系数 ICC = 0.3547,这说明学习中心教学水平的总变异中有 35.47％的变异可以由学校管理层面的因素来进行解释。这还说明，教师信念层面的因素(64.53％)对学习中心教学水平总变异的解释率要高于学校的解释率(35.47％)。

2. 教师信念因素对学习中心教学的影响效应

本节主要探究教师信念因素对学习中心教学的影响，因此本研究中的自变量是教师信念因素，因变量为学习中心教学。当然，由于影响学习中心教学的因素非常多，为了能够有效地探究教师信念因素对教师实施的学习中心教学的影响，在回归方程中还分别纳入了学生群体信息变量、教师个人信息变量作为控制变量，表6-2详细介绍了学生特征、教师特征以及教师信念因子对学习中心教学影响的多元线性回归方程。

表6-2 影响学习中心教学的班级层面因素

教师层面的自变量	模型 2	模型 4	模型 5
截距	3.555***	5.618***	6.445***
班级水平学生背景			
住校生比例	0.360***	0.354***	0.346***
男生比例	-0.271***	-0.263***	-0.243***
独生比例	-0.124*	-0.123	-0.117
SES	0.149**	0.142**	0.132**
教师背景因素			
教师教龄		-0.098	-0.087
教师毕业院校		-0.103	-0.099
职称(参照组：三级)			
二级		0.036	0.046
一级		0.289***	0.230***
高级		0.106	0.101

教师层面的自变量	模型 2	模型 4	模型 5
班级规模		0.104	0.087
教师学历(本科和研究生高于大专及以下)			
本科		0.251***	0.243***
研究生		0.326***	0.321***
教师性别		-0.098	-0.096
学校所在地		0.265***	0.261***
年级		0.154**	0.148**
教师信念相关因素			
教师的教学效能感			0.411***
教师对学生的信任			0.301***
教师的反思意识			0.306***
教师的自主支持			0.234***
教师的学习中心教学信念			0.456***
教师的语文学科价值观			0.401***
方差[a]			
班级层面	46.322	41.989	34.789
学校层面	24.278	21.671	19.346
解释率[b]			
班级层面	1.7%	9.19%	8.9%

注：$*P<0.05$，$**P<0.01$，$***P<0.001$

a 指在模型中加入班级层面的预测变量之后,班级层面和学校层面的方差;

b 指与前面的模型相比较,现在的模型新增自变量后导致的班级水平的方差减少的百分比。

上表中,模型 2 主要分析的是学生群体特征变量对学习中心教学影响的回归分析;模型 3 在控制模型 2 中的学生群体特征变量的基础上分析教师个体特征变量对学习中心教学的影响;模型 4 是本研究的核心研究,即在控制了学生群体特征变量和教师个体特征变量的基础上探究了教师信念因子对学习中心教学的影响。

（1）学生群体特征因素对学习中心教学的影响

模型2主要考查了班级水平的学生背景信息因素对学习中心教学的影响，即在方程4中纳入学生的班级住校生比例、班级男生比例、班级独生子女比例以及班级学生的家庭社会经济地位的平均水平四个变量，保持方程5不增加任何变量，这样就形成了模型2的分析结果。模型2的分析结果显示，住校生比例、班级男生比例、班级独生子女比例以及 SES 平均水平对学习中心教学的回归系数呈显著水平，并且班级层面的方差变成了46.322，这在零模型的基础上减少了0.801。班级水平上四个学生背景因素对学习中心教学的解释率为 0.801/47.123 * 100% = 1.7%。

（A）非住校生比例高的班级更有利于教师实施学习中心的教学

模型2中的结果显示，班级住校生所占比例对学习中心教学的回归系数达到了显著性水平，并且其回归系数的方向为"负"，这说明住校生比例对学习中心教学是起着负向的预测作用，即非住校生比例高的班级更加有利于实施学习中心的教学。

（B）女生比例高的班级更有利于教师实施学习中心的教学

模型2的结果也表明，男生所占班级的比例对学习中心教学的回归系数达到了显著性水平，其回归系数的方向也是"负"，这说明男生比例对学习中心教学起着负向的预测作用，即女生比例越高越有利于教师开展学习中心的教学。

（C）家庭平均 SES 水平高的班级更有利于教师实施学习中心的教学

模型2的结果发现，班级学生家庭的平均 SES 水平对学习中心教学的回归系数也呈显著性水平，这说明家庭平均 SES 水平越高，越有利于教师实施学习中心的教学。

另外，虽然在模型2中独生子女比例对学习中心教学的预测系数呈显著性水平，但是在模型3和模型4中，独生子女比例对学习中心教学的回归系数均不呈显著性水平，这说明独生子女比例对学习中心教学的预测作用随着班级学生学习因素、教师因素的纳入其对学习中心教学的影响逐渐变弱，甚至其回归系数没有显著性。

（2）教师个人特征对学习中心教学的影响

模型3考察了教师背景信息因素对学习中心教学的影响，即在模型2的基础上在方程4中纳入教师教龄、教师毕业院校（师范与非师范）、职称、班级规模、教师学历、教师性别、所教年级和学校所在地八个教师背景信息变量，保持方程5不增加任何变量，这样就形成了模型3的分析结果。模型3的分析结果显示，教师职称、教师学历、学校所在地和所教年级对学习中心教学的回归系数均呈显著性水平，并且班级层面的方差变成了41.989，这在模型3的基础上减少了4.33。班级水平上四个教师背景因素对学习中心教学的解释率为 $4.33/47.123 * 100\% = 9.19\%$。

（A）一级职称教师更容易实施学习中心教学

模型3中的结果显示，一级职称教师对学习中心教学的回归系数达到了显著性水平，这说明与三级职称相比较，一级职称对学习中心教学是起着显著的预测作用，即一级职称的教师更加容易实施学习中心教学。

（B）学历高的教师更加倾向于实施学习中心教学

模型3中的结果显示，教师学历对学习中心教学的回归系数达到了显著水平，这说明教师学历能够显著预测学习中心教学的水平，并且研究生学历教师对学习中心教学的回归系数高于本科学历教师对学习中心教学的回归系数，这说明学历高的教师更加容易实施学习中心的教学。

（C）城市教师更加容易实施学习中心的教学

模型3中的结果显示，学校所在地对学习中心教学的回归系数达到了显著水平，这说明学校所在地能够显著预测学习中心教学的水平。本研究中的回归系数是呈现正向预测作用的，即与农村教师相比较，城市教师更容易实施学习中心的教学，这与上一章的特征分析发现城镇学习中心教学水平高于农村教师的结论是一致的。

（D）与初二年级相比较，初一年级的教师更加能够实施学习中心的教学

模型3中的结果显示，教师所教的年级对学习中心教学的回归系数达到了显著水平，并且回归系数的方式是"负"，这说明教师所教的年级能够显著预测学习中心教学的水平，即初一年级教师更加容易实施学习中心的教学。

（3）教师信念因素对学习中心教学的影响

模型 4 在考察控制学生群体特征和教师个人特征的基础上,检验教师信念因素对学习中心教学的影响效应。模型 4 是在模型 3 的基础上在方程 4 中纳入教师信念因素,保持方程 5 不增加任何变量,这样就形成了模型 4 的分析结果。模型 4 的分析结果显示,教师信念因素对学习中心教学的回归系数大多都呈显著性水平。并且班级层面的方差变成了 34.789,这在模型 4 的基础上减少了 7.2。班级水平上教师信念因素对学习中心教学的解释率为 7.2/47.123 * 100% = 15.28%。

（A）教师的教学效能感能够正向预测学习中心教学水平

模型 4 的研究结果显示,教师的教学效能感对学习中心教学的回归系数为 0.411,并且达到了显著性水平。这说明教师的教学效能感是预测学习中心教学的重要变量,并且回归系数呈正数,这又说明教师的教学效能感是能够正向预测学习中心教学水平的。

（B）教师对学生的信任度能够正向预测学习中心教学水平

模型 4 的研究结果显示,教师对学生的信任度对学习中心教学的回归系数为 0.301,并且达到了显著性水平。这说明教师对学生的信任度是预测学习中心教学的重要变量,并且回归系数呈正数,这又说明教师对学生的信任度是能够正向预测学习中心教学水平的。

（C）教师的反思意识能够正向预测学习中心教学水平

模型 4 的研究结果显示,教师的反思意识对学习中心教学的回归系数为 0.306,并且达到了显著性水平。这说明教师的反思意识是预测学习中心教学的重要变量,并且回归系数呈正数,这又说明教师的反思意识是能够正向预测学习中心教学水平的。

（D）教师的自主支持能够正向预测学习中心教学水平

模型 4 的研究结果显示,教师的自主支持对学习中心教学的回归系数为 0.234,并且达到了显著性水平。这说明教师的自主支持是预测学习中心教学的重要变量,并且回归系数呈正数,这又说明教师的自主支持是能够正向预测学习中心教学水平的。

（E）教师的学习中心教学信念能够显著预测学习中心教学水平

模型 4 的研究结果显示,教师的学习中心教学信念对学习中心教学的回归系数为 0.456,并且达到了显著性水平。这说明教师的学习中心信念是预测学习中心教学的重要变量,并且回归系数呈正数,这又说明教师的学习中心信念是能够正向预测学习中心教学水平的。

(F) 教师的语文学科价值观能够显著预测学习中心教学水平

模型 4 的研究结果显示,教师的语文学科价值观对学习中心教学的回归系数为 0.401,并且达到了显著性水平。这说明教师的语文学科价值观是预测学习中心教学的重要变量,并且回归系数呈正数,这又说明教师的语文学科价值观是能够正向预测学习中心教学水平的。

(G) 教师信念因素对学习中心教学的影响效应分布

模型 4 的研究结果显示教师的教学效能感、对学生的信任度、反思意识、自主支持、学习中心的信念以及语文学科价值观均能够显著预测学习中心教学的水平,并且上述各教师信念因子对学习中心教学的回归系数分别是: 0.411,0.301,0.306,0.234,0.456 和 0.401。由上述回归系数可知,各教师信念因子对学习中心教学的影响由大到小的分布应该是:教师的学习中心信念＞教师的教学效能感＞教师的语文学科价值观＞教师的反思意识＞教师对学生的信任＞教师的自主支持。

3. 讨论

(1) 对“教师信念——教师实践——学习结果”模型的检验与修正

“教师信念——教师实践——学习结果”模型指出学习中心的教学是受到了学习中心教学信念的影响,并且教师的学习中心信念会受到教师的教学效能感、教师对学生的信任、教师的反思意识以及教师的自主支持的影响。然而,由于上述六种因素均是教师信念的范畴,并且既往研究指出,教师信念影响教师教学行为的时候,相互关联的一些信念经常作为一个整体(信念整体也被称为信念包)共同对教师教学发挥作用,即信念系统共同对教师的教学行为产生影响,而不是单一的教师信念因素对教师教学产生影响。[1] 如果将教师信念系统中的学习中心的信念单独分离出来作为中介,这可能会导致将同一个信念包中的并列内容在

---

① Aguirre, J. , & Speer, N. M. Examining the relationship between beliefs and goals in teacher practice [J]. The Journal of Mathematical Behavior, 1999,18(3),327-356.

学习中心教学的不同阶段发挥不同作用的问题。基于上述考虑,本研究直接将上述六个因素都纳入回归方程作为影响学习中心教学的信念包。然而,通过本研究的分析发现,上述六个教师信念因素均能够显著预测学习中心教学水平,这在一定程度上证明我们的考虑是正确的,即除了教师的学习中心信念之外,教师的教学效能感、教师对学生的信任、教师的反思意识和教师的自主支持均能够直接影响学习中心的教学。另外,由于学科价值观是教师信念的重要组成部分,因此本研究中在"教师信念——教师实践——学习结果"模型五个因素的基础上纳入了教师的语文学科价值观。结果发现,教师的语文学科价值观能够显著影响学习中心教学,这说明将语文学科价值观纳入模型进行分析是合理的。由上述分析可知,本研究对"教师信念——教师实践——学习结果"模型的检验与修正是合理的。

(2) 教师的语文学科价值观对学习中心教学影响

教师的语文学科价值观作为对教师信念组成部分的一个补充因素,本研究发现,其对学习中心教学的预测效应显著。这充分证明了将这一因素纳入分析框架是合理的。另外,既往研究显示,教师的语文学科价值观能够显著影响教师的课堂教学状况。[①] 这与本研究的研究结果是一致的。出现这种现象的原因在于:教师语文学科价值观反映的是教师对语文学科价值的看法与认识,而一般而言教师对学科的认识和看法不仅影响教师对课堂信息和问题的处理方式,还能够对教学目标和任务的确定产生重要的影响。[②] 由此类推,语文教师对语文学科价值的认识和看法不仅仅能够影响教师对语文课堂信息和课堂问题的处理,还会影响教师在课堂教学中目标的设置和学习任务的安排等,而语文学科价值观必然会体现对学习中心教学的理解。因此,教师的语文学科价值观会显著预测学习中心教学的水平。

(3) 学习中心信念对学习中心教学的影响最显著

本研究发现,在教师信念系统的六个变量中,学习中心信念对学习中心教学的影响效应最为显著。教师信念系统里面涉及的内容与学习中心教学关系最密

---

① 雷浩. 初中语文课型特征分布的实证分析[J]. 全球教育展望,2015,44(1):25—34.

② Pajares, M. F. Teachers' beliefs and educational research: Cleaning up a messy construct [J]. Review of educational research, 1992,62(3),307 - 332.

切的是教师的学习中心信念,如果教师所持的信念是学习中心,那么教师就会在课堂教学目标设置的时候更多指向学习中心,在课堂教学实践的时候更多地包含学习中心的特征。这与麦库姆斯等人的理解是一致的,即他们也认为教师的学习中心信念与教师的学习中心教学的关系最为紧密。[①] 因此,本研究是对既往研究的一种支持。

(4) 教师的教学效能感对学习中心教学的影响较大

本研究发现,教师的教学效能感水平越高越有利于教师实施学习中心的教学。现有众多研究均发现,教师的教学效能感对其课堂教学行为有着重要影响。比如,蔡宝来和车伟艳通过对国外教师教学效能感与教师教学行为的相关研究进行综述,结果发现多数研究均认为教师的教学效能感均能够对教师的课堂教学行为产生重要影响。[②] 国外研究也显示,高教学效能感的教师在课堂教学过程中表现出积极的教学态度,运用多样化的教学方法和教学策略,能够调动学生课堂学习的积极性和主动性。[③] 学习中心教学是要求教师的课堂教学指向学生的学习和发展。因此,其必然会受到教师教学效能感的影响。

(二) 学校管理因素对学习中心教学的影响效应分析

1. 学校因素对学习中心教学影响效应的初步探索

零模型分析的结果显示,学习中心教学的方差需要分解为:班级层面和学校层面。为了进一步确定哪些是能够对教师实施学习中心教学产生影响的潜在的学校层面因素,本研究拟通过对学校层面的潜在变量进行探索性的分析,以便为找到能够真正对学习中心教学的变化产生显著影响的学校管理层面的因素提供实证依据。HLM 中探索性分析的结果如下表所示。

① McCombs, B. L. Self-assessment and reflection: Tools for promoting teacher changes toward learner-centered practices [J]. Nassp Bulletin, 1997,81(587),1 - 14.
② 蔡宝来,车伟艳. 国外教师课堂教学行为研究:热点问题及未来趋向[J]. 课程・教材・教法,2008,28(12):82—87.
③ Gibson, S., & Dembo, M. H. Teacher efficacy: A construct validation [J]. Journal of educational psychology, 1984,76(4),569.

表6-3 影响学习中心教学的学校层面因素的探索性分析估计结果

学校层面的变量	系数	t 值
校长背景因素		
男性校长	-0.021	-0.356
校长年龄	0.121	2.012**
校长学历(参照组：大专及以下)		
本科	0.134	2.109**
研究生及以上	0.211	3.019***
学校整体因素		
公立学校	-0.109	1.189*
学校规模	0.034	0.431
所在地区的社会经济特征	0.137	2.109**
学校的办学条件	0.106	1.127*
学校管理因素		
学校的政策支持	0.265	3.104**
学校的实践支持	0.230	2.219**
学校的文化支持	0.110	1.786*

注：t 值的绝对值大于"3"，表示非常显著；t 值的绝对值在"2"—"3"之间，表示很显著；t 值的绝对值在"1"—"2"之间，表示有显著差异。

通过对学校层面的因素进行探索性分析发现，t 值在 3.0 以上的因素有：研究生学历、学校的政策支持，这说明研究生学历、学校的政策支持对学习中心的教学有着极为显著的影响。t 值在 2.0—3.0 之间的学校层面的因素有：校长年龄、校长本科学历、所在地区的社会经济特征、学校的实践支持。这说明上述这些因素对教师实施学习中心教学有着显著的影响。t 值在 1.0—2.0 之间的学校层面的因素有：学校性质、学校的办学条件和学校的文化支持。这说明这些因素对教师实施学习中心的教学有着较为显著的影响。同时，上述分析也显示校长性别和学校规模等因素的 t 值均在 1.0 以下，这说明这些因素对学习中心教学没有显著的影响。因此,这些因素不纳入多层线性模型分析的回归方程中。

2. 学校管理因素对学习中心教学的影响效应

为了能够尽可能考察学校管理因素在真实状态下对学习中心教学的影响,本研究在进一步确定哪些是能够对教师实施学习中心教学产生影响的学校层面的潜在因素的时候,尽量将一些学校和校长背景变量纳入探索性分析中。为了进一步分析学校管理因素对学习中心教学的影响,我们在模型4的基础上进一步建立了模型5、模型6和模型7。模型5是在模型4的基础上,即保持模型4中的变量在方程4上保持不变,然后在方程5中纳入学校校长背景信息变量;模型6是在模型5的基础上,保持方程4不变,在方程5中纳入学校整体信息因素;模型7则是在模型6的基础上,保持方程4不变,进一步在方程5中纳入学校管理的相关变量(具体见表6-4,为了简便地呈现学校因素,表6-4中没有呈现班级层面因素的回归系数)。

表6-4 影响学习中心教学的学校管理因素的多层线性模型分析

学校层面的自变量	模型5	模型6	模型7
截距			
校长背景因素			
校长年龄	0.229**	0.213***	0.202***
校长学历(参照组：大专及以下)			
本科	0.238**	0.221***	0.206***
研究生及以上	0.321***	0.311***	0.302***
学校整体背景情况			
公立学校		-0.236***	-0.192***
所在地区的社会经济特征		0.244***	0.231***
学校的办学条件		0.231**	0.179**
学校管理因素			
学校的政策支持			0.301***

学校层面的自变量	模型5	模型6	模型7
学校的实践支持			0.239***
学校的文化支持			0.211***
方差^c			
学校水平	18.287	17.011	14.561
解释率^d			
学校水平	5.5%	6.6%	12.7%

注：c是指在模型中加入学校水平的预测变量之后，学校水平的方差；d是指与前面的模型相比较，现在的模型新增自变量之后导致的学校水平的方差解释率减少的百分比。

（1）校长个人背景因素对学习中心教学的影响

模型5主要考察了校长个人背景因素对所在学校学习中心教学的影响，即在保持模型4中的方程4里面的班级层面的因素不变的基础上，在方程5中纳入校长年龄和学历，这样就形成了模型5的结果。模型5的分析结果显示，校长年龄和学历对学习中心教学的回归系数呈显著性水平。这说明校长年龄和校长学历对所在学校教师的学习中心教学的影响是显著的；并且学校层面的方差变成了18.287，与模型5中的19.346相比较，减少了1.059。因此，在学校层面上，校长年龄和学历对所在学校语文学习中心教学的解释率变为：1.059/19.346 * 100% = 5.5%。

（A）年龄越大的校长越是容易鼓励和支持学校教师实施学习中心的教学

模型6的研究结果显示，校长年龄对学习中心教学的回归系数呈显著水平，这说明校长年龄对学习中心教学的有着重要影响。这提示越是年长的校长越是容易鼓励和支持所在学校的教师实施学习中心的教学。

（B）学历越高的校长越是容易鼓励和支持所在学校教师实施学习中心的教学

模型5的研究结果显示，与大专及以下学历的校长相比较，本科和研究生学历的校长对所在学校学习中心教学的回归系数呈显著性水平，并且研究生学历校长所对应的回归系数大于本科学历校长所对应的回归系数。这说明与大专学历相比较而言，本科和研究生学历的校长更加鼓励和支持教师实施学习中心教学,并且研究生学历的校长是最能够支持教师实施学习中心教学的。因此,这一研究表明,校长学历越高越是容易鼓励和支持所在学校教师实施学习中心的教学。

(2) 学校整体背景因素对学习中心教学的影响

模型 6 主要考查了学校整体层面的因素对所在学校教师的学习中心教学的影响,即在模型 5 的基础上,保持方程 4 不变,在方程 5 中纳入学校整体背景因素:学校规模、学校性质、学校所在地的社会经济水平、学校的办学条件,这样就形成了模型 6。模型 6 的研究结果显示,上述学校整体背景因素对学习中心教学的影响是显著的,并且学校层面的方差变成了 17.011,与模型 5 中的 18.287 相比较,减少了 1.276。因此,在学校层面上,校长的教学管理理念和策略对所在学校教师的学习中心教学的解释率变为: $1.276/19.346 * 100\% = 6.60\%$ 。

(A) 学校性质对学习中心教学的影响

模型 6 的研究结果显示,与私立学校相比较而言,公立学校对学习中心教学的回归系数呈显著性水平,并且回归系数的方向为负。这说明学校性质能够显著影响学习中心教学的水平,即与公立学校相比较而言,私立学校学习中心教学的水平要显著高于公立学校。

(B) 学校所在社区的经济发展水平越高学习中心教学的水平越高

模型 6 的研究结果显示,学校所在社区经济水平对学习中心教学的回归系数呈显著性水平,并且回归系数的方向为正。这说明学校所在社区的经济水平能够对学习中心教学产生显著影响,即学校所在社区的经济发展水平越高学习中心教学的水平也就越高。

(C) 学校办学条件越好越有利于教师实施学习中心的教学

模型 6 的研究结果显示,学校办学条件对学习中心教学的回归系数呈显著性水平,并且回归系数的方向为正。这说明学校办学条件对学习中心教学的影响是非常显著的,即学校办学条件越好,越是有利于教师实施学习中心的教学。

(3) 学校管理因素对学习中心教学的影响

模型 7 主要考察了学校管理因素对所在学校教师的学习中心教学的影响,即在保持模型 6 的基础上,保持方程 4 不变,在方程 5 中纳入学校整体背景因素:学校政策支持、学校文化支持和学校实践支持三个因素,这样就形成了模型 7。在此需要对模型 7 进行一个说明,模型 7 是在控制学生群体特征、教师个人特征、教师信念因素、学校整体特征和校长个体特征的基础上考察的学校管理因素对学习中心教学的影响。模型 7 的研究结果显示,上述学校管理因素对学习中心教学的影响是显著的,并且学校层面的方差变成了 14.561,与模型 5 中的 17.011 相比较,减少了 2.45。因此,在学校层面上,学校管理因素对所在学校语文学科教师的学习中心教学的解释率变为:2.45/19.346 * 100% = 12.66%。

(A) 学校的政策支持能够显著影响学习中心教学

模型 7 的研究结果显示,学校政策支持对学习中心教学的回归系数为 0.301,并且达到了显著性水平。这说明学校政策支持是预测学习中心教学的重要变量,并且回归系数呈正数。这说明学校政策支持是能够正向预测学习中心教学水平的。这提示我们学校给予的政策支持越好越有利于教师实施学习中心的教学。

(B) 学校的实践支持能够显著影响学习中心教学

模型 4 的研究结果显示,学校的实践支持对学习中心教学的回归系数为 0.239,并且达到了显著性水平。这说明学校的实践支持是预测学习中心教学的重要变量,并且回归系数呈正数。这说明学校实践支持是能够正向预测学习中心教学水平。这提醒我们改善学校对学习中心教学的实践支持有利于改善教师的学习中心教学水平。

(C) 学校的文化支持能够显著影响学习中心教学

模型 4 的研究结果显示,学校的文化支持对学习中心教学的回归系数为 0.211,并且达到了显著性水平。这说明学校的文化支持是预测学习中心教学的重要变量。这提醒我们改善学校对学习中心教学的文化支持有利于改善教师的学习中心教学水平。

(D) 学校管理因素对学习中心教学影响效应的分布

模型 7 的研究结果显示学校的政策支持、实践支持和文化支持均能够显著预测学习中心教学的水平,并且上述各学校管理因素对学习中心教学的回归系数分别是:0.301,0.239 和 0.211。由上述回归系数的大小可以推断,学校管理因素对学习中心教学的影响由大到小的分布应该是:学校的政策支持>学校的实践支持>学校的文化支持。这一结果提示我们在后续的学习中心教学实践的改善过程中,首先需要学校制定相关的政策以支持教师实施学习中心的教学。

3. 讨论

（1）对"教师信念——教师实践——学习结果"模型的检验

"教师信念——教师实践——学习结果"模型指出学习中心的教学受到了学校管理因素的影响，即学校的政策支持、实践支持和文化支持均能够直接影响学习中心教学。本研究发现学校的政策支持、实践支持和文化支持均能够显著预测学习中心教学的水平，并且上述各学校管理因子对学习中心教学的回归系数分别是：0.301，0.239 和 0.211。这说明学校管理因素能够显著预测学习中心教学水平，由此验证了"教师信念——教师实践——学习结果"模型。

（2）学校的政策支持对学习中心教学的影响最显著

本研究发现，在学校管理的三个变量中，学校的政策支持对学习中心教学的影响效应最为显著。出现这种现象的原因可能是：其一，政策最重要的功能就是通过评价来促进改进，在教学中这种作用也是非常明显的，如果学校制定了学习中心教学的评价政策，那么教师的课堂教学行为必然会被这种评价所影响，并且尽量使自己的教学行为能够符合政策的要求；其二，政策能够为教师的课堂教学行为的改进提供方向上的支持，政策规定了教师的教学行为该朝什么方向发展；其三，与文化支持和实践支持相比较，政策支持更容易见效。因此，学校的政策支持对学习中心教学的影响就不难理解了。其实学校的政策支持主要是通过教学激励机制来实现的，一般而言，学校的激励机制有两种：一种是浅层的外部激励，这种外部激励机制可以给教师的课堂教学提供强烈的外部刺激，让教师更好地实施学习中心的教学；另一种是深层激励，这种激励由于机制成熟，它是最有利于让这种外部刺激转化成教师自身要求和自身教学发展的内部驱动力。然而，既往研究发现目前学校教学激励机制存在激励主体单一、激励价值偏移、激励资源闲置和激励效用失衡的状况。[①] 后续研究中应该更加关注学校教学激励机制的改善，进而实现学校政策支持更好地促进学习中心教学水平的改善。

三、学习中心教学的功能机制研究

上述研究分析了学习中心教学的形成机制，这里主要揭示学习中心教学的功

---

① 胡永新.教师激励的偏失与匡正[J].全球教育展望，2009，38(10)：78—81.

能机制。

（一）学习中心教学对非学业成就因素的影响效应分析

1. 学习中心教学对学生学习兴趣的影响效应

学生的学习兴趣(learning interests)是学生在整个学习过程中所获得学习感受，其与学生的学习过程相辅相成。因此，国内外众多研究者均非常重视对学生学习兴趣的研究。比如，我国春秋战国时期伟大的教育家孔子就曾经提出过"知之者不如好之者，好之者不如乐知者"；近代教育心理学之父桑代克(Thornedilke，1913)的研究也表明，学生的学习兴趣有助于学生学习，在他看来满意或者愉快的刺激有助于学习，而烦恼和不愉快的刺激则会阻碍学生的学习。[①] 由此可见，国内外学者们对学习兴趣的研究都是非常关注的。然而，德国著名教育学家赫尔巴特(Herbart)也认为学生的学习兴趣是教师教学的出发点和归宿，教师应该在学生学习兴趣的基础上，把引起和培养学生多方面的兴趣作为教学的一项重要任务。[②] 那么，学习中心的教学是否对学生的学习兴趣产生影响呢？目前为止鲜见相关的实证研究。因此，本研究以初中生为研究对象，探讨学习中心的教学对学生学习兴趣的影响，以便深入探讨学习中心教学的功能，进而为"以教促学"提供具有可借鉴意义的实证依据。

（1）研究结果

（A）学习中心教学与学生学习兴趣之间的相关分析

由表6-5可知，学习中心教学及其各因子与学生的学习兴趣之间均存在显著相关，这说明学习中心教学与学生的学习兴趣之间存在着密切的关系。并且表6-5还显示学习中心教学各因子与学生学习兴趣的相关程度由高到低的分布分别是：$r_{内容功能} > r_{权力平衡} > r_{学习责任} > r_{教师角色} > r_{评价的过程和目的}$。这说明学习中心教学中内容功能与学生学习兴趣的关系最为紧密，教师角色与学生学习兴趣之间的相关相对较弱。

---

① Thorndike，E. L. Educational psychology：The psychology of learning (Vol. 2)[M]. New York：Teachers college，Columbia University Press，1921.

② Herbart，J. F. Outlines of Educational Doctrine，translated by Alexis F. Lange [M]. New York：Macmillan，1901.

表6-5　学习中心教学与学生学习兴趣之间的关系①

	1	2	3	4	5	6	7
1	1						
2	0.411**	1					
3	0.489**	0.344**	1				
4	0.534**	0.473**	0.411**	1			
5	0.436**	0.512**	0.477**	0.252**	1		
6	0.840***	0.787***	0.853***	0.813***	0.812***	1	
7	0.586***	0.416***	0.488***	0.547***	0.425***	0.597***	1

注：**表示 $P<0.01$，***表示 $P<0.001$，下同

（B）学习中心教学对学生学习兴趣的回归分析

通过相关分析（表6-5）发现，学习中心教学及其各因子与学生的学习兴趣之间存在显著相关，相关水平在可接受的范围之内。因此，这可以用多元回归分析的方法来进一步探究学习中心教学对学生学习兴趣的影响。基于此，本研究以学生学习兴趣为因变量，以学习中心教学的各因子（内容功能、教师角色、学习责任、权力平衡以及评价的过程和目的）为自变量，采用逐步多元回归分析的方法来探究学习中心教学各因子对学生学习兴趣的影响，具体结果见表6-6所示。

表6-6　学习中心教学各因子预测学生学习兴趣的逐步多元回归分析结果

进入变量顺序	多元相关系数 R	决定系数 R^2	增加解释量 ΔR^2	F 值	标准回归系数 β	t 值
内容功能	0.586	0.343	0.343	3 181.508	0.356	23.942
权力平衡	0.628	0.394	0.051	1 983.576	0.253	17.755
教师角色	0.630	0.397	0.003	1 339.390	0.059	4.638
学习责任	0.632	0.399	0.002	1 010.430	0.056	3.819

① 表中的1代表内容功能，2代表教师角色，3代表学习责任，4代表权力平衡，5代表评价的过程和目的，6代表学习中心教学，7代表学生的学习兴趣。

由上表可知,学习中心教学的五个因子中,有内容功能、权力平衡、教师角色和学习责任四个因子进入了回归方程,其多元相关系数为 0.632,其联合解释变异为 39.9%,这说明上述四个因子对学生学习兴趣构成的回归效应显著。就进入方程的四个因子对学生学习兴趣的解释量来看,"内容功能"因子的预测效应最高,其预测量为 34.3%,其余三个因子对学生学习兴趣的预测力较低。由上述分析的数据可知,标准化回归方程应该是:$Y_{学生学习兴趣} = X_{内容功能} * 0.356 + X_{权力平衡} * 0.253 + X_{教师角色} * 0.059 + X_{学习责任} * 0.056$。

通过上述分析可知,内容功能对学生学习兴趣的预测效应最为显著,这提示我们今后在提升学生学习兴趣方面应该着重发挥内容的引导和促进功能。

(C) 学习中心教学影响学生学习兴趣的结构方程模型

根据多元线性回归分析的结果(表 6-6),我们利用结构方程模型技术对初始模型(学习中心教学各因子影响学生学习兴趣的初始模型)进行检验和修正,最后形成学习中心教学各因子影响学生学习兴趣的结构方程模型(见图 6-3),结构方程模型的各项拟合指数见表 6-7。

表 6-7　学习中心教学各因子影响学生学习兴趣的结构方程模型的拟合指数

χ^2	df	χ^2/df	RMSEA	GFI	AGFI	IFI	NFI	CFI
7.115	5	1.423	0.048	0.992	1.000	0.996	0.991	1.001

根据表 6-7 的研究结果可以看出,学习中心教学各因子对学生学习兴趣的结构方程模型的各项拟合指数分布如下:$\chi^2/df = 1.423$,RMSEA $= 0.048$,GFI、AGFI、IFI、NFI 和 CFI 值分为:0.992、1.000、0.996、0.991、1.001。拟合良好的标准为 χ^2/df 小于 5,RMSEA 小于 0.08,GFI、AGFI、IFI、NFI 和 CFI 等大于 0.90 的标准。[①] 根据这一标准,本研究中结构方程模型的拟合指数均达到了拟合优度模型的水平,这表明该模型的建立是合理的。

由图 6-3 的研究结果可知,学习中心教学的内容功能、教师角色、学习责任和

---

① 侯杰泰,温忠麟,成子娟. 结构方程模型及其应用[M]. 教育科学出版社,2004.

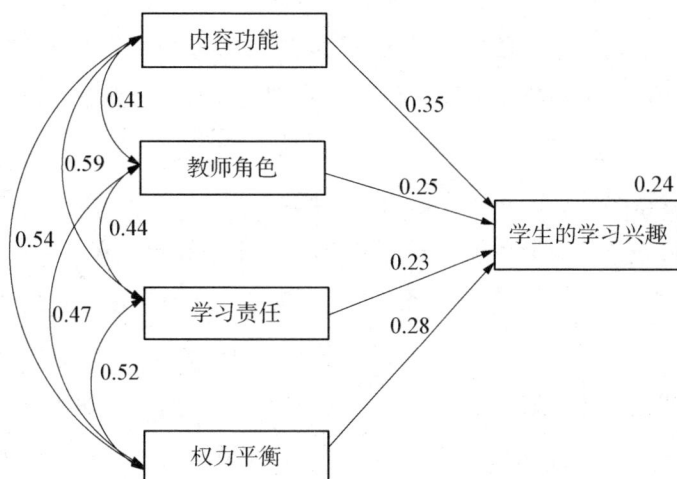

图 6-3　学习中心教学影响学生学习兴趣的结构方程模型

权力平衡四个因子共能解释学生学习兴趣 24% 的变异量,并且学习中心教学的上述四个因子对学生学习兴趣的路径系数分别为:0.35、0.25、0.23 和 0.28。

(2) 讨论

(A) 学习中心教学对学生学习兴趣的影响分析

本研究发现,学习中心教学与学生的学习兴趣之间存在着非常显著的相关,即学习中心教学对学生的学习兴趣有着较强的预测力。这与赫尔巴特的论述比较一致,即在他看来学生的学习兴趣是教师教学的一项重要任务。[①] 就学习中心教学而言,其主要是指教师通过运用教学方式来发展学生自主地和负责任地学习;[②]学习中心的教学提倡互动、合作学习和关注学生多样化的学习风格;[③④]并且

---

① Herbart, J. F. Outlines of Educational Doctrine, translated by Alexis F. Lange [M]. New York: Macmillan, 1901.

② Weimer, M. Learner-centered teaching and transformative learning [A]. In E. W. Taylor & P. Cranton (Eds.), Handbook of transformative learning: Theory, research, and practice [C]. San Francisco, CA: Jossey-Bass, 2012, 439-454.

③ Stage, F. K., Muller, P. A., Kinzie, J., & Simmons, A. Creating learner-centered classrooms: What does learning theory have to say? [C]. Washington, DC: George Washington Univ., Graduate School of Education and Human Development, 1998.

④ Brown, K. L. From teacher-centered to learner-centered curriculum: Improving learning in diverse classrooms [J]. Educational Psychology, 2003, 124(1), 49-54.

它关注学生的学习过程和学习深度,而不是浅层学习,学习被强调和鼓励,利用教学方法来促进与内容和思想的互动。① 而学习中心教学所关注的这些学习因素均是以培养学生的学习兴趣和学习自主性为目的的。因此,学习中心教学的水平越高,越容易培养学生良好的学习兴趣。

(B) 内容功能对学生学习兴趣的影响分析

学习中心教学是一个多维度的系统,即学习中心教学有着多个方面的表现。本研究发现,在学习中心教学的五个因子中,与学生学习兴趣关系最为密切的是内容功能因子,也就是说内容功能中指向学生学习的程度越强烈,越有利于培养学生的学习兴趣。这可能与学科属性以及学生对学习内容的运用有关。就学科属性而言,语文学科包含较多抽象的学习内容,如果教师能够通过运用其他辅助性的学习材料把抽象的学习内容具体化,那么学生对这些内容的理解将更加透彻,这必然会增强学生对语文课堂学习的兴趣。同时,相比其他学科,语文学科的活动内容更加丰富,这有利于培养学生的学习兴趣。此外,学习内容的运用要求教师能够运用内容帮助学生学习,还要求教师能够根据学生的需要对学习内容进行适当的重新整合、编排、拓展和删减,这时候内容就能够指向学生的学习和发展,其必然会对学生的学习兴趣培养产生正向的刺激作用。

2. 学习中心教学对学生学业自我效能感的影响效应

学生的学业自我效能感是指学生对自身形成和实施要达到既定学习目的的行动过程的能力判断。②③ 而现有研究指出,学习中心教学包含的学习理论的原则有助于促进学生的学业自我效能感和改善批判性思维技能发展。④ 由上述分析可知,学习中心教学是能够影响学生的学业自我效能感的。教师教学行为和学生学习效能感之间的相关研究也提示我们学习中心教学能够影响学生的学业自我效

---

① Candela, L. , Dalley, K. , & Benzel-Lindley, J. A case for learner-centered curricula [J]. Journal of Nursing Education, 2006,45(2),59 – 66.

② Bandura, A. Self-efficacy: toward a unifying theory of behavioral change [J]. Psychological Review, 1977,84(2),191 – 215.

③ Schunk, D. H. Self-efficacy and achievement behaviors [J]. Educational Psychology Review, 1989, 3(1),173 – 208.

④ American Psychological Association. Learner-centered psychological principles: Guidelines for school redesign and reform [M]. Washington DC: American Psychological Association, 1993.

能感。比如,国内有研究者发现,教师对学生的关怀行为能够对学生的学习效能感产生正向预测作用;[1]也有研究表明,教师对学生学习的评价能够对学生的学业自我效能感产生重要影响。[2] 国外的相关研究显示,具有更多关心和提供挑战性任务的课堂教学更能够促进学生学业自我效能感的发展;[3]也有研究发现,教师的鼓励行为与学生的学业自我效能感存在显著的正相关;[4]还有研究发现教师对学生的理解是预测学生学业自我效能感的重要指标。[5] 上述国内外教师课堂教学行为与学生学业自我效能感的相关研究给我们的启示是,教师积极的课堂行为会对学生学业自我效能感的形成产生重要影响,而学习中心的教学就是教师的积极课堂教学的重要表现,因此,本研究假设学习中心教学能够对学生学业自我效能感的形成产生重要的预测作用。

(1)研究结果

(A)学习中心教学与学生学业自我效能感之间的相关分析

由表6-8可知,学习中心教学及其各因子与学生学业自我效能感及其各因子之间均存在显著相关,这说明学习中心教学与学生学业自我效能感之间存在着密切关系。并且表6-8还显示学习中心教学各因子与学生学业自我效能感及其各因子之间的相关程度由高到低的分布均表现为:$r_{内容功能} > r_{学习责任} > r_{评价的过程和目的} > r_{权力平衡} > r_{教师角色}$。这说明学习中心教学中内容功能与学生学业自我效能感以及各因子之间的关系最为紧密,教师角色与学生学习效能感及其各因子之间的相关相对较弱。

① 雷浩,徐瑰瑰,邵朝友,桑金琰. 教师关怀行为与学生学业成绩的关系:学习效能感的中介作用[J]. 心理发展与教育,2015,31(2):188—197.

② 周文霞,郭桂萍. 自我效能感:概念,理论和应用[J]. 中国人民大学学报,2006,1(1),91—97.

③ Fast, L. A., Lewis, J. L., Bryant, M. J., Bocian, K. A., Cardullo, R. A., Rettig, M., & Hammond, K. A. Does math self-efficacy mediate the effect of the perceived classroom environment on standardized math test performance? [J]. Journal of Educational Psychology, 2010,102(3),729.

④ Dacre, P. L., & Qualter, P. Improving emotional intelligence and emotional self-efficacy through a teaching intervention for university students [J]. Learning and Individual Differences, 2012,22(3), 306-312.

⑤ Komarraju, M. Ideal teacher behaviors student motivation and self-efficacy predict preferences [J]. Teaching of Psychology, 2013,40(2),104-110.

表6-8 学习中心教学与学生学业自我效能感之间的关系[1]

	1	2	3	4	5	6	7	8	9
1	1								
2	0.411**	1							
3	0.489**	0.344**	1						
4	0.534**	0.473**	0.411**	1					
5	0.436**	0.512**	0.477**	0.252**	1				
6	0.840***	0.787***	0.853***	0.813***	0.812***	1			
7	0.705***	0.369***	0.638***	0.499***	0.571***	0.670***	1		
8	0.635***	0.233**	0.604***	0.342***	0.490***	0.553***	0.556***	1	
9	0.762***	0.350***	0.706***	0.487***	0.607***	0.701***	0.813***	0.747***	1

(B) 学习中心教学对学生学业自我效能感的回归分析

① 学习中心教学各因子对学生整体学业自我效能感回归分析

相关分析的结果(表6-8)显示,学习中心教学与学生的学习效能感之间存在显著的相关,相关均在可接受范围之内,这说明可以进一步探究学习中心教学对学生学习自我效能感的影响。基于此,本研究以学生学业自我效能感总体水平为因变量,以学习中心教学各因子(内容功能、教师角色、学习责任、权力平衡以及评价的过程和目的)为自变量,采用逐步多元回归分析的方法探究影响学生学业自我效能感的因子。具体回归分析的结果如表6-9所示。

---

[1] 表中的 1 代表内容功能,2 代表教师角色,3 代表学习责任,4 代表权力平衡,5 代表评价的过程和目的,6 代表学习中心教学,7 代表学生学业行为自我效能感,8 代表学生学业能力效能感,9 代表的是学生学业自我效能感水平。

表6-9 学习中心教学预测学生学业自我效能感的多元回归分析结果

进入变量顺序	多元相关系数 R	决定系数 R^2	增加解释量 ΔR^2	F 值	标准回归系数 β	t 值
内容功能	0.765	0.585	0.584	8 532.387	0.559	49.088
学习责任	0.803	0.645	0.645	5 517.533	0.365	31.158
教师角色	0.814	0.662	0.662	3 955.836	−0.156	−16.354
评价的过程和目的	0.817	0.668	0.668	3 050.59	0.121	11.223
权力平衡	0.819	0.67	0.67	2 465.024	−0.068	−6.435

由上表可知,学习中心教学的五个因子均进入了回归方程,并且进入方程的顺序为内容功能、学习责任、教师角色、评价的过程和目的以及权力平衡,其多元相关系数为0.819,其联合解释变异量为67.0%,学习中心教学对学生的学业自我效能感的回归效应显著。就进入方程的五个因子对学生学业自我效能感的解释量来看,"内容功能"因子的预测效应最高,其预测量为58.5%,其余四个因子对学生学业自我效能感的预测力相对较低。由上述分析可知,标准化回归方程应该是:
$Y_{学生学业自我效能感} = X_{内容功能} * 0.559 + X_{学习责任} * 0.365 - X_{教师角色} * 0.156 + X_{评价的过程和目的} * 0.121 - X_{权力平衡} * 0.068$。

② 学习中心教学各因子对学生学业自我效能感各因子的回归分析

为了进一步探究学习中心教学各因子对学生学业自我效能感两个因子的关系。本研究分别以学生的学习能力效能感和学习行为效能感为自变量,以学习中心教学的各因子为自变量进行两次逐步多元线性回归分析,其具体结果如表6-10所示。

表 6-10 学习中心教学预测学生学业自我效能感各因子的逐步多元回归分析结果

因变量	进入变量顺序	相关系数 R	决定系数 R²	增加解释量 ΔR²	F 值	标准回归系数 β	t 值
学业能力效能感	内容功能	0.707	0.499	0.499	6 070.003	0.49	38.78
	学习责任	0.737	0.543	0.543	3 615.015	0.264	19.745
	评价的过程和目的	0.741	0.548	0.548	2 463.983	0.125	10.038
	教师角色	0.744	0.554	0.553	1 887.046	-0.09	-8.433
学业行为效能感	内容功能	0.637	0.406	0.406	4 160.088	0.51	36.708
	学习责任	0.676	0.458	0.457	2 567.172	0.399	27.921
	教师角色	0.701	0.492	0.492	1 964.483	-0.195	-16.712
	权力平衡	0.709	0.503	0.503	1 541.488	-0.159	-12.331
	评价的过程和目的	0.712	0.507	0.506	1 248.995	0.083	6.305

由表 6-10 可知,学习中心教学对学生学业能力效能感的回归分析显示,除了权力平衡因子之外,有四个因子进入了回归方程,并且进入方程的因子的顺序为内容功能、学习责任、评价的过程和目的以及教师角色。其多元相关系数为 0.744,其联合解释变异量为 55.4%。就进入方程的四个因子对学生学业能力效能感的解释量来看,"内容功能"因子的预测效应最高,其预测量为 49.9%,其余三个因子对学生学业能力效能感的预测力相对较低。由上述分析的数据可知,标准化回归方程应该是:Y 学生学业能力自我效能感 $= X_{内容功能} * 0.49 + X_{学习责任} * 0.264 + X_{评价的过程和目的} * 0.125 - X_{教师角色} * 0.009$。

由表 6-10 可知,学习中心教学对学生学业能力效能感的回归分析显示,学习中心教学的五个因子均进入回归方程,并且进入方程因子的顺序为:内容功能、学习责任、教师角色、权力平衡以及评价的过程和目的。其多元相关系数为 0.712,其联合解释变异量为 50.7%。就进入方程的五个因子对学生学业行为效能感的解释量来看,"内容功能"因子的预测效应最高,其预测量为 40.6%,其余四个因子对学生学业行为效能感的预测力相对较低。由上述分析的数据可知，标准化回归方程应该是：Y 学生学业行为自我效能感 ＝ X$_{内容功能}$ * 0.51 ＋ X$_{学习责任}$ * 0.399 － X$_{教师角色}$ * 0.195 － X$_{权力平衡}$ * 0.159 ＋ X$_{评价的过程和目的}$ * 0.083。

整体上来看，学习中心教学各因子中除了权力平衡因子之外，其余四个因子均进入了学生学业自我效能感及其各因子的所有回归方程；并且三个回归方程中内容功能的预测效力均最高，其次是学习责任在三个方程中的预测力也比较高。这说明对于学生的学业自我效能感而言，内容功能和学习责任的预测力是比较突出的。

（C）学习中心教学影响学生学业自我效能感的结构方程模型

根据多元线性回归分析的结果（表 6‐10），利用结构方程模型技术对初始模型（回归模型）进行检验和修正，最后形成学习中心教学各因子影响学生学业自我效能感的结构方程模型（见图 6‐4），结构方程模型的各项拟合指数见表 6‐11。

表 6‐11　学习中心教学影响学生学业自我效能感各因子的结构方程模型拟合指数

χ^2	df	χ^2/df	RMSEA	GFI	AGFI	IFI	NFI	CFI
14.588	7	2.084	0.013	1.000	0.997	1.000	1.000	1.001

根据表 6‐11 的研究结果可以看出，学习中心教学各因子对学生学业自我效能感各因子的结构方程模型的各项拟合指数分布如下：χ^2/df = 2.084，RMSEA = 0.013，GFI、AGFI、IFI、NFI 和 CFI 值分比为：1.000、0.997、1.000、1.000、1.001。拟合良好的标准为 χ^2/df 小于 5，RMSEA 小于 0.08，GFI、AGFI、IFI、NFI 和 CFI 等大于 0.90 的标准。根据这一标准，本研究中结构方程模型的拟合指数均达到了拟合优度模型的水平，这表明该模型的建立是合理的。

由图 6‐4 的研究结果可知，学习中心教学四个因子（内容功能、教师角色、学习责任以及评价的过程和目的）功能解释学生学业能力效能感 26％ 的变异量，并且上述学习中心教学四个因子对学生学业能力效能感的路径系数分别为：0.55、－0.08、0.30 和 0.16。学习中心教学五个因子（内容功能、教师角色、学习责任、权

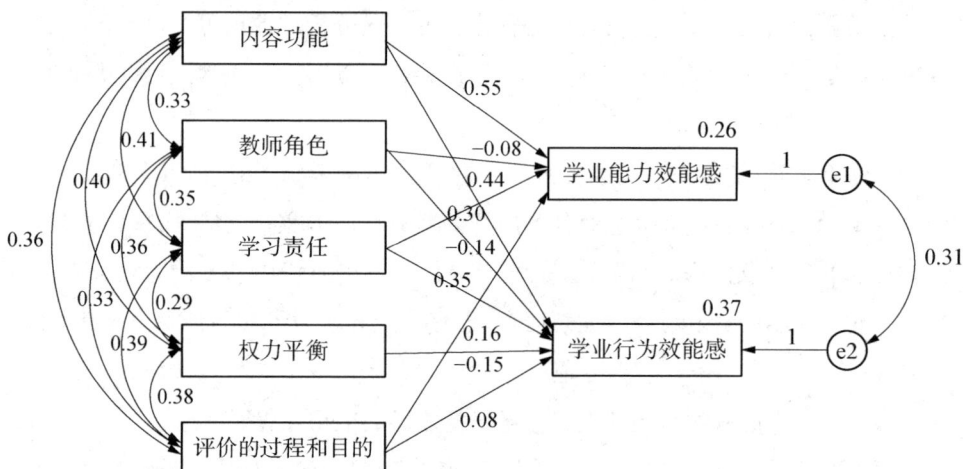

图 6-4　学习中心教学影响学生学业自我效能感各因子的结构方程模型

力平衡以及评价的过程和目的)共能解释学生学业行为效能感 37% 的变异量,并
且学习中心教学的五个因子对学生学业行为效能感的路径系数分别为 0.44、-
0.14、0.35、-0.15 和 0.08。综合上述分析可知,就整体而言,学习中心教学中"内
容功能"对学生学业自我效能感的路径系数最高,并且"学习责任"对学生学业自
我效能感的路径系数也比较高。

(2) 讨论

(A) 学习中心教学对学生的学业自我效能感有显著的影响

本研究发现,学习中心教学与学生学业自我效能感之间存在显著相关,并且
进一步的回归分析发现,学习中心教学对学生的学业自我效能感存在非常显著的
正向预测作用。这验证了上面的研究假设。出现这种现象的原因可以运用动机
的自我决定理论(Self-Determination Theory)来进行理解。自我决定理论认为,一
般人们大多是按照自己的兴趣和价值观去完成和从事相关任务,但是人们通常会
受到自己所在环境中的重要他人的影响(比如父母、老师等),并且如果这种重要
他人对自己从事某一事情给予鼓励,那么个体从事该事情的动机自然就会增
强。[1] 根据这一理论,对学生从事的学习任务而言,学生的学业自我效能感就是一

---

[1] Ryan, R. M., & Deci, E. L. Self-determination theory and the facilitation of intrinsic motivation, social development, and well-being [J]. American Psychologist, 2000, 55(1), 68.

种学习动机,而教师就是对学生从事学习活动产生重要影响的重要他人了,这时候如果教师对学生的学习活动给予鼓励,那么学生的学业自我效能感水平自然而然就会高;而对于学习中心的教学而言,教师的言语和行为大多是对学生的学习具有鼓励的刺激作用。因此,学习中心的教学能够对学生的学业自我效能感产生正向预测效应。

(B) 内容功能对学生学业自我效能感的影响最大

本研究发现内容功能与学生学业自我效能及其各因子的相关系数均非常显著,并且内容功能对学生学业自我效能感及各因子的预测系数均最高。这说明在学习中心教学各因子中,内容功能对学生学业自我效能感的影响最大。这与既往的研究结果比较一致,我国学者胡定荣的研究结果显示,教师在教学中根据学生需求对教材进行分析可以提高学生学习效能感;[①]张向葵,暴占光和关文信等的研究也表明,课堂教学中将教师教学内容用图式的方式呈现有利于提高学生的学业自我效能感。[②] 学习中心教学中的内容功能同样是要求教师根据学生需求整合教学内容,并且按照一定的图式来进行呈现,因此这一研究结果对既往研究以实证支持。那么为什么会出现这种现象呢? 这可能是因为,当课堂教学内容以某个主题组织成内容单元的时候,此时就形成了内容图式;而图式又是一个丰硕的信息包,它不仅涉及陈述性知识、还涉及程序性和策略性的知识。在学生今后学习相关内容的时候,这些图式就形成了理解相关内容的基础,即图式在学生学习过程中主要扮演两种功能:一是条理化相关知识,形成知识网络;二是明确知识间的结构脉络。在此基础上提高学生对相关内容的推理能力,进而促进学生学业自我效能感水平的提高。[③]

(C) 学习责任对学生学业自我效能感有重要影响

本研究发现,学习责任因子与学生的学业自我效能感及各因子之间的相关系数均呈显著水平,并且相关比较高。进一步的回归分析发现,学习责任对学生学

---

① 胡定荣."两分析-三备-四步-两循环"教学模式的构建与实践[J].课程・教材・教法,2011,31(5):27—32.

② 张向葵,暴占光,关文信. 图式教学对阅读理解能力,推理能力与自我效能感的影响[J].心理发展与教育,2000,16(2):22—27.

③ 张向葵,暴占光,关文信. 图式教学对阅读理解能力,推理能力与自我效能感的影响[J].心理发展与教育,2000,16(2):22—27.

业自我效能感及其各因子的预测效应均显著。这说明学习责任对学生学业自我效能感的发展具有重要的影响。既往研究显示,学生学习的自主性对其学业自我效能感具有显著的正向预测作用;① 还有研究者通过教育实验研究的方式探究了学生自主学习的课堂对学生学业自我效能感的影响,其结果表明,自主学习的课堂有利于提高学生的学业自我效能感水平。② 一般而言,自主学习的课堂大多是以培养学生对他们自己学习负责任的能力为基础的。因此,本研究结果在一定程度上支持了既往研究发现。另外,本研究认为学习责任之所以能够正向预测学生的学业自我效能感水平,这与学习中心教学中学习责任的具体指向有关。学习责任主要是培养学生对他们自己的学习负责任的能力和素养,而这些素养的培养必然会增强学生的学习能力。随着学习能力的提升,他们对自己完成学习任务的判断越发自信。因此,其学业自我效能感水平也就随之提高了。

　　3. 学习中心教学对学生学校幸福感的影响效应

　　学习中心教学指向学生的学习和发展,通俗地讲,学习中心的教学就是让学生真正地体验学习过程。而在课堂学习过程中学生的体验程度不同,必然会影响他们所获得的幸福感。这一论断已经被研究者们的研究所证实,比如马颖和刘电芝的研究显示,学生的学习体验是影响学生幸福感最主要的因素之一。③ 学生的学校幸福感是学生在学校所获得的积极的情感体验的表现,很多国家将其作为评估学校教育质量的重要指标,甚至有的研究者将其视为学校教育和学生发展的重要基础。④ 据此类推,课堂教学作为教育的一种重要形式,其质量可以通过学生的学校幸福感水平来进行衡量。然而,就目前的研究现状来看,鲜有研究探究这两者之间的关系。由积极情绪体验/拓展建构理论可知,个体参与活动的体验会影响个体的情绪感受,积极的情绪体验有助于提高个体的主观幸福感水平,消极情绪体验则与之相反。⑤ 学习中心教学是指向让学生更好地获得学习体验为目标

---

① 庞维国. 论学生的自主学习[J]. 华东师范大学学报(教育科学版),2001,20(2):78—83.

② 单志艳. 初中生自主学习的课堂教学实验研究[J]. 中国教育学刊,2015,(1):78—83.

③ 马颖,刘电芝. 中学生学习主观幸福感及其影响因素的初步研究[J]. 心理发展与教育,2005,21(1):74—79.

④ 安桂清,童璐. 学生学校幸福感测评框架研究述评[J]. 外国教育研究,2014,41(12):97—106.

⑤ Fredrickson, B. L. The role of positive emotions in positive psychology: The broaden-and-build theory of positive emotions [J]. American psychologist, 2001,56(3),218－226.

的,因此学生的良好学习体验又会促使学生获得良好的学校幸福感。综合上述分析,本研究认为学习中心的教学是能够正向预测学生的学校幸福感的。为了检验该研究假设,本研究主要通过下面的方法来进行检验。

（1）研究结果

（A）学习中心教学与学生学校幸福感之间的相关分析

由表6-12可知,学习中心教学及其各因子与学生的学校幸福感之间均存在非常显著的相关,这说明学习中心教学与学生的学校幸福感之间存在着非常密切的关系。并且表6-12还显示学习中心教学各因子与学生学校幸福感的相关程度由高到低的分布分别是：$r_{学习责任} > r_{内容功能} > r_{权力平衡} > r_{评价的过程和目的} > r_{教师角色}$。这说明学习中心教学中学习责任与学生学校幸福感的关系最为紧密,教师角色与学生的学校幸福感之间的相关相对较弱。

表6-12　学习中心教学与学生学校幸福感之间的关系①

	1	2	3	4	5	6	7
1	1						
2	0.411**	1					
3	0.489**	0.344**	1				
4	0.534**	0.473**	0.411**	1			
5	0.436**	0.512**	0.477**	0.252**	1		
6	0.840***	0.787***	0.853***	0.813***	0.812***	1	
7	0.493***	0.379***	0.539***	0.442***	0.392***	0.545***	1

（B）学习中心教学对学生学校幸福感的回归分析

相关分析的结果（表6-12）显示,学习中心教学与学生的学校幸福感之间存在显著的相关,相关均在可接受范围之内,这说明可以进行进一步探究学习中心

---

① 表中的1代表内容功能,2代表教师角色,3代表学习责任,4代表权力平衡,5代表评价的过程和目的,6代表学习中心教学,7代表学生的学校幸福感。

教学对学生学校幸福感的影响。基于此,本研究以学生学校幸福感为因变量,以学习中心教学各因子(内容功能、教师角色、学习责任、权力平衡以及评价的过程和目的)为自变量,采用逐步多元回归分析的方法探究学习中心教学对学生学校幸福感的影响。具体回归分析的结果如表6-13所示。

表6-13 学习中心教学预测学生学校幸福感的逐步多元回归分析结果

进入变量顺序	相关系数 R	决定系数 R^2	增加解释量 ΔR^2	F 值	标准回归系数 β	t 值
学习责任	0.540	0.291	0.291	2 494.588	0.348	20.871
内容功能	0.565	0.319	0.319	1 422.876	0.191	11.745
权力平衡	0.571	0.326	0.326	980.902	0.102	6.782
教师角色	0.573	0.328	0.328	741.896	0.063	4.599
评价的过程和目的	0.574	0.330	0.329	597.154	- 0.054	- 3.542

由上表可知,学习中心教学的五个因子均进入了回归方程,并且进入方程的顺序为:学习责任、内容功能、权力平衡、教师角色、评价的过程和目的。其多元相关系数为0.574,其联合解释变异量为33.0%,学习中心教学对学生的学校幸福感构成的回归效应显著。就进入方程的五个因子对学生学校幸福感的解释量来看,"学习责任"因子的预测效应最高,其预测量为29.1%,其余四个因子对学生学校幸福感的预测力相对较低。由上述分析的数据可知,标准化回归方程应该是:Y学生的学校幸福感=$X_{学习责任}$ * 0.348+$X_{内容功能}$ * 0.191+$X_{权力平衡}$ * 0.102+$X_{教师角色}$ * 0.063-$X_{评价的过程和目的}$ * 0.054。

(C) 学习中心教学影响学生学校幸福感的结构方程模型

根据多元线性回归分析的结果(表6-13),我们对学习中心教学各因子影响学生学业幸福感的初始模型,利用结构方程模型技术对初始模型进行检验和修正,最后形成学习中心教学各因子影响学生学校幸福感的结构方程模型(见图6-5),结构方程模型的各项拟合指数见表6-14。

表6-14 学习中心教学影响学生学校幸福感各因子的结构方程模型的拟合指数

χ^2	df	χ^2/df	RMSEA	GFI	AGFI	IFI	NFI	CFI
18.372	6	3.062	0.028	1.002	0.993	0.981	0.979	1.003

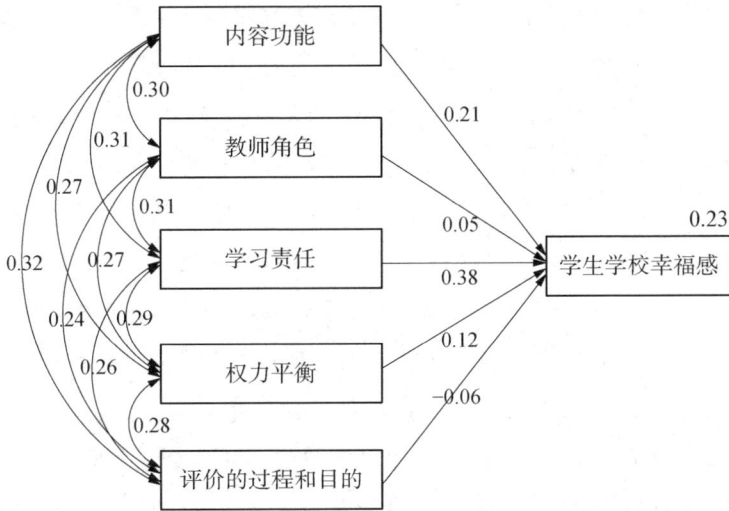

图6-5 学习中心教学影响学生学校幸福感的结构方程模型

根据表6-14的研究结果可以看出,学习中心教学各因子对学生学校幸福感各因子的结构方程模型的各项拟合指数分布如下:$\chi^2/df = 3.062$,RMSEA $= 0.028$,GFI、AGFI、IFI、NFI 和 CFI 值分比为:1.002、0.993、0.981、0.979、1.003。根据拟合良好的标准,χ^2/df 小于5,RMSEA 小于0.08,GFI、AGFI、IFI、NFI 和 CFI 等大于0.90的标准,本研究中结构方程模型的拟合指数均达到了拟合优度模型的水平,这表明学习中心教学各因子对学生学校幸福感影响的结构方程模型的建立是合理的。

由图6-5的研究结果可知,学习中心教学五个因子(内容功能、教师角色、学习责任、权力平衡以及评价的过程和目的)共能解释学生学校幸福感23%的变异量,并且学习中心教学的五个因子对学生学校幸福感的路径系数分别为0.21、0.05、0.38、0.12 和 −0.06。综合上述分析可知,就整体而言,学习中心教学中"学习责任"对学生学校幸福感的路径系数最高,并且"内容功能"对学生学校幸福感的路径系数也比较高。

（2）讨论

（A）学习中心教学对学生学校幸福感的影响分析

本研究发现,学习中心教学及其各因子与学生的学校幸福感之间均存在显著的相关,并且进一步的回归分析发现,学习中心教学的各因子对学生学校幸福感的预测系数均达到显著性水平,并且运用结构方程模型技术对学习中心教学各因子对学生学校幸福感影响的模型构建也是合理的。这说明学习中心教学能够预测学生的学校幸福感水平。既往的质性研究结果发现,在日常的课堂教学活动中,学生能否获得丰富的情感和认知体验,积极的自我同一性是改善学生学校幸福感的重要策略。[①] 这支持了本研究的研究结论。本研究认为出现这种研究结果的主要原因是：其一,学习中心的教学让学生获得了积极的学习体验。既往研究认为主观性是学生幸福感的重要特征之一,决定人们是否感知到幸福的不仅仅是发生在个体身上的事情,更应该是个体对事件所进行的解释。[②] 相较于以往学生所体验的语文课堂,学习中心的课堂教学能够使学生获得更为良好的学习体验。通过对比以往的学习体验,学生可以发现,学习中心教学给予学生更多的尊重,由此倾向于站在更高的水平上来解释自身所获得的幸福感。其二,学习中心的教学增强了学生获得幸福感的能力。学习中心教学是以培养学生成为自主学习的人为目标的,如果学生掌握了一些自主学习的技能,那么他们在学习中的表现就会更加从容和自信,并且在解决学习问题的时候更有效率,从而使得学生学校幸福感水平得到提升。

（B）学习责任对学生学校幸福感的影响最大

多元线性回归分析发现,在学习中心教学的五个因子中,学习责任因子对学生学校幸福感的预测系数最大,并且结构方程模型中也显示其路径系数最大。这说明在这五个因子中,学习责任因子对学生的学校幸福感水平的影响最大。之所以会出现这种情况,主要是因为,学习责任主要指向培养学生的对自己学习负责

[①] 田若飞. 课程文化与学生幸福感：一项质性研究[J]. 全球教育展望,2009,38(7)：18—22.

[②] 李儒林,张进辅,梁新刚. 影响主观幸福感的相关因素理论[J]. 中国心理卫生杂志,2003,17(11)：783—785.

任的能力,而这种能力会促进学生进行社会情绪学习(Social Emotional Learning,SEL)。所谓社会情绪学习,它是期望建立一种系统的、可操作的实施体系,它能促进学生建立和维持积极的人际关系,进而让其具备获得幸福感的能力。[①] 而当学生具备了获得幸福感的能力之后,学生的学校幸福感水平也就提高了。[②] 因此,学习责任因子能够对学生的学校幸福感水平产生重要的影响。

(二) 学习中心教学对学生学业成就的影响效应分析

学习中心教学与学生的学业成绩(学业成就的指标)之间的关系是"教与学"关系的重要表现形式之一。通过对已有文献进行分析发现,近年来,以教促学的理论研究逐渐展开,比如教—学—评一致性的理论中通过教学、学习和评价之间的一致性来促进学生的学习。[③] 也有研究者从教师教学行为和学习行为的关系上阐述了"以教促学"的思想,并且明确指出教师教学行为是促进学生学习的关键因素。[④] 在教育教学实践中,"以教促学"的思想也得到了一定程度的发展,比如目前比较流行的学历案[⑤]、学案[⑥]和导学案[⑦]等。虽然学历案的落脚点在于学生的学习经历,学案的落脚点是学生的学习,导学案的落脚点是教师引导学生学习,但是这些教学实践研究的最终目的无一不是通过改进教师教学来促进学生学习。

虽然"以教促学"的理论和实践研究在不断地发展和完善,然而,对于"什么样的教学更加有利于促进学习者的学习呢?"目前鲜见相关的实证研究。不过,"以教促学"的相关理论和实践研究提示我们,教师教学是能够影响学生的学习的,尤其是教师优质的教学过程是能够改进学生学习的。而麦库姆斯及其同事则指出教师的教学实践是通过学习动机因素的中介作用才能够影响学生的学业成绩

① Elbertson, N., Brackett, M. A., &Weissberg, R. P. School-based social and emotional learning (SEL) programming: current perspectives [EB/OL]. http://www.casel.org, 2010.
② 徐文彬,肖连群. 论社会情绪学习的基本特征及其教育价值[J]. 教育理论与实践,2015,(5):55—58.
③ 崔允漷,雷浩. 教-学-评一致性三因素理论模型的建构[J]. 华东师范大学学报(教育科学版),2015,34(04):15—22.
④ 高巍. 教师行为与学生行为的关系解析[J]. 教育研究,2012,33(3):100—106.
⑤ 崔允漷. 学历案:学生立场的教案变革[N]. 中国教育报,2016 年 6 月 9 日(教育科研版).
⑥ 容中逵. 学案导学的三重判读[J]. 课程·教材·教法,2014,34(8):92—97.
⑦ 吴永军. 关于"导学案"的一些理性思考[J]. 教育发展研究,2011,(20):6—10.

的，[①]那么这一论断是否符合中国的教育教学实际呢？基于此，本节主要是检验该论断的合理性，即检验学习中心教学是否能够直接影响学生的学业成绩。

1. 学习中心教学与学生学业成绩之间的相关分析

由表 6 - 15 可知，学习中心教学及其各因子与学生的学业成绩之间均存在非常显著的相关，这说明学习中心教学与学生的学业成绩之间存在着非常密切的关系。并且表 6 - 15 还显示学习中心教学各因子中除了"评价的过程和目的"之外，其余四个因子与学生学业成绩的相关程度由高到低的分布分别是：$r_{学习责任} > r_{内容功能} > r_{教师角色} > r_{权力平衡}$。这说明学习中心教学中学习责任与学生学业成绩的关系最为紧密，评价的过程和目的因子与学生的学业成绩之间无显著相关。

表 6 - 15　学习中心教学与学生语文成绩之间的关系[②]

	1	2	3	4	5	6	7
1	1						
2	0.411***	1					
3	0.489***	0.344***	1				
4	0.534***	0.473***	0.411***	1			
5	0.436***	0.512***	0.477***	0.252***	1		
6	0.840***	0.787***	0.853***	0.813***	0.812***	1	
7	0.298***	0.275***	0.326***	0.267***	-0.002	0.419***	1

2. 学习中心教学对学生学业成绩的回归分析

相关分析的结果（表 6 - 15）显示，学习中心教学与学生的学业成绩之间存在显著的相关，相关均在可接受范围之内，这说明可以进一步探究学习中心教学对学业成绩的影响。基于此，本研究以学生学业成绩为因变量，以学习中心教学各

---

① McCombs, B. L. Self-assessment and reflection: Tools for promoting teacher changes toward learner-centered practices [J]. Nassp Bulletin, 1997,81(587),1 - 14.
② 表中的 1 代表内容功能，2 代表教师角色，3 代表学习责任，4 代表权力平衡，5 代表评价的过程和目的，6 代表学习中心教学，7 代表学生的语文成绩。

因子(教师角色、权力平衡、学习责任)为自变量,采用逐步多元回归分析的方法探究学习中心教学对学生学业成绩的影响。具体回归分析的结果如表6-16所示。

表6-16 学习中心教学预测学生语文成绩的逐步多元回归分析结果

进入变量顺序	多元相关系数 R	决定系数 R^2	增加解释量 ΔR^2	F 值	标准回归系数 β	t 值
教师角色	0.328	0.108	0.108	201.615	0.201	16.202
权力平衡	0.340	0.116	0.008	161.002	0.188	15.098
学习责任	0.344	0.118	0.002	142.691	0.141	12.443

由上表可知,除了内容功能因子之外,学习中心教学的其他三个因子进入了回归方程,并且进入方程的顺序为教师角色、权力平衡、学习责任,其多元相关系数为0.344,其联合解释变异量为11.8%,学习中心教学对学生的学业成绩构成的回归效应显著。就进入方程的三个因子对学生的学业成绩的解释量来看,"教师角色"因子的预测效应最高,其预测量为10.8%,其余两个因子对学生学业成绩的预测力相对较低。由上述分析的数据可知,标准化回归方程应该是:Y 学生的学业成绩 $= X_{教师角色} * 0.201 + X_{权力平衡} * 0.188 + X_{学习责任} * 0.141$。

3. 学习中心教学影响学生学业成绩的结构方程模型

根据多元线性回归分析的结果(表6-16),本研究利用结构方程模型技术对学习中心教学各因子影响学生学业成绩的初始模型进行检验和修正,最后形成学习中心教学各因子影响学生学业成绩的结构方程模型(见图6-6),结构方程模型的各项拟合指数见表6-17。

表6-17 学习中心教学影响学生学业成绩的结构方程模型的拟合指数

χ^2	df	χ^2/df	RMSEA	GFI	AGFI	IFI	NFI	CFI
2.084	1	2.084	0.013	1.000	0.997	1.000	1.000	1.001

根据表 6-17 的研究结果可以看出,学习中心教学各因子对学生学业成绩的结构方程模型的各项拟合指数分布如下:$\chi^2/df = 2.084$,RMSEA $= 0.013$,GFI、AGFI、IFI、NFI 和 CFI 值分比为:1.000、0.997、1.000、1.000、1.001。而根据拟合良好的标准,χ^2/df 小于 5,RMSEA 小于 0.08,GFI、AGFI、IFI、NFI 和 CFI 等大于0.90,本研究中结构方程模型的拟合指数均达到了拟合优度模型的水平,这表明该模型的建立是合理的。

由图 6-6 的研究结果可知,学习中心教学三个因子(教师角色、学习责任和权力平衡)共能解释学生学业成绩 28% 的变异量,并且学习中心教学的三个因子对学生学业成绩的路径系数分别为:0.34、0.13 和 0.26。综合上述分析可知,就整体而言,学习中心教学中"教师角色"对学生学业成绩的路径系数最高,并且"权力平衡"对学生学业成绩的路径系数也比较高。

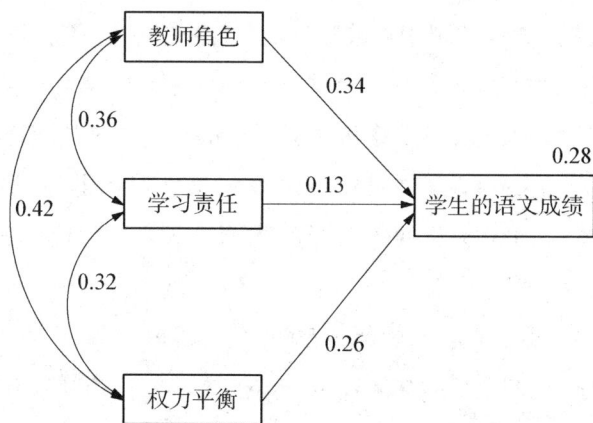

图 6-6　学习中心教学影响学生学业成绩的结构方程模型

4. 讨论

(1) 学习中心教学对学生学业成绩的影响分析

本研究发现,学习中心教学及四个因子与学生的学业成绩之间均存在显著的相关;并且进一步的回归分析发现学习中心教学的教师角色、权力平衡和学习责任三个因子对学生学业成绩的预测系数均达到显著性水平,并且进行结构方程模型分析的时候,模型也是合理的。这说明学习中心教学能够预测学生的学业成绩。这与既往研究结果比较一致,即有研究发现不同文化背景下,教师的教学行为均能够直接影响学生的学业成绩。① 建构主义学习理论认为,教师应该是知识的处理和转换者,是学生学习的指导者;在课堂学习过程中教师应该充分尊重学生的理解、倾听学生的看法,并以此为依据引导或者指导学生丰富和调整自己的理解;而对于学生的学业成绩而言,它则是学生进行知识建构的一种现实表现形式。② 由此可见,教师在学生课堂学习过程中的引导会影响学生的知识建构,进而影响学生学业成绩的表现。

(2) 教师角色对学生学业成绩的影响分析

多元回归分析的结果显示,学习中心教学三个因子中,教师角色因子对学生学业成绩的预测系数最大,并且在结构方程模型中,也发现教师角色作用于学生学业成绩的路径系数最大。在学习中心的教学中,教师角色的内涵主要是指教师为学生的学习创造良好的环境,并且以学习和学生为中心设计和开展相应的教育教学活动。③ 由此概念可知,教师的角色是为学生的学习服务的,因此,如果处理好课堂教学中的教师角色,必然会促进学生学业成绩的提升。

(三) 学习中心教学对学习结果影响的整合效应模型

本章第二节和第三节的研究主要探究了学习中心教学对非学业成就因素和学业成就的影响。上面的研究主要聚焦于探究两个变量之间的关系,这种研究在理论上是极具价值的,然而,对于教师教学和学生学习的现实关系而言,其应该是多重效应交织在一起的,如果仅仅只是探究两两变量之间的关系不足以解释其现实的复杂性。鉴于此,本研究拟将学习中心教学、学生非学业成就因素(学习兴趣、学业自我效能感和学校幸福感)和学业成就指标纳入一个完整的整合模型中来全面考察学习中心教学与学生学习结果之间的关系。在上面两节的研究基础上,本节聚焦于分析学习中心教学与学生非学业成就因素、学业成就的关系,初步建构起学习中心教学对学生学习结果影响的整合效应模型,以期能够更加深入地揭示学习中心教学与学生学习结果之间的关系。

---

① 黄慧静,辛涛. 教师课堂教学行为对学生学业成绩的影响:一个跨文化研究[J]. 心理发展与教育,2007,23(4):57—62.
② 张建伟,陈琦. 从认知主义到建构主义[J]. 北京师范大学学报(社会科学版),1996,(4):75—82.
③ Blumberg, P. Developing learner-centered teaching: A practical guide for faculty [M]. San Francisco, CA: Jossey-Bass, 2009.

1. 学习中心教学与学生学习结果之间的相关分析

为了建构学习中心教学与学生学习结果之间的关系,本研究首先对这些变量之间的关系做一个相关分析,以便为后面的模型建构提供一定的基础。

从学习中心教学水平与学生动机因素、学业成绩指标的相关关系分析可知,学习中心教学水平与学生的学习兴趣、学业自我效能感、学校幸福感以及学业成绩之间均存在着显著的正相关关系。这说明学习中心的教学与学生学习之间存在着更为紧密的关系。

2. 学习中心教学与学业成绩之间的关系:学生学习兴趣、学业自我效能感和学校幸福感的中介作用

表6-18的相关分析结果显示,学习中心教学、学生学习兴趣、学生学业自我效能感、学生学校幸福感以及学生的学业成绩两两之间均呈显著的相关。本章第二节和第三节回归分析的结果显示学习中心教学对学生的学习兴趣、学业自我效能感、学校幸福感以及学业成绩均有着显著的预测效果。那么学习中心教学与这些学习结果变量之间的关系是怎么样的呢? 通过对既往研究进行整理发现,学生的学习兴趣是影响学生学业成绩的重要因素,[1][2]学生的学业自我效能感对学生学业成绩的正向预测效应显著,[3][4]学校幸福感对学生的学业成绩有着重要影响。[5] 根据上述分析,本研究假设学习中心教学既能够直接作用学生的学业成就,又能够通过学生学习兴趣、学业自我效能感和学校幸福感为中介来间接作用于学生的学业成绩。本研究中的中介效应的检验程序采用温忠麟等人[6]提出来的检验程序展开。该程序的第一类和第二类错误率之和通常比单一检验方法小,既可以做部分中介效应检验,也可以做完全中介效应检验(检验程序见图6-8)。

---

① 赵海兰,龚子兰. 基于数字化游戏的教学对学生学习兴趣和学业成绩的影响——以英语教学为中心[J]. 现代教育技术,2007,17(11):47—54.

② 焦彩珍. 初中生数学学习兴趣及自我效能与数学学业成绩的关系[J]. 数学教育学报,2008,17(2):44—46.

③ 雷浩,徐瑰瑰,邵朝友,桑金琰. 教师关怀行为与学生学业成绩的关系:学习效能感的中介作用[J]. 心理发展与教育,2015,31(2):188—197.

④ 张庆宗,刘晓燕. 英语阅读自我效能感,阅读策略和阅读成绩关系的实证研究[J]. 教育研究与实验,2009,(1):92—96.

⑤ 马颖,刘电芝. 中学生学习主观幸福感及其影响因素的初步研究[J]. 心理发展与教育,2005,21(1):74—79.

⑥ 温忠麟,张雷,侯杰泰,刘红云. 中介效应检验程序及其应用[J]. 心理学报,2004,36(5):614—620.

表 6-18　学习中心教学与学习结果各因素之间的相关系数表①

	1	2	3	4	5
1	1				
2	0.702**	1			
3	0.601**	0.430**	1		
4	0.551**	0.587**	0.405**	1	
5	0.419**	0.269**	0.256**	0.232**	1

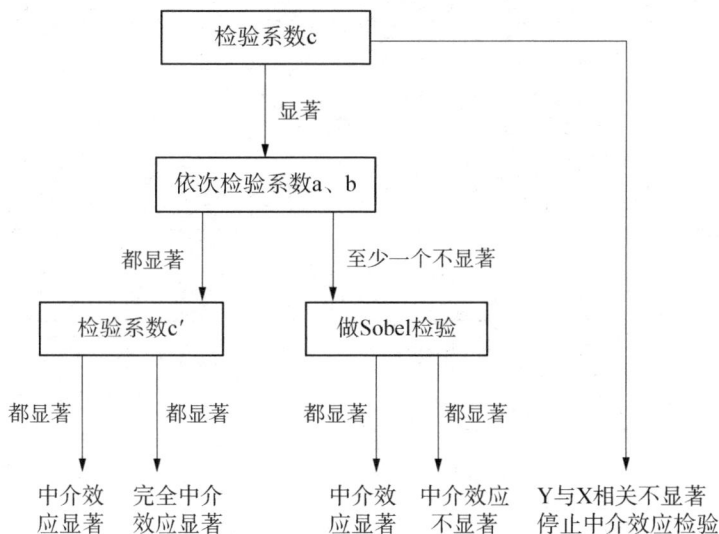

图 6-7　中介效应检验程序

（1）学生学习兴趣的中介效应检验

第一步，以学习中心教学为自变量，以学生学业成绩为因变量进行回归分析。结果发现，学习中心教学对学生的学业成绩存在显著的正向影响。

第二步，以学习中心教学为自变量，以学生的学习兴趣为因变量进行回归分

---

① 1表示的是学习中心教学，2表示的是学生的学习兴趣，3表示的是学生的学习效能感，4表示的是学生的学校幸福感，5表示的学生的语文成绩。

析。结果发现,学习中心教学对学生的学习兴趣存在显著的正向影响。

第三步,以学生学习兴趣为自变量,以学生的学业成绩为因变量进行回归分析。结果发现,学生的学习兴趣对学生学业成绩存在显著的正向影响。

第四步,对假设的中介效应模型进行考察。在中介效应模型中,学习中心教学对学生学业成绩的路径系数达到了显著水平,因此可以得出结论,学生的学习兴趣在学习中心教学对学生学业成绩的影响中具有部分中介效应。学习中心教学通过学生学习兴趣对学业成绩的中介效应为 $0.449 * 0.269 = 0.121$,中介效应占总效应的比例为:$0.121/0.419 = 28.88\%$。

表 6-19　学习兴趣的中介效应依次检验

	标准化回归方程	回归系数检验
第一步	$y = 0.419x$	$t = 42.371^{***}$
第二步	$m_1 = 0.449x$	$t = 46.005^{***}$
第三步	$y = 0.269m$	$t = 25.284^{***}$
	$0.346x$	$t = 35.672^{***}$

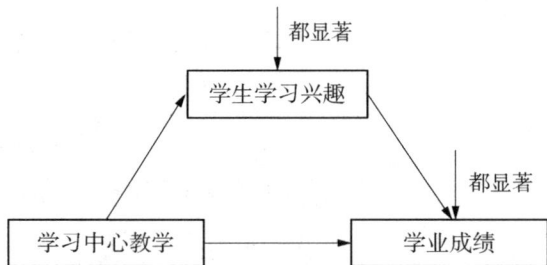

图 6-8　学生学习兴趣的中介效应图

(2) 学生学业自我效能感中介效应检验

第一步,以学习中心教学为自变量,以学生学业成绩为因变量进行回归分析,结果发现,学习中心教学对学生的学业成绩存在显著的正向影响。

第二步,以学习中心教学为自变量,以学生的学业自我效能感为因变量进行回归分析,结果发现,学习中心教学对学生的学业自我效能感存在显著的正向影响。

第三步,以学生学业自我效能感为自变量,以学生的学业成绩为因变量进行回归分析,结果发现,学生的学业自我效能感对学生学业成绩存在显著的正向影响。

第四步,对假设的中介效应模型进行考察。在中介效应模型中,学习中心教学对学生学业成绩的路径系数达到了显著水平,因此可以得出结论,学生的学业自我效能感在学习中心的教学对学生学业成绩的影响中具有部分中介效应。学习中心教学通过学生学业自我效能感对学业成绩的中介效应为 $0.406*0.235=0.095$,中介效应占总效应的比例为:$0.095/0.419=22.77\%$。

表6-20 学业自我效能感的中介效应依次检验

	标准化回归方程	回归系数检验
第一步	$y=0.419x$	$t=42.371^{***}$
第二步	$m_2=0.406x$	$t=38.583^{***}$
第三步	$y=0.235m_2$	$t=27.673^{***}$
	$0.324x$	$t=33.021^{***}$

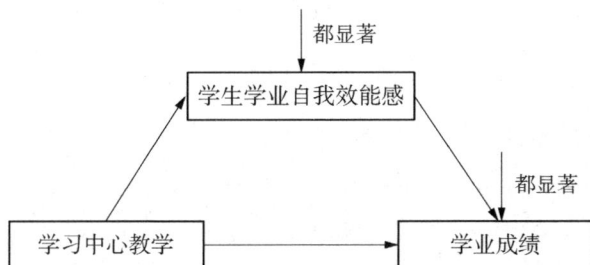

图6-9 学生学业自我效能感的中介效应图

(3)学生学校幸福感的中介效应检验

第一步,以学习中心教学为自变量,以学生学业成绩为因变量进行回归分析。结果发现,学习中心教学对学生的学业成绩存在显著的正向影响。

第二步,以学习中心教学为自变量,以学生的学校幸福感为因变量进行回归分析。结果发现,学习中心教学对学生的学校幸福感存在显著的正向影响。

第三步,以学生学校幸福感为自变量,以学生的学业成绩为因变量进行回归分析。结果发现,学生的学校幸福感对学生学业成绩存在显著的正向影响。

表6-21　学校幸福感的中介效应依次检验

	标准化回归方程	回归系数检验
第一步	$y = 0.419x$	$t = 42.371^{***}$
第二步	$m_3 = 0.400x$	$t = 37.068^{***}$
第三步	$y = 0.163m_3$	$t = 20.829^{***}$
	$0.311x$	$t = 35.672^{***}$

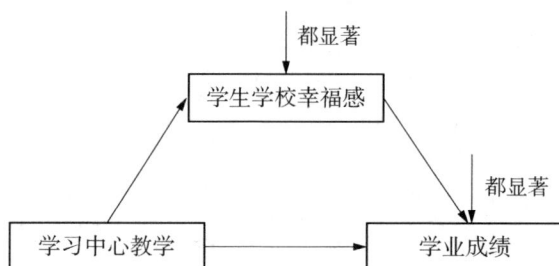

图6-10　学生学校幸福感的中介效应图

第四步,对假设的中介效应模型进行考察,在中介效应模型中,学习中心教学对学生学业成绩的路径系数达到了显著水平,因此可以得出结论,学生的学校幸福感在学习中心教学对学生学业成绩的影响中存在部分中介效应。学习中心教学通过学生学校幸福感对学业成绩的中介效应为 $0.400 * 0.163 = 0.073$,中介效应占总效应的比例为 $0.065/0.419 = 15.56\%$。

3. 学习中心教学对学习结果影响效应的整合模型

(1)学习中心教学影响效应的初始模型

根据上面学生学习兴趣、学业自我效能感和学校幸福感在学习中心教学和学生学业成绩之间的三个中介效应检验的结果,本研究拟将上述变量全部纳入到一个完整的模型中进行分析,根据上述分析结果,这里的初步假设是:

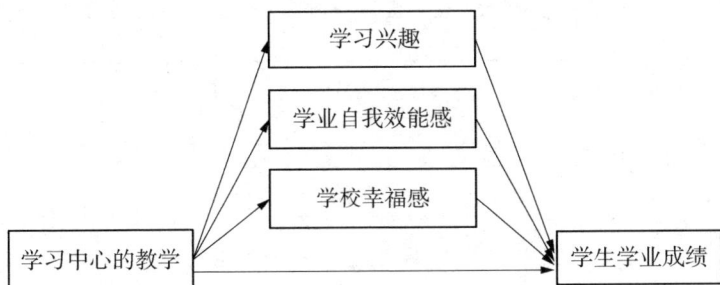

图 6-11 学习中心教学效应的初始构想模型

（2）学习中心教学影响效应模型的检验

为了检验学习中心教学初始模型的合理性，本研究运用结构方程模型技术对初始模型进行检验，模型的各项拟合指数见表 6-22。

表 6-22 学习中心教学影响效应模型的拟合指数

χ^2	df	χ^2/df	RMSEA	GFI	AGFI	IFI	NFI	CFI
7.828	4	1.957	0.036	1.210	0.987	0.991	1.031	1.101

由上表可知，学习中心教学影响效应模型的各项拟合指数，其中 χ^2/df 为 1.957，其他的 RMSEA = 0.036，GFI、AGFI、IFI、NFI 和 CFI 值分比为：1.210、0.987、0.991、1.031、1.101。这些指标均达到了拟合优度模型的水平，这说明学习中心教学的影响效应模型的设置和建构是合理的。

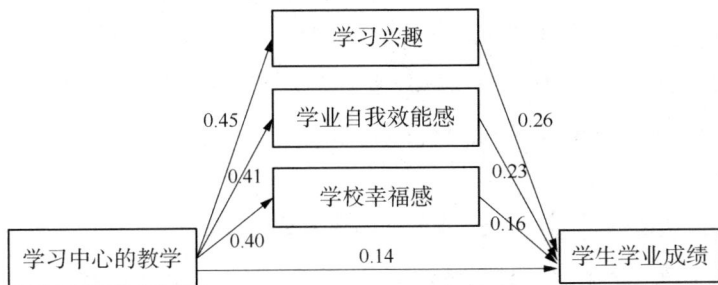

图 6-12 学习中心教学对学习结果的作用机制模型

表 6 - 23   内源变量的直接效应、间接效应和总效应

内源变量	直接效应	间接效应	总效应
学习兴趣			0.45
学习中心教学	0.45		
学业自我效能感			0.41
学习中心教学	0.41		
学校幸福感			0.40
学习中心教学	0.40		
学业成绩			
学习中心教学	0.14	0.28	0.42
学习兴趣	0.26		0.26
学业自我效能感	0.23		0.23
学校幸福感	0.16		0.16

由图 6 - 12 和表 6 - 23 可知：

（1）模型中各变量之间直接效应。学习中心教学能够直接正向作用于学生的学习兴趣、学生的学业自我效能感、学生的学校幸福感以及学生的学业成绩。

（2）模型中各变量之间的间接效应。学习中心教学通过学生的学习兴趣、学生的学业自我效能感、学生的学校幸福感为中介变量对学生的学业成绩产生间接作用。

（3）模型中变量的总效应。学习中心教学对学生学习兴趣、学业自我效能感和学校幸福感的解释率分别为 45％,41％和 40％;学生学习兴趣、学业自我效能感和学校幸福感对学生学业成绩的解释率分别为：26％,23％和 16％;学习中心教学对学生学业成绩的解释率为：42％。

4. 讨论

（1）学习中心教学对学生学业成绩的直接效应

本研究发现,学习中心教学能够直接作用于学生的学业成绩,这一研究结果是对既往实践和理论研究的实证支持。在实践研究上,国内不少学者都在聚焦于

"以教促学"的教育教学实践研究。①② 在理论研究上,国外学者彭尼库克
(Pennycook,1989)③和普拉布(Prabhu,1990)④都指出,不存在单一的最佳教学
法,尤其是对于语文学科而言,单一的教学法会损害个体对语言教学的理解。而
后续研究者进一步指出,虽然没有单一的教学法对所有学生的学习都产生效果,
但是要使得教师的课堂教学能够促进学生的学习,那么教师的教学应该具备三个
特征:特定性、实践性和可行性。其中,特定性最为重要。特定性是指教师的课堂
教学应该特别关注学生的个体差异,基于学生个体差异开展教学;实践性是指教
师应该正确处理教学理论和教学实践之间的关系;可行性是指教师的教学应该关
注教育情境和学习者。⑤ 本研究中的学习中心教学不是一种单一的教学方法,它
是多种教学方法的整合,并且这些教学方法应该关注学生的个体差异,尊重学生
的特征以及这些教学方法应该具有可操作性。因此,学习中心教学能够直接正向
预测学生的学业成绩也不难理解了。

(2) 学习中心教学对学生学业成绩的间接效应

本研究还发现,学习中心教学除了能够直接作用于学生的学业成绩之外,还
能够通过学生的学习兴趣、学生学业自我效能感和学校幸福感的中介作用来间接
影响学生的学业成绩。这是对既往研究的一个重要补充,既往研究均发现教师的
教学是能够培养学生的学习兴趣、增强学生学业自我效能感和改善学生学校幸福
感水平的;⑥⑦⑧并且也有研究发现学生的学习兴趣、学业自我效能感和学校幸福

---

① 沈毅,崔允漷. 课堂观察:走向专业的听评课[M]. 华东师范大学出版社,2008.

② 叶澜."生命·实践"教育学派——在回归与突破中生成[J]. 教育学报,2013,9(5):3—23.

③ Pennycook, A. The concept of method, interested knowledge, and the politics of language teaching
[J]. Tesol Quarterly, 1989,23(4),589 – 618.

④ Prabhu, N. S. There is no best method-why? [J]. Tesol Quarterly, 1990,24(2),161 – 176.

⑤ Kumaravadivelu, B. Understanding language teaching: From method to postmethod [M].
Mahwah, NJ: Lawrence Erlbaum, 2005.

⑥ 赵海兰,龚子兰. 基于数字化游戏的教学对学生学习兴趣和学业成绩的影响——以英语教学为中心
[J]. 现代教育技术,2007,17(11):47—54.

⑦ Joo, Y. J., Bong, M., & Choi, H. J. Self-efficacy for self-regulated learning, academic self-
efficacy, and Internet self-efficacy in Web-based instruction [J]. Educational Technology Research
and Development, 2000,48(2),5 – 17.

⑧ Klusmann, U., Kunter, M., Trautwein, U., Lüdtke, O., & Baumert, J. Teachers' occupational
well-being and quality of instruction: The important role of self-regulatory patterns [J]. Journal of
educational psychology, 2008,100(3),702 – 715.

感能够影响学生的学业成绩。①②③ 但是鲜见有研究者将教师教学、学生学习兴趣、学生学业自我效能感、学生学校幸福感和学生的学业成绩纳入到一个整体模型中进行整体效应分析。本研究中学习中心教学之所以能够通过学生学习兴趣、学业自我效能感、学校幸福感的中介作用来间接作用学生的学业成绩,这种现象可以运用一般学习理论来进行解释,一般学习理论认为,学生的学习结果是教师等外部因素影响学生的认知、情感和行为,然后通过学生的认知、情感和行为来影响学生的最终学习成绩。④ 本研究中的学生学习兴趣属于认知成分、学校效能感和学校幸福感属于情感范畴,教师教学是外部因素范畴。因此,学习中心教学通过影响学生的学习兴趣、学业自我效能感、学校幸福感的中介作用来间接作用于学生的学业成绩。

---

① Köller, O. , Baumert, J. , & Schnabel, K. Does interest matter? The relationship between academic interest and achievement in mathematics [J]. Journal for Research in Mathematics Education, 2001,32(5),448 - 470.

② Caprara, G. V. , Fida, R. , Vecchione, M. , Del Bove, G. , Vecchio, G. M. , Barbaranelli, C. , & Bandura, A. Longitudinal analysis of the role of perceived self-efficacy for self-regulated learning in academic continuance and achievement [J]. Journal of educational psychology, 2008, 100 (3), 525 - 534.

③ Van Petegem, K. , Creemers, B. , Aelterman, A. , & Rosseel, Y. The importance of pre-measurements of wellbeing and achievement for students' current wellbeing [J]. South African Journal of Education, 2008,28(4),451 - 468.

④ Buckley, K. E. , & Anderson, C. A. A theoretical model of the effects and consequences of playing video games [A]. In P. Vorderer & J. Bryant (Eds.), Playing video games: Motives, responses, and consequences [C]. Mahwah, NJ: Erlbaum, 2006. 363 - 378.

第七章

综合视域下学习中心教学研究的趋势与展望

本研究在对既往研究进行总结和分析的基础上,建构了整体分析框架。首先,在借鉴布伦伯格的学习中心教学理论模型的基础上建立了本土化学习中心教学的分析框架;其次,开发了学习中心教学的评估问卷,分析了当前我国学习中心教学的关键特征;接着,探究了教师信念因素和学校管理因素对学习中心教学的影响效应;最后,考察了学习中心教学对学生学习结果的作用机制。基于此,本章在上述研究结果的基础上,归纳出研究结论对当前课程与教学改革的启示,并且分析本研究存在的局限以及进行未来展望。

一、学习中心教学研究的趋势

正如绪论所阐述的那样,本研究试图回答的问题如下:

其一,本土化的学习中心教学由哪些要素构成?各构成要素之间的关系是怎么样的?

其二,我国学习中心教学有怎样的特征?

其三,哪些是影响学习中心教学的关键因素?

其四,学习中心教学对学习结果的作用机制是怎么样的?

对于上述问题本研究的第四章、第五章、第六章和第七章分别做出了回答。本节将对本研究在解决上述问题过程中的一些研究发现做一个简单的总结。

(一) 学习中心教学是一个五因素模型

本研究在布伦伯格的学习中心教学理论模型的基础上,通过质性访谈对该理论模型进行了检验和修正。通过检验发现布伦伯格的学习中心教学分析框架具有较强的文化适应性,即结构是稳定的。并且本研究发现,有些要素的组成成分有变化,本研究对其进行了修正。通过对个案教师访谈资料进行的归纳提炼,将学习中心教学的核心要素概括为:教师角色、学习责任、内容功能、权力平衡以及评价的过程和目的。

教师角色因子包括:创造为了学习的环境,实现课程成分之间的一致性,开展互动性的学习活动,准确有效地表述目标和唤醒学生学习的内驱力等内容。

学习责任因子包括:提供对学习负责任的机会,培养学生"学会学习"的技能,培养学生自主的终身学习技能,培养学生的自我评价能力和培养学生的信息素养。

内容功能因子包括:多样化地使用内容,让学生投入学习内容中,使用组织脚本帮助学生学习内容和帮助学生的后续学习。

权力平衡因子包括:共同决定课程内容、尊重学生声音、综合评价学生的学业表现、使用开放式的任务、灵活的课程成分和课程政策创造学习机会。

评价的过程和目的因子包括:融评于教、开展形成性评价、开展自我评价和同伴评价、培养学生从错误中学习的能力、开展真实性评价和培养学生判断自己答案准确性的能力。

对上述各因子之间交叉点数的分析发现,这五个因子之间均存在不同程度的交叉点数,这初步说明学习中心教学各因子之间是存在一定程度的相关的。后面各因子之间的相关分析发现各因子的相关系数在 0.261~0.523,这是一种中低水平的相关,这进一步说明学习中心教学五因子之间既相互独立又存在一定的联系。另外,五个因素的参考点数由高到低分别是:教师角色(61)＞内容功能(53)＞学习责任(52)＞权力平衡(40)＞评价的过程和目的(34);这说明教师角色在学习中心教学中处于非常重要的位置。

(二) 学习中心教学的特征

对学习中心教学的特征进行分析发现:(1)学习中心教学处于中等偏上水平,其中内容功能表现最好,评价的过程和目的表现最差;(2)初一学教师的学习中心教学水平高于初二教师;(3)城市教师的学习中心教学水平高于乡村教师;(4)学习中心教学呈现出随着教龄增长而波动式发展的趋势,并且 5—10 年和 21—25 年教龄阶段分别是实施学习中心教学的高峰和低谷;(5)职称是影响教师实施学习中心教学的重要因素,一级职称教师的学习中心教学水平最高;(6)教师学历越高,学习中心教学水平越高;(7)学习中心教学与班级规模之间的关系不是一种简单的线性关系;(8)师范院校毕业的教师在学习中心教学及其各因子上的表现均略优于非师范院校毕业的教师。

(三) 教师信念和学校管理是影响学习中心教学的重要因素

基于整体分析框架,本研究检视了教师信念和学校管理因素对学习中心教学的影响效应,即对分析框架中前半部分变量之间的关系进行考察,在此基础上提出学习中心教学的提升策略。通过研究得出如下研究结论:

首先,本研究检验和修正了本文整体分析框架的合理性。本研究发现,六种教师信念因素对学习中心教学的影响均非常显著,并且新增加的教师语文学科价值观也能够显著预测学习中心教学的水平;研究还发现学校的政策支持、实践支持和文化支持均能够显著预测学习中心教学。上述研究结果证明了本文分析框架的前半部分变量之间关系假设是合理的。

其次,通过检视教师信念因素对学习中心教学的影响发现:教师的教学效能感、对学生的信任、反思意识、自主支持、学习中心信念以及语文学科价值观均能够显著预测学习中心教学;教师的学习中心信念对学习中心教学的影响最显著;六种教师信念因素对学习中心教学的影响效应由大到小依次是:学习中心信念>教学效能感>学科价值观>反思意识>对学生的信任>自主支持。

最后,本研究还考察了学校管理因素对学习中心教学的影响,研究发现:学校的政策支持、实践支持和文化支持均能够显著预测学习中心教学;学校的政策支持对学习中心教学的影响最显著,学校管理因素对学习中心教学的影响效应由大到小依次是:学校的政策支持>学校的实践支持>学校的文化支持。

(四) 学习中心教学对学习结果有重要影响

本研究分析学习中心教学对学生学习结果的作用机制,即检视本文整体分析框架中后半部分变量之间的关系,结果发现:

第一,检验和修正了本文的整体分析框架中后半部分各变量之间关系。研究发现,学习中心教学不仅能够直接影响学生的非学业成就和学业成绩,还能够通过非学业成就的中介作用间接影响学生的学业成绩。上述研究结果证明了本文分析框架的后半部分变量之间关系的假设是合理的。

第二,研究发现:学习中心教学与学生学习兴趣之间存在着非常显著的正相关;学习中心教学对学生的学习兴趣有正向预测功能;在学习中心教学中,教师角色因子对学生学习兴趣预测作用最大。

第三,研究发现:学习中心教学与学生学业自我效能感及各因子之间存在着非常显著的正相关;学习中心教学对学生的学业自我效能感及各因子均有正向预测功能;在学习中心教学中,内容功能因子对学生学业自我效能感预测效应最大;学习责任因子对学生的学业自我效能感有重要的影响。

第四,研究发现:学习中心教学及其各因子与学生的学校幸福感之间存在显著的正相关;学习中心教学能够正向预测学生的学校幸福感水平;学习责任因子对学生学校幸福感的影响最大。

第五,研究发现:学习中心教学与学生的学业成绩之间存在显著的正相关;学习中心的教学能够正向预测学生的学业成绩;教师角色因子对学生的学业成绩的影响最大。

最后,学习中心教学影响效应模型的建构发现:学习中心教学能够直接作用于学生的学习兴趣、学业自我效能感、学校幸福感,学习中心教学对三种非学业成就的影响效应由大到小依次是:学习兴趣>学业自我效能感>学校幸福感;并且学习中心教学也能够直接影响学生的学业成绩,还能够通过学生学习兴趣、学业自我效能感和学校幸福感为中介变量对学生的学业成绩产生间接影响。

(五) 对总体分析框架的修正

本研究基于整体分析框架探究了学习中心教学是什么,其现状是怎么样的,学习中心教学的影响因素(教师信念和学校管理因素)和学习中心教学对学生学习结果的作用机制。通过分析发现,学习中心教学五个因子中的重要程度依次是:教师角色>内容功能>学习责任>权力平衡>评价的过程和目的;教师信念因素对学习中心教学影响效应从大到小依次是:学习中心信念>教学效能感>学科价值观>反思意识>对学生的信任>自主支持;学校管理因素对学习中心教学的影响效应大小依次是:学校的政策支持>学校的实践支持>学校的文化支持;学习中心教学对非学业成就的影响效应由大到小依次是:学习兴趣>学业自我效能感>学校幸福感;同时也发现学习中心教学既能够直接影响学生的学业成绩还能够通过非学业成就因素的中介作用间接影响学生的学业成绩,而不是整体分析框架所认为的学习中心教学只能够通过动机因素的中介作用来间接影响学生的学业成绩。因此,结合上述研究结论,本研究对本文的整体分析框架进行了修正(圆圈里面的排序是根据上述研究结果的重要程度的排序),具体如下图所示。

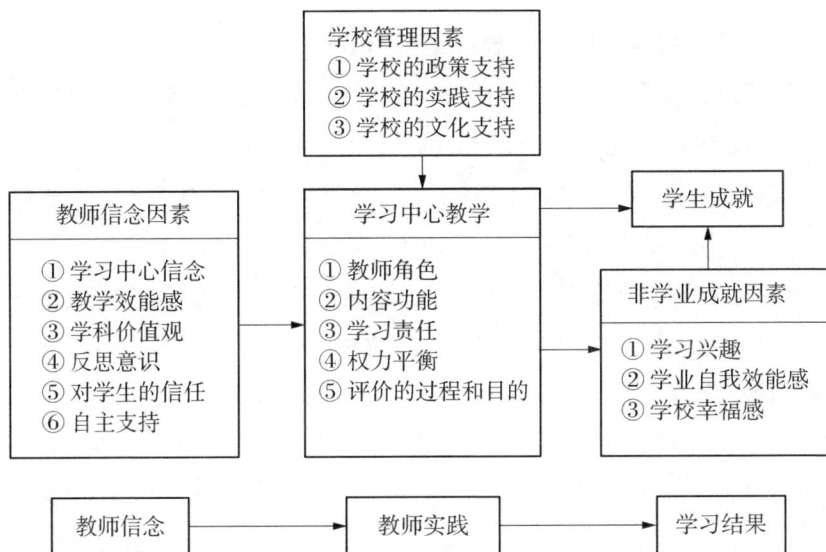

图 7-1　修正后的分析框架

由上图可知,上图在验证本研究整体分析框架的基础上,还对整体分析框架进行了两个方面的修正:其一,对各要素或者变量的重要程度进行了排序;其二,建立了学习中心教学影响学生学业成绩的直接效应模型。

二、学习中心教学对深化课程改革的启示

本研究分析发现,我国学习中心教学处于中等偏上水平。这说明学习中心教学已经成为一种趋势。既往研究也发现新课程改革以来,教师的教学方式有所转变,即逐渐转向学习中心教学,这具体表现为:调查发现,有 57% 的学生认为教师经常要求他们准备操作和实验材料;59.2% 的学生认为教师经常使用投影、幻灯等现代技术手段进行教学;8.45% 的学生认为教师经常鼓励学生提出问题;64.3% 的学生认为课堂上老师能够理解学生的观点;80% 以上的学生认为教师采

取鼓励的方式,而不是用训斥的方式,教师能够了解学生学习中的困难。① 由此可见,教学方式已经发生了重要转变,即新课程改革的促进作用下学习中心教学已经成为一种趋势。那么如何促进这种趋势不断持续下去呢? 本研究关于学习中心教学的众多结论对深化新课程改革具有重要的启示,具体表现为:

(一) 教师:建立学习中心信念和改善评价素养

本研究发现,与教师的教学效能感、对学生的信任水平、自主支持、反思意识和学科价值观等信念相比较,教师的学习中心信念对学习中心教学的预测效应最大。由此可见,培养教师的学习中心信念对于开展学习中心教学而言是非常重要的。并且既往研究指出,教师信念与教师实践的一致性是改进教学实践的重要前提。由此可以推断,教师的学习中心信念是促进教师教学方式转变的重要影响因素。另外,调查还显示,学习中心教学的五个维度中,评价的过程和目的的得分最低,这说明提升教师的评价素养是改善学习中心教学水平的重要策略,并且布伦伯格在其研究中也指出,从评价入手是提升学习中心教学水平的首选策略。② 因此,提升教师的评价素养是落实学习中心教学的关键。综合上述分析,要推进新课程改革的进一步深化,对于教师而言,建立学习中心信念和改善评价素养是非常必要的。那么如何建立教师的学习中心信念和改善教师的评价素养呢?

1. 建立教师的学习中心信念

建立教师的学习中心信念可以通过两种策略来实现:理论知识的学习和实践策略的改进。对于教师而言,理论知识的学习主要是通过自主阅读来实现的,这种方式建立在教师自己学习兴趣和需求的基础之上,因此,这有利于充分调动教师对理论知识学习的热情和积极性,这种理论知识的学习会逐渐加深教师对教学本质的理解,即教学是通过教学活动来培养人,这对深化教师的学习中心信念有非常重要的影响。但是需要指出来的是,这种理论知识学习的持续时间稍微要长一些,因为教师从理论知识学习到教师内化这些理论知识还需要一个过程。如果能够结合一些具有实践性的操作策略,那么对于教师梳理学习中心信念可能就会

---

① 教育部"新课程实施与实施过程评价"课题组. 基础教育课程改革的成就、问题与对策——部分国家级课程改革试验区问卷调查分析[J]. 课程·教材·教法,2003,23(12):35—39.

② Blumberg, P. Developing learner-centered teaching: A practical guide for faculty [M]. San Francisco, CA: Jossey-Bass, 2009.

事半功倍。正是基于这一思考,有研究指出,理论知识的学习对教师非常重要,但是通过实践来改善教师的学习中心信念水平也是不可缺少的。[①] 因此,本研究认为可以采取如下实践策略来提升教师的学习中心信念水平:第一,通过教师的反思行为来提升教师的学习中心信念水平。教师在反思性实践中深化对自身教学实践的认识和理解,不断深化自己的学习中心信念;教师可以在教学反思中感受到教学的目的是指向学生学习和发展,进而加深教师对学习中心教学内涵的理解;教师的教学反思可以将内在的教育观念外显化,进而确立教师自己的学习中心教学信念。总而言之,教师可以在教学实践中不断反思,发现问题,深化理解,进而确立学习中心信念。第二,通过教学共同体来提升教师的学习中心信念(教师的学习中心信念是在社会文化环境中通过与学习中心相关的文化信息相互作用形成的)。教师们如果能够在合作的基础上建立教学共同体,那么教师就能够学习相互之间的学习中心信念,并且及时根据学习共同体中的学习中心信念来克服和纠正自身的非学习中心信念,进而改善教师的学习中心信念水平。第三,在教学行为改进过程中提升自身的学习中心信念水平。与教师实践一致的教师信念能够影响教师的实践,[②]即学习中心信念是影响教师的学习中心实践的重要因素,并且教师的学习中心实践又促进着教师新的学习中心信念的形成,即教师信念和行为是一种相互影响、共同发展的关系,因此,可以通过改善教师的学习中心教学行为来提升教师的学习中心信念水平。

2. 改善教师的评价素养

教师的评价素养是指教师在课堂教学和评价活动中养成的素质。[③] 对于大部分教师而言,他们相当一部分的教学时间是用在与评价相关的活动上。[④] 然而,正如本研究所发现的一样,教师评价的目的不明确、过程评价简单而少、较少提供结构性的反馈等现象是教师教学评价普遍存在的问题。造成上述不良现象的主要原因是教师缺乏相关的评价素养。针对上述原因,要提升教师的评价素养,可以从这几个方面入手:其一,提升教师对评价的认识。教师缺乏评价意识的一个根

① 马莹. 基础教育课程改革中的教师信念研究[D]. 西安:陕西师范大学,2012.
② 宋月琴. 计划行为理论与教师信念研究[J]. 教育理论与实践,2015,35(16):39—42.
③ Stiggins,R. J. Assessment literacy [J]. Phi Delta Kappan, 1991,72(7),534-39.
④ 赵雪晶. 基于听评课的教师评价素养提升策略研究[J]. 教师教育研究,2013,25(2):57—61.

本原因就是教师认为开展形成性的教学评价繁琐,并且不一定能够获得很好的教学效果和育人质量。要解决这一问题,最重要的策略就是让教师亲身体验有效的形成性评价过程。要让教师亲身体验形成性评价的过程,一方面可以通过参观典型的形成性评价促进学生学习的课堂以便让教师获得间接的体验,另一方面可以通过在教学评价专家或者有经验的同行的指导下开展有效的课堂教学评价,以便提升教师对开展课堂教学评价的认识水平。其二,增强教师的教学评价知识和技能。提高教师教学评价的知识和技能水平是改善教师教学评价素养的关键所在,为了提高教师的评价知识和技能,有必要为教师创造在职培训的机会;当然,仅仅只是了解相关的评价知识和技能还是不够的,这还需要教师在教学实践中形成运用评价知识和技能的学习共同体,通过同事之间的相互学习来提升运用评价知识和技能的能力;另外,培养教师反思自己教学评价知识和技能的习惯也有利于提升教师的教学评价知识和技能。其三,树立正确的教学评价观。教师正确的评价观是提升教师评价素养的重要策略,针对这一问题,教师应该认识到开展教学评价的目的最终是指向学生的学习和学生的发展。因此,教师在开展教学评价的时候应该充分尊重学生的主体性。教师更不能在教学评价的时候给学生贴上不良标签,比如,笨小孩、坏小孩等。教师在对学生评价的时候应该针对学生的各种表现来进行综合评价,而不应该只是针对学生的知识和技能的掌握进行评价,还应该涉及学生学习态度、价值观念、创造性和实践能力等的培养。同时,教师在开展教学评价的时候应该尊重学生的个体差异,并且运用评价促进学生彰显出自身的优势。

(二)学生:培养负责任学习的意识和自主学习的能力

本研究发现,学习中心教学能够直接预测学生的非学业成就水平,也能够直接预测学生的学业成绩,还可以通过非学业成就因素的中介作用间接预测学生的学业成绩,这说明学习中心教学是促进学生学习和发展的重要因素。而学习中心教学主要表现为:学生的负责任学习和自主学习。因此,如何增强学生的负责任学习和自主学习能力对实施学习中心教学而言是非常重要的。另外,本研究发现在学习中心教学中,学习责任维度上的得分比较低,这进一步说明了培养学生负责任学习和自主学习的必要性。那么如何提升学生的负责任学习和自主学习的能力呢?

1. 培养学生负责任学习的意识

学习责任是指学生对自己作为"学生"所应履行的职责有清楚的认识,具有自觉做好分内之事的意识、承担自己学习责任的紧迫感和积极履行学生职责的行为倾向。[①] 本研究发现学生的学习责任水平比较低,这已经成为制约学校教师开展学习中心教学的重要因素。对这一现象,最重要的就是要培养学生的学习责任意识。那么如何培养学生的学习责任意识呢? 本研究认为可以采取这些措施: 首先,教师应该给予学生对自己负责任的机会。这是培养学生学习责任意识的前提,传统的学习中心教学强调教师对课堂的控制,久而久之导致了学生对教师过分依赖,缺乏对自己学习负责任的机会。要改变这种情况,教师应该理解学习是学生的责任而不是教师替代学生学习,然后还要求教师在课堂教学中充分尊重学生观点的表达,培养学生的学习热情,让学生投入学习中。其次,培养学生对自己学习负责任的能力。学生的学习责任能力是提升责任意识的基础,学生只有具备了学习责任能力才能够去落实学习责任意识,进一步巩固学生的学习责任意识。要培养学生的学习责任能力最主要的是培养学生有效的学习策略,这些策略最主要应该是时间管理、自我监控以及自我调节学习等。要培养学生的这些学习策略,可以通过在学科教学中进行渗透的方式来实行,当然也可以通过专门的学习策略训练来实施。最后,还需要培养学生的自我评价和反思的能力。这有利于让学生明白自己的优势和不足,进而让学生确定合适的学习责任范围,进而持续促进学生对自己的学习负责任。

2. 培养学生自主学习的能力

本研究发现学生自主学习是学习中心教学的本质要求,因此,增强学生的自主学习能力是非常重要的。那么如何做才能够确保学生实现自主和负责任学习呢? 国际上关于在课堂教学中实现学生自主学习的相关研究成果能够给予我们启示,他们认为要实现学生的自主学习应该遵守四个原则:

(1) 从教师监管逐步转移到学生对自己学习过程的监管。为了发展学生的自主学习能力,他们需要通过学习实践来变成自主学习者。因此,教学应该由教师

---

① 任露. 学生学习责任意识的培养策略探讨[J]. 中国教育学刊,2015,(9): 67—73.

监管逐步转向学生对自己学习过程的管理,这种转变的观点已经被许多研究者倡导。①② 传统教学让学生获得教学内容(主要指知识和技能),学习中心教学也需要让学生获得知识与技能。③ 对于传统教学而言,示范是一个非常重要的策略,对于学习中心教学也是如此,即教师示范学习是从传统教学走向学习中心教学的重要策略。教师示范学习,即教师展示学习者是如何通过出声思维持续投入到学习过程中的,比如激发和启动先验知识、考虑接下来做什么、检查结果、回到主题、重申目标、寻找新信息、阅读文本、提问其他人等等。这个教学过程来自示范,这让学习可视化,也能够激活学生参与到学习中来以及让学生自己实践。④ 虽然传统教学和学习中心教学均强调教师示范,但是与传统教学不同的是,在学习中心教学的示范过程中教师还需要运用提问、与学生讨论他们的学习方式和策略来让学生参与到学习中,这时的学生则应该学会在不同的情境下,通过不同的实践活动来明确关注点和进行反思。⑤ 通过教学活动,学生应该逐渐学会通过任务实践来进行自我管理,并且这些任务尽可能是与现实生活密切相关的。当然,学生还需要反思自己的学习方式和学会思考自己是如何做出选择的,同时学生自主地形成自己监管自己学习过程的习惯也是非常必要的。⑥

（2）关注"知识建构"。学习中心教学需要处理内容(上下文情景和环境)与过程(一般策略和迁移)之间的关系。学习是具有情境性和内容限制的,教学则指向可迁移的知识和学习技能。那么学习中心教学怎么样来克服内容与过程之间的这种弹性呢?哈钦斯等人曾指出:"迁移的程度越深,就会要求越多的条件性知识

① Candy, P. C. Self-direction for lifelong learning: A comprehensive guide to theory and practice [M]. San Francisco, CA: Jossey-Bass, 1991.

② Boekaerts, M., & Simons, P. R. Leren en instructie: psychologie van de leerling en het leerproces [M]. Assenin: Dekker & van de Vegt (in Dutch), 1995.

③ Volet, S. Process-oriented instruction: A discussion [J]. European Journal of Psychology of Education, 1995,10(4),449－459.

④ Schunk, D. H., & Zimmerman, B. J. Conclusions and future directions for academic interventions [A]. In D H Schunk, & B J Zimmerman, Self-regulated learning: From teaching to self-reflective practice [C]. New York: Guilford Press, 1998,225－235.

⑤ Eacute, J., & Esteve, M. The transformation of the teachers' role at the end of the twentieth century: New challenges for the future [J]. Educational Review, 2000,52(2),197－207.

⑥ Marzano, R. J. A different kind of classroom. Teaching with dimensions of learning [R]. Alexandria: Association for Supervision and Curriculum Development (ASCD), 1992.

和更深刻的内容知识"①。鉴于此,要克服内容与过程之间的弹性,关注学生的知识建构是非常必要的,具体措施如下:第一,学习中心教学要鼓励学生主动地、批判性地评估他们在内容和过程方面的先验知识。先验知识可能是没有意识到的和基于学校经验之外的,它通常是个体不言自明而拥有的知识。因此,这需要学生主动地和批判性地评价和关注学习过程,而学习要么能够建构先验知识,要么依靠已经形成的先验知识来重建或者替代它。要激发学生的先验知识,教师可以通过"有关主题的问题""发声的想法"以及"发现的假设"等向学生提问的方式实现。第二,教师以专家的身份来协调相关学习内容使其更加符合学生的要求。比如,教师向学生介绍典型的问题语句、知识获取的过程、相关的物质环境、所需工具和社会领域相关的知识。② 每一个内容都需要通过多种学习方式与各内容的学习活动相适应,这里的学习方式主要是做中学和练习中学。虽然,有研究者曾指出专业知识经常在浅层学习中被误解,但教师可以通过教学实践使得专业技能的学习更加适合于学生的需要。第三,教师应该让学生掌握一些最基本的知识和技能,以便让学生能够适应各种知识和技能在特定情境中的应用。要实现这一要求,需要教师帮助学生来发现他们的策略性知识和技能的适应性,教师可以通过与学生讨论各种知识和技能之间的异同和讨论怎么样、为什么以及什么时候应用策略等方式实现。③ 迁移不是复制,它需要在"什么是知道的"和"什么是新的"之间创造性地甄别,即学习中心教学要求学生在复杂的背景下、任务范围内、在不同的教师之间做出判断以及通过刺激学生有注意的反应等来实现学生知识和技能的迁移。④ 与初学者相比较,有经验的学习者之所以更容易参与到学习过程中来,是因为他们能够为自己设置较高的学习目标,激发和评估他们的先验知识,投入到各种学习活动中,评估他们的学习过程和结果,管理整个学习过程以及做出采

① Hutchins, E. Cognition in the wild [M]. Cambridge, MA: Massachusetts Institute of Technology, 1995.

② Hutchins, E. Cognition in the wild [M]. Cambridge, MA: Massachusetts Institute of Technology, 1995.

③ Rosenshine, B., & Meister, C. Direct instruction [A]. In M. J. Dunkin(ed). The international encyclopedia of teaching and teacher education [C]. Oxford: Pergamon Press, 1987.

④ Volet, S. Process-oriented instruction: A discussion [J]. European Journal of Psychology of Education, 1995,10(4),449-459.

取进一步行动的决定等。这些事情也是教师应该慢慢引导学生做的。当然,教学为了促进学生在一个领域变得更加专业而关注学生学习过程中的所有组件,这也是非常基础的。

(3) 关注学习情感。教学会涉及学生的学习情感,对学生来说学习可能是非常美好和有趣的事情,但是学习中的困难有时候也非常危险。在教学过程中,教师应该告诉学生学习主题是多么有趣和多么重要,同时也让他们知道学习是有价值的,即使是在最困难的时候,也要快乐地解决难题或者采取措施使难题变得简单。教师可以通过设置一个学习目标来引导学生产生高的学习动机和实现好的学习成就。① 积极反馈是另一种使学生感觉在困难中的学习是有价值的方式。反馈应该指向培养任务导向的学生,因此,教师在进行教学反馈的时候应该是任务导向的而不是直接指向学生的,因为后者更容易使学生形成自我防卫或者过于依赖教师的表扬。教师反馈的类型能够影响学生的归因方式,因此,学习中心教学中,特别重要的就是将学生的重要表现和积极的反馈策略相结合,② 只有这样才能保证学生对学习具有持久的兴趣和效能感。自主学习也需要依靠"情感智力",而情感智力又可以通过教师的指导来培养。③ 要培养学生的情绪智力教师可以这样做:通过帮助学生理解和命名情感,讨论情绪以什么样的方式影响其他事情的继续以及怎么样处理它们等等。另外,由于学习的内容、过程和情境不断被情绪影响,而情绪又不断地被学生之间的互动和学生与教师之间的互动所影响,因此,建立课堂与教学之间的积极关系,以此来帮助学生发展他们的情感智力也是非常重要的。同时,自主学习要求学生善于进行元情感管理,包括当学习遇到困难的时候的坚持性。④ 通过上述教师教学策略来发展学生学习过程中的情感是非常有必要的。

---

① Schunk, D. Attributions and the development of self-regulatory competence [C]. Paper presented at the Annual Meeting of the American Educational Research Association, New York City, New York, 1996.

② Hattie J, Biggs J, Purdie N. Effects of learning skills interventions on student learning: A meta-analysis [J]. Review of Educational Research, 1996,66(2),99 - 136.

③ Goleman, D. Emotional Intelligence: Why it can matter more than IQ [M]. London: Boomsbury, 1995.

④ Bolhuis, S. Towards process-oriented teaching for self-directed lifelong learning: a multidimensional perspective [J]. Learning and Instruction, 2003,13(3),327 - 347.

（4）将学习过程和学习结果作为一种社会现象。学校和班级均是社会学习环境。即使教师没有意识到自己在运用这些学习环境，但是这些学习环境是依然存在的。当然，当学习结果不是我们所喜欢的时候，我们可能更容易觉察到社会学习环境的存在，比如，当学生们学会攻击别人、欺负别人以及表现出自私行为的时候，其实这些行为都是存在于社会环境中的，只是在社会环境中，参与者们没有学习到更好的与群体相处的方法。社会技能教学之所以作为一个教育目标，也是因为上述原因。然而，学习中心教学包括社会技能的教学，比如，教学生观察和学习来自其他人的行为以及给予其他同学建议和信息、理解其他同学的观点、站在他人的角度考虑问题以及开展卓有成效的合作等。社会技能教学需要保持对社会因素的敏感性。比如，觉察到社会的稳定和自己的工作环境，逐渐使得这种敏感性从简单到复杂。社会学习所指的学习是学习者运用社会环境来学习。合作学习则是指所有的合作者卷入到学习中来和其他人一起学习，这些也需要学习者学习。为了促进合作学习，教师必须确保在小组里面有积极的内部依靠，并且对怎么样合作给予清楚的指导，对合作的过程给予反馈和奖励。① 这样学生通过实践体会到了社会技能的重要性。

而对于学习中心教学而言，最大的困难可能是将知识作为一种社会建构，而不是理解社会技能的建构。学校在传统上是一个早期社会化的机构，这要求学校传授给青少年能够接受的社会知识。那么如何使得知识能够有效的社会化呢？这就涉及发展新的知识和摒弃旧知识的问题，这也是一个很多人都关心的问题。然而，知识的产生被最强大的社会力量用多种方法控制着。而民主是建立一种所有成员公平参与社会建构的手段，民主最主要的形式就是要求所有的参与者在思考、讨论和决定什么应该是一种在所有环境中都被接受的知识。鉴于此，当前的学校不应该只是确保年轻人开始分享社会知识，而应该帮助他们负责任地开展批判性评估、改变和增长知识。教师借助于合作学习的任务和课堂讨论来帮助学生体验学习，并将此作为参与现实的社会建构。②

---

① Abrami, C. Classroom connections: understanding and using cooperative learning [M]. Toronto, Ontario: Harcourt Brace & Company Canada, 1995.

② Bolhuis, S. Towards process-oriented teaching for self-directed lifelong learning: a multidimensional perspective [J]. Learning and instruction, 2003, 13(3): 327 - 347.

但是,为了培养学生的这种参与行为,学校需要认识到其本身作为一个机构应该怎么样来参与现实的建构和重建。这要求学校和教师意识到教育中遭遇的复杂性和认识到在教育关系中是什么力量占主导。促进批判思维应该超越"只是引出正确答案的教育",这是教师意识中应有的观念。①

(三) 学校：实施尊重教师和学生的政策

本研究发现,与学校的实践支持和文化支持相比较,学校的政策支持对学习中心教学的影响更为明显。这说明学校的政策支持对学习中心教学的预测效应更高。因此,学校的政策支持是促进教师教学方式转变的重要影响因素。另外,本研究还发现,10年教龄以上和高于一级职称教师的学习中心教学水平开始下降。这说明教师教学实践水平的持续提升受到了一定的限制,这需要学校制定出针对激励教师教学实践持续发展的政策。通过上述分析可知,学校实施支持学习中心教学的政策是非常重要的,采取激励教师持续发展的政策也是必要的。然而,通过分析可以发现,前者是从整体上提出了要实施尊重教师和学生的学校政策,后者则从具体的教师持续发展上对学校政策提出了激发学生内部驱动力的要求。

1. 让教师和学生参与学校政策的制定

如何制定和落实尊重教师和学生的学校政策呢? 本研究认为,其关键点在于充分发挥教师和学生参与学校管理的能动性。要发挥教师和学生参与学校管理的能动性,可以从这几个方面入手:首先,学校应该树立起尊重教师和学生的理念。尊重教师和学生最终的指向是发挥教师和学生在学校管理中的能动性和智慧,使学生的个体特征得到充分展示。这可以激发教师和学生的参与意识和工作/学习热情,提升教师和学生的价值与工作/学习效率;同时还能够增强教师和学生对学校管理制度的认同度和学校发展的责任心,教师和学生将自己的个人发展与学校的发展结合起来,进而提升教师和学生的工作/学习成就感和学校荣誉感。其次,为教师和学生参与学校管理提供路径支持。学校在制定相关政策的时候,尤其是针对教师教学和学生学习制定相关政策的时候,应该给予教师和学生充分的参与权限,让教师和学生参与共同决定学校的教学政策。当

---

① Weiler, K. Myths of Paolo Freire [J]. Educational Theory. 1996,46(3),353-371.

然,更好的办法是学校设置相关的教学或者学生相关的专业委员会,学校在制定教学政策的时候充分尊重专业委员会的建议和意见。只有这样才能够培养教师和学生参与学校管理的主人翁意识,并且教师和学生在参与这种政策制定的时候会逐渐提升自身的参与能力和水平。最后,培养教师和学生参与学校管理的意识。对于教师和学生而言,由于教学/学习任务多、空余时间相对较少,他们主动参与学校管理的意愿并不是非常强烈,这就需要学校要充分尊重教师的切身利益,并且在给予教师和学生一定自由支配时间的基础上,让教师和学生了解到他们的参与对于学校教育教学政策制定的重要性以及参与学校管理对自身发展的重要性。

2. 建立激发教师内驱力的政策

如何才能够制定促进教师持续发展的政策呢？这个就涉及学校政策激励方向的转变问题,一般来说,学校政策的激励作用有两种：浅层的外部激励和深层的内部驱动。一级职称和10年教龄以下的教师大多是由于受到职称评定、各种评比等外部学校激励政策的作用而不断改善自己的教学实践。然而,到了一定职称和教龄之后,学校外部刺激的作用逐渐减弱,这时候就需要学校在制定激励政策的时候更加倾向于培养教师深层的内驱力。要通过政策刺激教师的深层内驱力,可以通过这些策略来实现：其一,通过政策宣传"学生为本"的思想让教师树立正确的育人观。政策宣传可以让教师了解教育的根本目的是育人,而每一阶段的学生是存在差异的,如果要实现育人目标,教师不能懈怠,要通过持续使用各种教学策略来适应学生的发展,只有教师树立了这种意识,其教育教学才能有持续的内部动力来驱动其不断改进教学实践。其二,学校应该建立教师教学交流制度。通过这种制度化的教师教学交流可以让一些兴趣相同的教师组成教学实践改善共同体,这种共同体可以促进教师在合作的基础上发现其他教师的优势进而激发教师改善自己教学实践的内部动机。其三,建立教师教学反思机制。通过建立教师教学反思机制可以让教师了解自己教学实践中的不足,为教师教学实践改善提供内部动机支持。建立教师教学反思机制有利于让教师摆脱对经验的依赖和各种权威观点的盲从,使得教师养成批判的风格,以便实现自己的专业实践与相关理论的深度融合,这能够为改善教师的专业实践行为提供强有力的内部驱动力。

（四）制度：强化学习中心的教师培训

本研究发现：教师的学历越高其学习中心教学的表现越好；师范院校毕业的教师的学习中心教学表现比其他院校毕业的教师要好；学历越高在一定程度上代表了教师具有更丰富的学科知识，而师范院校毕业的教师在教学法上的训练要比普通院校毕业的教师多。而随着社会进步，学科知识和教学法相容已经成为教师专业化水平的核心表征。[①] 因此，这说明教师专业化水平越高越有利于促进教师实践具有学习中心的特征。那么如何提升教师专业化水平呢？之前的不少研究都认为教师在职培训是改善教师专业化水平的重要策略。[②] 但是有研究调查发现，如果教师是带着任务参加培训或者培训内容刚好激发了教师专业化水平提升的兴趣或者需要时，这种培训或者合作才是有效的。[③] 而学习中心的教师培训就是指向激发教师的参与动机，提升教师参与体验培训过程的。因此，开展学习中心的教师培训是改善教师专业化水平的关键。鉴于此，强化学习中心的教师培训是改善教师专业化水平的重要策略。要强化学习中心的教师培训可以采取这些策略：首先，尊重教师的自主权是实施学习中心教师培训的前提。教师有了专业自主权，才能够对教师培训提出符合自己特征的要求，那些强制的、命令式的和标准化的教师培训计划才能够被打破，教师参与培训的自主性才能够得到提升，教师的个性化需求才能够得到满足，只有这样才能够最大限度地提升教师的专业效能感，否则教师培训就没有充分尊重教师的自主决断权，那么教师参与培训的效果必定不会太理想。其次，激发教师参与教师培训的内驱力。当教师培训的提升策略是以激发教师专业化发展为内驱力时，教师的专业化实践才能够注入研究的态度。当研究完全融入教师日常教学时，不仅有利于改善教师对专业的理解，还有利于改善教师的专业化行为。这时候的教师再也不是机械地或者被动地接受专业化水平的相关培训，而是主动寻求各种适合自身专业化水平的策略来促进自身专业化水平的提升。最后，发挥教师自身的反思能力来强化学习中心的教师培训。教师在培训过程中如果能够结合自身的教学实践经验对培训内容进行反思，那么教师就能够对培训内容产生更多的共鸣，甚至对培训中的一些内容提出不同

---

① 李海峰. TPACK 框架下的教师专业素养研究[J]. 现代教育技术，2013，23(5)：25—30.
② 袁振国. 大力提高教师转化水平[J]. 教师教育研究，2008，20(5)：1—3.
③ 卢真金. 教师专业发展的阶段、模式和策略再探[J]. 课程·教材·教法，2007，27(12)：68—72.

的意见,进而使教师加深对自己教学实践的理解,形成自己的教学风格。通过上述策略来强化学习中心的教师培训,以此为改善教师实践提供重要的制度保障。

三、学习中心教学研究的展望

这里主要是从反思的角度来对本研究做一个总结。反思是对本研究意义的进一步深化和对本研究存在的不足的分析,以便提出未来本领域研究的方向和重点。

(一) 本研究的创新

对于本研究的创新,这里主要从理论和实践两个方面对其进行分析。

1. 理论创新

本研究的理论创新主要表现为如下几个方面:

其一,对国际教学理论研究的进一步拓展。目前我国的学习中心教学开始兴起,但是关于学习中心教学的理论研究主要聚焦于分析学习中心教学的重要性和意义。而本研究在对国外学习中心教学理论研究的基础上建构了本土化的学习中心教学理论模型,这为开展本土化的学习中心教学研究提供了本土化的理论基础。

其二,对学习理论的研究进一步深化。学习理论均认为学生的学习是很重要的,不同的学习理论背景下就会有不同的学习表现。本研究是以建构主义和人本主义学习理论为基础来研究学习中心教学的,而这样的理论对教师的课堂教学又提出了不同于其他学习理论的要求,那么如何基于上述理论建构出教师教学的相关分析框架呢? 而本研究在国内属于较早地基于两种学习理论来系统分析教师的课堂教学的,这对于丰富学习理论的内涵具有重要的作用。

2. 实践创新

本文在问题提出部分就明确分析了促进新课程改革背景下教师的教学实践转型是本研究的一个重要出发点。通过对学习中心教学的研究,可以发现本研究的实践创新聚焦于:

其一,深化教师对学生和学习的认识。其实在新课程改革之初,就非常重视学生和学生的学习。然而,教育教学实践中,凸显重视学生和学生学习的却并不多见。本研究的研究结论之一就是学习中心教学能够正向预测学生的学业成就和非学业成就表现，并且发现了学习中心教学能够通过学生非学业成就表现来间接预测学生的学业成就。这启示教师在教育教学实践中，如果能够重视学生和学生的学习，那么这种教学就更加有利于促进学生的学习和发展。

其二，为教师专业实践的改善提供了可供参考的分析框架。虽然新课程改革在我国实施了十多年，但是教师的低效、形式化教学和学生的被动、虚假学习的现象一直困扰着教育教学实践。现实教育中学习中心的理念已经被很多一线教师所接受，但是要从实践层面来落实却很困难。原因之一是缺乏系统的基于学习中心的分析框架，教师不知道如何有效地落实学习中心的理念。本研究形成了学习中心教学的分析框架，教师可以使用该框架评估自己的课堂教学实践，并且这一分析框架既可用来自评，又可以被学生和同事运用来评价教师的课堂教学状况。不管是教师自己评价还是其他人对教师的课堂教学实践进行评价，这都能够为教师的课堂教学行为改善提供实证依据。

其三，促进新课程改革的纵深推进。新课程改革的关键在学校，学校变革的关键在课堂。本研究开发了一套与新课程改革理念一致的学习中心教学分析框架，这对于推进落实新课程改革的理念具有重要的作用。另外，本研究还发现学习中心教学存在的短板在于形成性评价，这对推进新课程改革实践具有重要的启示。

其四，促进教育政策的实施提供实证支持。本书是国内首次从理论和实证相结合的角度对学习中心教学展开研究，这能够为教育政策的制定和实施提供证据支持。比如，本研究发现提升教师专业化水平是提升学习中心教学水平的重要策略，学习中心教学既能够影响学生的学业成就也能够影响学生的非学业成就等。

（二）学习中心教学的未来展望

尽管本研究遵循严格的研究规范，但还是存在一些不足：

第一，由于受访人员和调查人员数量的限制，本研究的结论和发现可能存在一定的地区局限性，那么结论推论到全国可能存在局限。

第二，本研究中分析的学习中心教学的特征主要是从有代表性的几个方面来进行分析的。除了这些特征之外，学习中心教学可能还存在其他特征。

第三，在分析影响因素的时候，虽然本研究是在总结前人研究的基础上考察的两个核心变量群（教师信念因素和学校管理因素）对学习中心教学的影响，并且为了检验这两个变量群对学习中心教学影响的真实情况，本研究还控制了一些学生群体特征变量、教师个体特征变量、校长个体特征变量和学校整体状况变量。但是，由于影响教师实施学习中心教学的因素实在太多，本研究考察的变量比较有限，控制变量也比较有限。因此，后续研究中需要进一步在控制相关变量的基础上探索更多变量对学习中心教学的影响。另外，因为各影响因素之间的关系复杂，有可能多个因素共同对学习中心教学产生交互作用，这是本研究没有考虑的问题。

第四，在分析学习中心教学功能的时候，本研究中的学生学习结果的指标仅仅选用了具有代表性的学业成就指标（学业成绩）和非学业成就因素（学习兴趣、学校幸福感和学业自我效能感），学习中心教学可能还会有其他的功能需要后续研究进一步探究和分析。

最后，本研究采用的研究方法主要是实证的调查研究的方法，并且多处采用相关分析、回归分析、多层线性模型分析以及结构方程模型的分析方法，但是这些都只是一种反应准因果关系的技术，如果要更为准确地反应教师信念因素和学校管理因素对学习中心教学的影响以及学习中心教学对学生学习结果的作用机制，还得用实验研究的方法做进一步研究。

虽然本研究具有理论和实践上的创新，但是本研究是一项探索性的工作，为本领域的后续研究提供了一种方向，后续研究可以在这几个方面展开进一步的研究。

其一，扩大调查的范围，在中国各地区抽取具有代表性的样本，开展更广范围的学习中心教学的调查研究，为全面了解我国的学习中心教学状况提供实证支持。另外，还可以分析不同地区的差异表现以便为提出针对性的改进建议提供证据支持。

其二，进入教学一线开展教育实验研究，本研究虽然通过调查分析探讨了学习中心教学的特征、影响因素和功能，但是这还不是严格意义上的因果关系的探讨，如果能够在本研究的基础上有针对性地开展学习中心教学的教育实验研究，就能够对本研究的结果作进一步的检验和修正，为新课程改革背景下的课堂转型提供更加有力的证据支持。

总之,如果后续研究能够在本研究的基础上拓展调查范围,开展实验研究。那么这不仅仅有利于深化学习中心教学的内涵,还能够为我国的新课程改革提供针对性的推进策略。

除此之外,后续研究如果能够对本研究中存在的其他不足之处给予关注将有利于提升其研究质量。

参考文献

中文部分

［1］安桂清,童璐.学生学校幸福感测评框架研究述评[J].外国教育研究,2014,41(12)：97-106.

［2］蔡宝来,车伟艳.国外教师课堂教学行为研究：热点问题及未来趋向[J].课程·教材·教法,2008,26(12)：82-87.

［3］曹红旗.校长的教学理念与课堂教学的转型[J].当代教育科学,2010,(4)：34-36.

［4］陈刚.“学本课堂”的深度思考[J].教育理论与实践,2016,36(2)：51-53.

［5］陈向明.质的研究方法与社会科学研究[M].北京：教育科学出版社,2000.

［6］陈新忠,李忠云,胡瑞.“以学生为中心”的本科教育实践误区及引导原则[J].中国高教研究,2012,(11)：57-63.

［7］陈旭远,孟丽波.生命化教学的理论建构与实践样态[J].教育研究,2004,25(4)：69-72.

［8］陈佑清.建构学习中心课堂——我国中小学课堂教学转型的取向探析[J],教育研究,2014,35(3)：96-105.

［9］陈佑清.“学习中心课堂”教学过程组织的逻辑及其实现策略[J].全球教育展望,2016,45(10)：40-47.

［10］陈佑清.学习中心课堂中的教师地位与作用——基于对“教师主导作用”反思的理解[J].教育研究,2017,(1)：106-113.

［11］程天君.教育无目的? 儿童中心论? ——杜威两个重要教育命题献疑[J].学前教育研究,2010,(6)：3-7.

［12］崔彦,代中现.以学习者为中心的教学设计与实践[J].全球教育展望,2010,39(6)：36-39.

［13］崔允漷.基于课程标准：让教学“回家”[J].基础教育课程,2011,(12)：40-42.

［14］崔允漷.学历案：学生立场的教案变革[N].中国教育报,2016年6月9日(教育科研版).

［15］崔允漷,雷浩.教-学-评一致性三因素理论模型的建构[J].华东师范大学学报(教育科学版),2015,34(04)：15-22.

［16］丁笑炳.关于以学生为中心的教学理论与实践的反思[J].全球教育展望,2005,34(11)：39-44.

［17］董仲舒.春秋繁露[M].济南：山东友谊出版社,2001.

［18］方旭,杨改学.高校教师慕课教学行为意向影响因素研究[J].开放教育研究,2016,22(2)：67-76.

［19］高保萍.昆体良教育思想之现实说[J].学术交流,2008,(3)：187-189.

［20］高巍.教师行为与学生行为的关系解析[J].教育研究,2012,33(3)：100-106.

[21] 高巍.Flanders课堂教学师生言语行为互动分析系统的实证研究[J].教育科学,2009,25(4):36-42.

[22] [古罗马]昆体良.雄辩术原理[M].任钟印,译.上海:华东师范大学出版社,1982.

[23] 顾明远.课程改革的世纪回顾与瞻望[J].教育研究,2001,22(7):15-19.

[24] [古希腊]亚里士多德.政治学[M].吴寿彭,译.北京:商务印书馆,1965.

[25] 郭成,徐燕刚,张大均.新课程改革中教学观念向教学行为转化的条件与策略[J].中国教育学刊,2004,(2):30-33.

[26] 郭思乐.教育走向生本[M].北京:人民教育出版社,2001.

[27] 郭思乐.以生为本的教学观:教皈依学[J].课程·教材·教法,2005,23(12):14-22.

[28] 韩立福.何为学本课堂[J].人民教育,2014,(16):5-6.

[29] 韩立福.学本课堂:概念、理念、内涵和特征[J].教育研究,2015,36(10):105-110.

[30] 韩愈.原性,韩昌黎全集(卷11)[M].北京:中国书店,1991.

[31] 韩愈.师说,韩昌黎全集(卷12)[M].北京:中国书店,1991.

[32] 侯杰泰,温忠麟,成子娟.结构方程模型及其应用[M].北京:教育科学出版社,2004.

[33] 胡定荣."两分析——三备——四步——两循环"教学模式的构建与实践[J].课程·教材·教法,2011,29(5):27-32.

[34] 胡定荣,朱京曦.缩小教学质量差距与促进城乡教育均衡发展[J].教育研究与实验,2011,(5):38-41.

[35] 胡永新.教师激励的偏失与匡正[J].全球教育展望,2009,38(10):78-81.

[36] 黄慧静,辛涛.教师课堂教学行为对学生学业成绩的影响:一个跨文化研究[J].心理发展与教育,2007,23(4):57-62.

[37] 贾哲敏.扎根理论在公共管理研究中的应用:方法与实践[J].中国行政管理,2015,(3):90-95.

[38] 焦彩珍.初中生数学学习兴趣及自我效能与数学学业成绩的关系[J].数学教育学报,2008,17(2):44-46.

[39] 教育部"新课程实施与实施过程评价"课题组.基础教育课程改革的成就、问题与对策——部分国家级课程改革试验区问卷调查分析[J].课程·教材·教法,2003,21(12):35-39.

[40] 雷浩.初中语文课型特征分布的实证分析[J].全球教育展望,2015,44(1):25-33.

[41] 雷浩.中学教师关怀行为的发展路径研究[J].教师教育研究,2015,27(2):54-59.

[42] 雷浩,徐瑰瑰,邵朝友,桑金琰.教师关怀行为与学生学业成绩的关系:学习效能感的中介作用[J].心理发展与教育,2015,31(2):188-197.

[43] 李海峰.TPACK框架下的教师专业素养研究[J].现代教育技术,2013,23(5):25-30.

[44] 李赫,徐继红.高中信息技术课程实施:校长的认知与作用[J].中国电化教育,2010,(8):14-17.

[45] 李儒林,张进辅,梁新刚.影响主观幸福感的相关因素理论[J].中国心理卫生杂志,2003,17(11):783-785.

[46] 李秀英,戴晔.师范与非师范教师教学效果比较分析[J].统计教育,2007,(10):33.

[47] 梁宇颂.大学生成就目标,归因方式与学业自我效能感的研究[D].武汉:华中师范大

学,2000.

[48] 林一钢.中国大陆学生教师实习期间教师知识发展的个案研究[M].学林出版社,2009.

[49] 凌建勋,凌文辁,方俐洛.深入理解质性研究[J].社会科学研究,2003,(1):151-153.

[50] 刘红云,孟庆茂.教师背景变量对教师教学效果影响的多层线性分析[J].心理发展与教育,2002,18(4):70-75.

[51] 刘黎明.论亚里士多德的自然教育思想[J].河南大学学报(社会科学版),2008,48(4):142-150.

[52] 刘素民.阿奎那的自然法作为本性之律的人学内蕴[J].哲学研究,2006,(6):79-84.

[53] 刘学智.小学数学学业评价与课程标准一致性的研究[D].长春:东北师范大学,2008.

[54] 刘志军,张红霞.生命化课堂教学的实践构想[J].课程·教材·教法.2013,33(9):86-88.

[55] 卢海弘.班级规模变小,学生成绩更好?美国对缩小班级规模与学生成绩之关系的理论与实验研究述评[J].比较教育研究,2001,22(10):33-37.

[56] 卢真金.教师专业发展的阶段、模式和策略再探[J].课程·教材·教法,2007,27(12):68-72.

[57] 罗鸿.以学生为中心的教学组织形式初探[J].教育研究与实验.陕西师范大学学报(社会科学版),2012,39(9):135-137.

[58] 罗龙祥.苏格拉底助产术与哲学教育的实践方案[J].教育学报,2016,12(5):25-31.

[59] 罗志远,黄甫全.国内学习中心课堂建构策略评析[J].教育研究与实验,2015,(2):43-48.

[60] 马颖,刘电芝.中学生学习主观幸福感及其影响因素的初步研究[J].心理发展与教育,2005,21(1):74-79.

[61] 马莹.基础教育课程改革中的教师信念研究[D].西安:陕西师范大学,2012.

[62] 马跃如,王文胜.孟子教育思想及其内在逻辑[J].现代大学教育,2010,(1):81-87.

[63] [美]布鲁纳.教育过程再探[J].邵瑞珍,译.教育研究,1978,3:74-75.

[64] [美]古德,布若菲.透视课堂[M].陶志琼,译.北京:中国轻工业出版社,2002.

[65] [美]泰勒著.课程与教学的基本原理[M].施良方,译.人民教育出版社,1994.

[66] 孟宪云,罗生全.中小学教师教学效能水平演变规律及启示[J].教育研究与实验,2017,(1):48-53.

[67] 苗元江,赵英,朱晓红.学校幸福感研究述评[J].教育导刊(上半月),2012,(9):14-17.

[68] Osmundson,何珊云,王小平.理解课堂中的形成性评价[J].全球教育展望,2012,41(4):3-6.

[69] 潘蕾琼,黄甫全,余璐.学习中心与知识创造——21世纪学习学术发展彰显课程改革两大新理念[J].课程·教材·教法,2016,36(1):12-19.

[70] 庞维国.论学生的自主学习[J].华东师范大学学报(教育科学版),2001,20(2):78-83.

[71] 彭华茂,王凯荣,申继亮.小学骨干教师反思意识的调查与分析[J].西北师范大学学报(社会科学版),2002,39(5):27-30.

[72] 齐军.生本教学内涵与过程的再思考——基于悟性认识的视角[J].教育发展研究,

2013,(10)：56 - 59.

[73] 全国授业研究协会.教学组织化入门[M].东京：明治图书,1970.

[74] 任露.学生学习责任意识的培养策略探讨[J].中国教育学刊,2015,(9)：67 - 73.

[75] [日本]日本教育行政学会编.各国中小学班级编制的比较研究[J].林松庆,译.外国教育参考资料,1989,(3)：47 - 53.

[76] [日]佐藤学.教师的挑战：宁静的课堂革命[M].钟启泉,陈静静,译.上海：华东师范大学出版社,2012.

[77] 容中逵.学案导学的三重判读[J].课程·教材·教法,2014,34(8)：92 - 97.

[78] 单志艳.初中生自主学习的课堂教学实验研究[J].中国教育学刊,2015,(1)：78 - 83.

[79] 沈毅,崔允漷.课堂观察：走向专业的听评课[M].上海：华东师范大学出版社,2008.

[80] 师保国,申继亮.家庭社会经济地位,智力和内部动机与创造性的关系[J].心理发展与教育,2007,23(1)：30 - 34.

[81] 宋月琴.计划行为理论与教师信念研究[J].教育理论与实践,2015,35(16)：39 - 42.

[82] 孙素英.校长课程实施能力的若干思考——基于北京市高中新课程实施的探索[J].中国教育学刊,2009,(5)：38 - 41.

[83] 田本娜.外国教育思想史(第二版)[M].北京：人民教育出版社,2001.

[84] 田慧生.学本课堂推动深度课改[J].人民教育.2014,(16)：13 - 14.

[85] 田若飞.课程文化与学生幸福感：一项质性研究[J].全球教育展望,2009,38(7)：18 - 22.

[86] 王嘉毅,李颖.西部地区农村学校义务教育教学质量研究[J].教育研究,2008,29(2)：21 - 32.

[87] 王嘉毅,马维林.再论"以学生为中心"的教学意蕴与实践样态[J].中国教育学刊,2015,(8)：67 - 72.

[88] 王鉴.课堂研究概论[M].北京：人民教育版社,2007.

[89] 王牧华,靳玉乐.论促进教师教学方式变革的课堂环境建设策略[J].课程·教材·教法,2011,31(5)：22 - 27.

[90] 王世伟.小学教师使用教科书情况及其影响因素研究[D].香港：香港中文大学,2008.

[91] 王守仁.王阳明全集[M].上海：上海古籍出版社,1992.

[92] 王烨晖,边玉芳,辛涛,李凌艳,Schmidt,Houang.中美小学数学教师课程实施的跨文化比较[J].教师教育研究,2012,24(1)：66 - 72.

[93] 王越明.有效教学始于校长课程领导力的提升[J].中国教育学刊,2010,(3)：32 - 34.

[94] 温忠麟,张雷,侯杰泰,刘红云.中介效应检验程序及其应用[J].心理学报,2004,36(5)：614 - 620.

[95] 吴明海.英国夏山学校教育人类学考察[J].民族教育研究,2002,13(2)：42 - 50.

[96] 吴全华.教学以学生为本观念的若干思考[J].课程·教材·教法,2004,24(9)：20 - 26.

[97] 吴永军.关于"导学案"的一些理性思考[J].教育发展研究,2011,(20)：6 - 10.

[98] 夏雪梅.以学习为中心的课堂观察[M].北京：教育科学出版社,2012.

[99] 徐冰鸥,王嘉毅.西北贫困农村小学社会课程实施的个案调查[J].基础教育学报,2001,(2)：33 - 46.

[100] 许丽英.教育资源配置均衡理论研究——缩小教育差距的政策转向[D].长春：东北师范大学,2007.

[101] 徐文彬,肖连群.论社会情绪学习的基本特征及其教育价值[J].教育理论与实践,2015,35(5)：55-58.

[102] 严家丽."教师使用教科书水平"与课堂教学效果之间关系的实证研究——以小学数学为例[D].长春：东北师范大学,2014.

[103] 杨娟,侯燕,杨瑜,张庆林.特里尔社会应激测试(TSST)对唾液皮质醇分泌的影响[J].心理学报,2011,43(4)：403-409.

[104] 杨娟,赖德胜,泰瑞·史努莉.什么因素阻碍了农村学生接受高中教育[J].北京大学教育评论,2014,12(1)：138-191.

[105] 杨启亮.教法反思：传统与变革的观点[J].江西教育科研,2001,(5)：3-6.

[106] 叶澜.重建课堂教学价值观[J].教育研究,2002,24(5)：3-8.

[107] 叶澜."生命·实践"教育学派——在回归与突破中生成[J].教育学报,2013,9(5)：3-23.

[108] 叶澜.课堂教学过程再认识\功夫重在论外[J].课程·教材·教法,2013,33(5)：3-15.

[109] [英]A. S.尼尔.夏山学校[M].王克难,译.北京：新星出版社,2016.

[110] 俞斌,瓯石.略论朱熹的教育思想[J].复旦学报(社会科学版),1995,(6)：22-26.

[111] 袁振国.大力提高教师转化水平[J].教师教育研究,2008,20(5)：1-3.

[112] 曾德琪.罗杰斯的人本主义教育思想探索[J].四川师范大学学报(社会科学版),2003,30(1)：43-48.

[113] 曾国藩.曾国藩家书[M].钟叔和整理校点.长沙：湖南人民出版社,1989.

[114] 曾文捷.走进"学习为本"的教育时代——写在《德洛尔报告》发表20周年之际[J].比较教育研究,2016,37(12)：1-7.

[115] 张斌贤,王慧敏."儿童中心"论在美国的兴起[J].北京大学教育评论,2014,12(1)：108-122.

[116] 张传燧.中国教学论史纲[M].长沙：湖南教育出版社,1999.

[117] 张大均.教育心理学[M].北京：人民教育出版社,2011.

[118] 张建伟,陈琦.从认知主义到建构主义[J].北京师范大学学报(社会科学版),1996,4(4)：75-82.

[119] 张景焕,金盛华,陈秀珍.小学教师课堂教学设计能力发展特点及影响因素[J].心理发展与教育,2004,20(1)：59-63.

[120] 张立昌."教师个人知识"：涵义,特征及其自我更新的构想[J].教育理论与实践,2002,22(10)：30-33.

[121] 张庆宗,刘晓燕.英语阅读自我效能感,阅读策略和阅读成绩关系的实证研究[J].教育研究与实验,2009,(1)：92-96.

[122] 张宛.尼尔自由主义教育思想的特征与评价[J].河北师范大学学报(教育科学版),2009,11(7)：61-64.

[123] 张熙.罗杰斯的"非指导性"教学模式和主导主体思想[J].教育研究,1996,17(2)：63-74.

[124] 张向葵,暴占光,关文信. 图式教学对阅读理解能力,推理能力与自我效能感的影响 [J]. 心理发展与教育,2000,16(2):22－27.

[125] 张小平. 从杜威到布鲁纳——看美国教学论思想的发展[J]. 华东师范大学学报(教育科学版),1983,2(1):67－74.

[126] 赵海兰,龚子兰. 基于数字化游戏的教学对学生学习兴趣和学业成绩的影响——以英语教学为中心[J]. 现代教育技术,2007,17(11):47－54.

[127] 赵明仁. 高中课程改革总的教学取向浅析[J]. 课程・教材・教法,2014,34(4):124.

[128] 赵雪晶. 基于听评课的教师评价素养提升策略研究[J]. 教师教育研究,2013,25(2):57－61.

[129] 中华人民共和国教育部. 基础教育课程改革纲要(试行). [EB/OL]. http://www. moe. edu. cn/publicfiles/business/htmlfiles/moe/moe_309/200412/4672. html,2001.

[130] 中华人民共和国教育部. 国家中长期教育改革和发展规划纲要(2010—2020 年). [EB/OL]. http://www. moe. edu. cn/publicfiles/business/htmlfiles/moe/moe_838/201008/93704. html,2010.

[131] 钟启泉. 新《学习指导要领》的理念与课题——日本教育学者梶田叡一教授访谈[J]. 全球教育展望,2008,37(8):6－11.

[132] 钟启泉."课堂互动"研究:意蕴与课题[J]. 教育研究,2010,31(10):73－80.

[133] 钟启泉. 课堂研究[M]. 上海:华东师范大学出版社,2016.

[134] 周文霞,郭桂萍. 自我效能感:概念,理论和应用[J]. 中国人民大学学报,2006,1(1),91－97.

[135] 朱萍. 静安小学以学生为中心特色教育透视[M]. 上海:华东师范大学出版社,2004.

[136] 邹爱明,张厚吉. 柏拉图的教学方法及其对现代外语教育的启示[J]. 当代教育科学,2007,(19):59－60.

英文部分

[1] Abrami, C. Classroom connections: understanding and using cooperative learning [M]. Toronto, Ontario: Harcourt Brace & Company Canada, 1995.

[2] Aguirre, J., & Speer, N. M. Examining the relationship between beliefs and goals in teacher practice [J]. The journal of mathematical behavior, 1999,18(3),327－356.

[3] Ahmed, K. A. Teacher-centered versus learner-centered teaching style [J]. The journal of global business management, 2013,9(1):22－34.

[4] Al-Zu'be, A. F. M. The difference between the learner-centred approach and the teacher-centred approach in teaching English as a foreign language [J]. Educational research international, 2013,2(2),24－31.

[5] Aliusta, G. O., & Bekir, Ö. Z. E. R. Using student-centred assessment methods in high schools: Is it really possible? [J]. Eurasian Journal of Educational Research, 2013,53(1),205－220.

[6] Allybokus, B. S. The implementation of learner-centred teaching in Mauritian state secondary schools: examining teachers' beliefs and classroom practice [D]. Doctoral dissertation, UCL Institute of Education, 2015.

[7] Alsardary, S. , & Blumberg, P. Interactive, learner-centered methods of teaching mathematics [J]. Primus, 2009,19(4),401 - 416.

[8] American Association of State Colleges and Universities. Developing evidence & gathering data about teacher education program quality [R]. American Association of State Colleges and Universities, 2007.

[9] American Library Association. Information literacy competency standards for higher education [EB/OL]. http://www. ala. org/acrl/ilstandardlo. html, 2000.

[10] American Psychological Association. Learner-centered psychological principles: Guidelines for school redesign and reform [M]. Washington DC: American Psychological Association, 1993.

[11] Anderson, L. W. Increasing teacher effectiveness [M]. Paris: International Institute for Educational Planning, 1991.

[12] Austin, A. , & McDaniels, M. Preparing the professoriate of the future: Graduate student socialization for faculty roles [A]. In J. C. Smart (Ed.) Higher education: Handbook of theory and research [C]. 2006,21 - 34.

[13] Bandura, A. Self-efficacy: toward a unifying theory of behavioral change [J]. Psychological Review, 1977,84(2),191 - 215.

[14] Barr, R. B. , & Tagg, J. From teaching to learning: A new paradigm for undergraduate education [J]. Change, 1995,27(6),1 - 19.

[15] Berliner, D. C. Expertise: The wonders of exemplary performance [A]. In: John, N. Mangieri, Cathy Collins Block (Eds.). Creating powerful thinking in teachers and students [C]. Ft. Worth, TX. Holt, Rinehart and Winston, 1994,141 - 186.

[16] Biggs, J. B. Teaching for quality learning at university: What the student does [M]. New York: McGraw-Hill Education, 2011.

[17] Bilimoria, D. , & Wheeler, J. V. Learning-centered education: A guide to resources and implementation [J]. Journal of Management Education, 1995,19(3),409 - 428.

[18] Bing, A. Peace building through foreign study in Northern Ireland: The Earlham College example [A]. In R. J. Crews, K. M. Weigert, & R. J. Crews (Eds), Teaching for justice: Concepts and models for service-learning in peace studies [C]. Washington, DC: American Association for Higher Education, 1999.

[19] Black, H. , Govinda, R. , Kiragu, F. , Devini, M. School improvement in the developing world [C]. An evaluation of the Aga Khan Foundation Programme, ODA Research Evaluation Report, number 45,1993.

[20] Bloom, B. S. Taxonomy of educational objectives: The classification of educational goals: Cognitive domain [M]. London: Longman, 1956.

[21] Bloom, B. S. Learning for mastery [J]. Evaluation Comment, 1968,1(2),1 - 5.

[22] Bloom, B. S. Human characteristics and school learning [M]. New York: McGraw-Hill, 1976.

[23] Bloom, B. S. All our children learning: A primer for parents, teachers, and other educators [M]. New York: McGraw-Hill Companies, 1981.

[24] Blum, R. W. A case for school connectedness [J]. Educational Leadership, 2005,62 (7),16 - 20.

[25] Blumberg, P. Evaluating the evidence that problem-based learners are self-directed learners: A review of the literature [A]. In D. Evensen, & C. E. Hmelo (Eds.), Problem-based learning: A research perspective on learning interactions [C]. Mahwah: Erlbaum, 2000,199 - 226.

[26] Blumberg, P. Developing learner-centered teaching: A practical guide for faculty [M]. San Francisco, CA: Jossey-Bass, 2009.

[27] Blumberg, P. Assessing implementation of learner-centered teaching while providing faculty development [J]. College Teaching, 2016,64(4),1 - 10.

[28] Blumberg, P. , & Pontiggia, L. Benchmarking the degree of implementation of learner-centered approaches [J]. Innovative Higher Education, 2011, 36 (3),189 - 202.

[29] Boekaerts, M. , & Simons, P. R. Leren en instructie: psychologie van de leerling en het leerproces [M]. Assenin: Dekker & van de Vegt (in Dutch), 1995

[30] Bolhuis, S. Towards process-oriented teaching for self-directed lifelong learning: a multidimensional perspective [J]. Learning and Instruction, 2003,13(3),327 - 347.

[31] Bradley, R. H. , & Corwyn, R. F. Socioeconomic status and child development [J]. Annual review of psychology, 2002,53(1),371 - 399.

[32] Brandon, A. F. , & All, A. C. Constructivism theory analysis and application to curricula [J]. Nursing Education Perspectives, 2010,3(2),89 - 92.

[33] Bransford, J. D. , Brown, A. L. , & Cocking, R. R. How people learn: Brain, mind, experience, and school [M]. Washington, DC: National Academy Press, 1999,86.

[34] Brown, A. L. , & Palincsar, A. S. Guided cooperative learning and individual knowledge acquisition [A]. In L. B. Resnick (Ed). Knowling, learning and instruction, essays in honor of Robert Glaser [C]. Hillsdale, NJ: Awrence Erlbaum Publisher, 1989.

[35] Brown, K. L. From teacher-centered to learner-centered curriculum: Improving learning in diverse classrooms [J]. Educational Psychology, 2003,124(1),49 - 54.

[36] Bruner, J. S. After John Dewey, What? [M]. New York: Bank Street College of Education, 1961.

[37] Bruner, J. S. Toward a theory of instruction [M]. Cambridge Mass: Harvard University Press, 1996.

[38] Buckley, K. E. , & Anderson, C. A. A theoretical model of the effects and consequences of playing video games [A]. In P. Vorderer & J. Bryant (Eds.), Playing video games: Motives, responses, and consequences [C]. Mahwah, NJ: Erlbaum, 2006,363 - 378.

[39] Cahen, L. S. Class Size and Instruction: A Field Study. Research on Teaching Monograph Series [M], 1983.

[40] Calderhead, J. Teachers: Beliefs and knowledge [A]. In D. Berliner, & R. Calfee

(Eds.), Handbook of Educational Psychology [C]. New York: Macmillan Library Reference, 1996.

[41] Calfee, R. C. & Berliner, D. C. Introduction to a dynamic and relevant educational psychology [A]. In D. C. Berliner & R. C. Calfee (Eds.) Handbook of educational psychology [C]. New York, NY: Macmillan, 1996,1 - 11.

[42] Çam, Ş. S. , & Oruç, E. Ü. Learning responsibility and balance of power [J]. International Journal of Instruction, 2014,7(1),7 - 16.

[43] Campbell, J. The Children's Crusader: Colonel Francis W. Parker [D]. Teachers College, Columbia University, 1965.

[44] Candela, L. , Dalley, K. , & Benzel-Lindley, J. A case for learner-centered curricula [J]. Journal of Nursing Education, 2006,45(2),59 - 66.

[45] Candy, P. C. Self-Direction for Lifelong Learning. A Comprehensive Guide to Theory and Practice [M]. San Francisco, CA: Jossey-Bass, 1991.

[46] Caporaso, J. A. Research design, falsification, and the qualitative-quantitative divide [J]. American Political Science Review, 1995,89(2),457 - 460.

[47] Caprara, G. V. , Fida, R. , Vecchione, M. , Del Bove, G. , Vecchio, G. M. , Barbaranelli, C. , & Bandura, A. Longitudinal analysis of the role of perceived self-efficacy for self-regulated learning in academic continuance and achievement [J]. Journal of educational psychology, 2008,100(3),525 - 534.

[48] Carlile, O. & Jordan, J. It works in practice but will it work in theory? The theoretical underpinnings of pedagogy [A]. In S. Moore, G. O'Neill, and B. McMullin (Eds.), Emerging Issues in the Practice of University Learning and Teaching [C]. Dublin: AISHE, 2005,77 - 79.

[49] Carlson, P. M. , & Fleisher, M. S. Shifting realities in higher education: Today's business model threatens our academic excellence [J]. International Journal of Public Administration, 2002,25(9),1097 - 1111.

[50] Chall, J. S. The academic achievement challenge: What really works in the classroom? [M]. New York: Guilford Publications, 2000.

[51] Chickering, A. W. , & Gamson, Z. F. Development and adaptations of the seven principles for good practice in undergraduate education [J]. New Directions for Teaching and Learning, 1999,(80),75 - 81.

[52] Chou, C. C. Formative evaluation of synchronous CMC systems for a learner-centered online course [J]. Journal of interactive learning research, 2001,12(2),173 - 192.

[53] Chung, S. , Walsh, D. Unpacking child-centredness: a history of meanings [J]. Journal of Curriculum Studies, 2000,32(2),215 - 234.

[54] Clark, L. A. , & Watson, D. Constructing validity: Basic issues in objective scale development [J]. Psychological assessment, 1995,7(3),309.

[55] Cobern, W. W. World view theory and science education research [C]. NARST Monograph No. 3. Manhattan, KS: National Association for Research in Science Teaching, 1991,67.

[56] Combs, A. Perceiving, behaving, becoming [C]. Washington, DC: Association for Supervision & Curriculum Development, 1962.

[57] Combs, A. W. The professional education of teachers [M]. Boston: Allyn & Bacon. 1965.

[58] Cornelius-White, J. H. D. , & Godfrey, P. Pedagogical crossroads: Integrating feminist critical pedagogies and the person-centered approach to education [M]. Encountering Feminism: Intersections of Feminism and the Person-Centered Approach. Ross-on-Wye: PCCS Books, 2004.

[59] Cornelius-White, J. Learner-centered teacher-student relationships are effective: A meta-analysis [J]. Review of educational research, 2007, 77(1), 113 – 143.

[60] Cornelius-White, J. H. , & Harbaugh, A. P. Learner-centered instruction: Building relationships for student success [M]. Sage Publications, 2009.

[61] Cox, J. G. The ways of peace: a philosophy of peace as action [M]. Mahwah, NJ: Paulist Press, 1986.

[62] Crews, R. J. , & Weigert, K. M. Teaching for Justice: Concepts and Models for Service-Learning in Peace Studies [M]. Washington, DC: American Association for Higher Education, 1999.

[63] Cuban, L. How did teachers teach, 1890 – 1980 [J]. Theory Into Practice, 1983, 22 (3), 160 – 165.

[64] Cobern, W. W. Contextual constructivism: The impact of culture on the learning on and teaching of science [A]. In K. G. Tobin (Ed.), Constructivist perspectives of science and mathematics education [C]. Washington, DC: American Association of the Advancement of Science. 1993, 11 – 15.

[65] Dacre, P. L. , & Qualter, P. Improving emotional intelligence and emotional self-efficacy through a teaching intervention for university students [J]. Learning and Individual Differences, 2012, 22(3), 306 – 312

[66] Daniels, D. H. , Kalkman, D. L. , & McCombs, B. L. Young children's perspectives on learning and teacher practices in different classroom contexts: Implications for motivation [J]. Early Education and Development, 2001, 12(2), 253 – 273.

[67] Darling, J. Child-centred education and its critics [A]. Paul Chapman, London. Darling-Hammond, L. , 1997. The right to learn [C]. San Francisco, CA: Jossey-Bass, 1994.

[68] Deakin Crick, R. , McCombs, B. , Haddon, A. , Broadfoot, P. , & Tew, M. The ecology of learning: factors contributing to learner-centered classroom cultures [J]. Research Papers in Education, 2007, 22(3), 267 – 307.

[69] Deci, E. L. , Koestner, R. , & Ryan, R. M. Extrinsic rewards and intrinsic motivation in education: Reconsidered once again [J]. Review of educational research, 2001, 71 (1), 1 – 27.

[70] Deci, E. L. , & Ryan, R. M. The "what" and "why" of goal pursuits: Human needs and the self-determination of behavior [J]. Psychological Inquiry, 2000, 11 (4), 227 – 268.

[71] Dembo, A. , Cover, T. M. , & Thomas, J. A. Information theoretic inequalities [J]. IEEE Transactions on Information Theory, 1991,37(6),1501 – 1518.

[72] Dewey, J. The child and the curriculum and the school and society [M]. Chicago, IL: Chicagou University Press, 1956.

[73] Dewey, J. Experience and education [M]. New York: Macmillan, 1997.

[74] Dewey, J. How we think [M]. Boston: Health, 1997.

[75] Downing, S. The case for learner-centered education [EB/OL]. http://www.oncourseworkshop. com/Miscellaneous018. htm, 1998.

[76] Doyle, T. Learner-centered teaching: Putting the research on learning into practice (1st ed.)[M]. Sterling, VA: Stylus Publishing,LLC, 2011,23 – 39.

[77] Eacute, J. , & Esteve, M. The transformation of the teachers' role at the end of the twentieth century: New challenges for the future [J]. Educational Review, 2000,52 (2),197 – 207.

[78] Elbertson, N. Brackett, M. A. &Weissberg, R. P. School-based social and emotional learning (SEL) programming: current perspectives [EB/OL]. http://www. casel. org, 2010.

[79] Electronic Journal of Science Education. Editorial, September. [EB/OL]. http://wolfweb. unr. edu/homepage/jcannon/ejse/ejsev2n1. html, 1997.

[80] Fabes, R. A. , & Martin, C. L. Exploring child development [M]. Boston: Allyn & Bacon, 2002.

[81] Fahraeus, A. W. E. Learner-centered teaching: Five key changes to practice [J]. Journal of the Scholarship of Teaching and Learning, 2013,13(4),1 – 6.

[82] Fasko, D. , Grubb, D. J. , Jesse, D. , & McCombs, B. (1997). Use of the learner-centered principles test battery: Implications for in-service and pre-service professional development [J]. The Professional Educator, 1997,20,23 – 34.

[83] Fast, L. A. , Lewis, J. L. , Bryant, M. J. , Bocian, K. A. , Cardullo, R. A. , Rettig, M. , & Hammond, K. A. Does math self-efficacy mediate the effect of the perceived classroom environment on standardized math test performance? [J]. Journal of Educational Psychology, 2010,102(3),729.

[84] Fischer, K. W. , & Daley, S. G. Connecting cognitive science and neuroscience to education: Potentials and pitfalls in inferring executive processes [A]. In L. Meltzer (Ed.), Executive function in education: from theory to practice [C]. New York: Guilford Press, 2006,55 – 72.

[85] Flick, U. An introduction to qualitative research: Theory, method and applications [M]. Thousand Oaks, CA: Sage, 1998.

[86] Flook, L. , Repetti, R. L. , & Ullman, J. B. Classroom social experiences as predictors of academic performance [J]. Developmental Psychology, 2005,41(2),319 – 327.

[87] Fogarty, R. Architects of the intellect [C]. Paper presented at the Annual Conference and Exhibit Show of the Association for Supervision and Curriculum Development, San Francisco, 1999.

[88] Fox, R. Constructivism examined [J]. Oxford Review of Education, 2001,27(1),23 – 35.

[89] Franklin, J. Mental mileage [J]. ASCD Education Update, 2005,47(6),1 – 4.

[90] Fredrickson, B. L. The role of positive emotions in positive psychology: The broaden-and-build theory of positive emotions [J]. American psychologist, 2001, 56 (3),218 – 226.

[91] Freire, P. Pedagogy of the oppressed [M]. New York: Bantam Books, 1996.

[92] Fullan, M. Leading in a culture of change personal action guide and workbook [M]. San Francisco, CA: John Wiley & Sons, 2001.

[93] Gage, N. L. The scientific basis of the art of teaching [M]. Teachers College Press. 1978.

[94] Gagne', R. M. The conditions of learning and theory of instruction (4th ed.)[M]. New York: Holt, Rinehart &Winston, 1985.

[95] Gallimore, R. , Goldenberg, C. N. , & Weisner, T. S. The social construction of subjective reality of activity settings: Implications for community psychology [J]. American Journal of Community Psychology, 1992,21(44),537 – 559.

[96] Gibson, S. , & Dembo, M. H. Teacher efficacy: A construct validation [J]. Journal of educational psychology, 1984,76(4),569.

[97] Goleman, D. Emotional Intelligence: Why it can matter more than IQ [M]. London: Boomsbury, 1995

[98] Goldstein, L. S. Teaching with Love: A Feminist Approach to Early Childhood Education [M]. New York: Peter Lang, 1997.

[99] Good, M. Differentiated instruction: principles and techniques for the elementary grades [C]. Retrieved Friday, February 02,2007 from the ERIC database, 2006.

[100] Gordon, E. W. Closing the gap: High achievement for students of color [J]. Research Points, 2004,2,1 – 4.

[101] Greer, A. G, Pokorny, M. , Clay, M. C. , Brown, S. , & Steele, L. L. (2010). Learner-centered characteristics of nurse educators [J]. International Journal of Nursing Education Scholarship, 2010,7(1), Article 6.

[102] Guskey, T. R. Formative classroom assessment and Benjamin S. Bloom: theory, research, and implications [C]. Paper presented at the annual meeting of the American Educational Research Association, Montreal, Canada, 2005.

[103] Guthrie, G. The failure of progressive classroom reform: lessons from the curriculum reform implementation project in Papua New Guinea [J]. Australian Journal of Education, 2012,56(3),241 – 256.

[104] Haber-Curran, P. , & Tillapaugh, D. Student-centered transformative learning in leadership education: An examination of the teaching and learning process [J]. Journal of Transformative Education, 2014,13(1),65 – 84.

[105] Hattie J, Biggs J, Purdie N. Effects of learning skills interventions on student learning: A meta-analysis [J]. Review of Educational Research, 1996, 66 (2),99 – 136.

[106] Hayward, F. H. The educational ideas of Pestalozzi and Froebel [M]. London, UK: Holland and Co, 1905.

[107] Henson, K. T. Foundations for learner-centered education: A knowledge base [J]. Education, 2003,124(1),5 – 12.

[108] Herbart, J. F. Outlines of Educational Doctrine, translated by Alexis F. Lange [M]. New York: Macmillan, 1901.

[109] Howe, A. C. Development of science concepts within a Vygotskian framework [J]. Science Education, 1996,80,35 – 51.

[110] Huba, M. E. , & Freed, J. E. Learner centered assessment on college campuses: Shifting the focus from teaching to learning [J]. Community College Journal of Research and Practice, 2000,24(9),759 – 766.

[111] Hutchins, E. Cognition in the wild [M]. Cambridge, MA: Massachusetts Institute of Technology, 1995.

[112] Jay, J. K. , & Johnson, K. L. Capturing complexity: A typology of reflective practice for teacher education [J]. Teaching and teacher education, 2002,18(1),73 – 85.

[113] Jenkins, H. Getting into the game [J]. Educational Leadership, 2005, 62 (7),48 – 51.

[114] Johnson, D. W. , & Johnson, R. T. Cooperation and competition: Theory and research [M]. Edina, MN: Interaction, 1989.

[115] Joo, Y. J. , Bong, M. , & Choi, H. J. Self-efficacy for self-regulated learning, academic self-efficacy, and Internet self-efficacy in Web-based instruction [J]. Educational Technology Research and Development, 2000,48(2),5 – 17.

[116] Kafai, Y. B. , & Resnick, M. Constructionism in practice: Designing, thinking, and learning in a digital world [M]. Mahwah, NJ: Erlbaum, 1996.

[117] Keengwe, J. , Onchwari, G. , & Onchwari, J. Technology and student learning: Toward a learner-centered teaching model [J]. AACE Journal, 2009,17(1),11 – 22.

[118] Kember, D. A reconceptualization of the research into university academics conceptions of teaching [J]. Learning and Instruction,1997,7(3),255 – 275.

[119] Kim, K. , Grabowski, B. L. , & Sharma, P. Designing a classroom as a learner-centered learning environment prompting students' reflective thinking in K – 12[J]. Association for Educational Communications and Technology, 2004,(9),22 – 28.

[120] Kirschenbaum, H. The life and work of Carl Rogers [M]. Ross-on-Wye, UK: Pccs Books, 2007.

[121] Klusmann, U. , Kunter, M. , Trautwein, U. , Lüdtke, O. , & Baumert, J. Teachers' occupational well-being and quality of instruction: The important role of self-regulatory patterns [J]. Journal of educational psychology, 2008, 100 (3), 702 – 715.

[122] Knobloch, N. A. , & Ball, A. L. Analyzing the contextual, motivational and conceptual characteristics of teaching faculty in regard to the use of learner-centered approaches to teaching [C]. Paper presented at the annual meeting of the American

Education Research Association, San Francisco, CA, 2006.

[123] Köller, O. , Baumert, J. , & Schnabel, K. Does interest matter? The relationship between academic interest and achievement in mathematics [J]. Journal for Research in Mathematics Education, 2001,35(2),448 - 470.

[124] Komarraju, M. Ideal teacher behaviors student motivation and self-efficacy predict preferences [J]. Teaching of Psychology, 2013,40(2),104 - 110.

[125] Kramp, M. K. , & Lee Humphreys, W. Narrative, self-assessment, and the habit of reflection [J]. Assessment Update, 1995,7(1),10 - 13.

[126] Kridel, C. , & Bullough Jr, R. V. Stories of the eight-year study: Reexamining secondary education in America [M]. New York: SUNY Press, 2012.

[127] Kumaravadivelu, B. Understanding language teaching: From method to postmethod [M]. Mahwah, NJ: Lawrence Erlbaum Routledge, 2005.

[128] Larson, R. W. Toward a psychology of positive youth development [J]. American psychologist, 200,55(1),170.

[129] Lea, S. J. , Stephenson, D. & Troy, J. Higher education students' attitudes to student centered learning: Beyond "educational bulimia" [J]. Studies in Higher Education,2003,28(3),321 - 334.

[130] LeCompte, M. D. , Preissle, J. & Tesch, R. Ethnography and qualitative design in educational research [M]. New York: Acaedmic Press, 1993.

[131] Lemos, A. R. , Sandars, J. E. , Alves, P. , & Costa, M. J. The evaluation of student-centredness of teaching and learning: a new mixed-methods approach [J]. International journal of medical education, 2014,(5),157.

[132] Levine, D. Improving student achievement through mastery learning programs [M]. San Francisco, CA: Jossey Bass, 1985.

[133] Li, N. Approaches to learning: literature review [M]. International Baccalaureate Organization, 2002.

[134] Martin, D. G. Counseling & therapy skills(2nd ed.)[M]. Prospect Heights, IL: Waveland, 2010.

[135] Marzano, R. J. A different kind of classroom. Teaching with dimensions of learning [R]. Alexandria: Association for Supervision and Curriculum Development (ASCD), 1992.

[136] Mason, G. S. , Shuman, T. R. , & Cook, K. E. Comparing the effectiveness of an inverted classroom to a traditional classroom in an upper-division engineering course [J]. IEEE Transactions on Education, 2013,56(4),430 - 435.

[137] McCombs, B. L. , & Marzano, R. J. Putting the self in self-regulated learning: The self as agent in integrating will and skill [J]. Educational psychologist, 1990,25(1), 51 - 69.

[138] McCombs, B. L. Self-assessment and reflection: Tools for promoting teacher changes toward learner-centered practices [J]. Nassp Bulletin, 1997,81(587),1 - 14.

[139] McCombs, B. L. A framework for the redesign of K - 12 education in the context of

current educational reform [J]. Theory into Practice, 2003,42(2),93 - 101.

[140] McCombs, B. L. From credible research to policy for guiding educational reform [A]. In W. M. Reynolds and G. E. Miller (Eds.), Comprehensive Handbook of Psychology, Volume 7: Educational Psychology [C]. New York: John Wiley & Sons. 2003,583 - 607.

[141] McCombs, B. L. The learner-centered psychological principles: A framework for balancing academic achievement with a focus on social and emotional learning needs [A]. In J. E. Zins, R. P. Weissberg, M. C. Wang, & H. J. Walberg (Eds), Building academic success on social and emotional learning: What does the research say? [C]. New York: Teachers College Press, 2004,23 - 39.

[142] McCombs, B. L. Balancing accountability demands with research-validated, learner-centered teaching and learning practices [A]. In C. E. Sleeter (Ed.), Educating for democracy and equity in an era of accountability [C]. New York: Teachers College Press, 2007,41 - 60.

[143] McCombs, B. L. , Daniels, D. H. , & Perry, K. E. Children's and teachers' perceptions of learner-centered practices, and student motivation: Implications for early schooling [J]. The Elementary School Journal, 2008,109(1),16 - 35.

[144] McCombs, B. & Miller, L. Learner-centered classroom practices and assessments: Maximizing student motivation, learning and achievement [M]. Thousand oaks, CA: Corwin Press, 2007.

[145] McCombs, B. L. , & Vakili, D. A learner-centered framework for e-learning [J]. Teachers College Record, 2005,107(8),1582 - 1600.

[146] McCombs, B. , & Whistler, S. The learner-centered classroom and school: Strategies for increasing student motivation and achievement [M]. San Francisco, CA: Jossey Bass, 1997.

[147] Menges, R. J. , & Weimer, M. Teaching on solid ground: Using scholarship to improve practice [M]. San Francisco, CA: Jossey-Bass, 1996.

[148] Merrill, M. Revitalize your teaching through collaboration and integration [A]. In R. Stone(Ed). Best practices for teaching writing: What award winning classroom teachers do [C]. Thousand Oaks, CA: Corwin Press, 2007,79 - 80.

[149] Metto, E. , & Makewa, L. N. Learner-centered teaching: Can it work in Kenyan public primary schools? [J]. American Journal of Educational Research, 2014, 2 (11A), 23 - 29.

[150] Mezirow, J. Learning as Transformation: Critical Perspectives on a Theory in Progress [M]. San Francisco, CA: Jossey-Bass, 2000.

[151] Middle States Association of Colleges and Schools. Commission on Higher Education. Developing Research & Communication Skills: Guidelines for Information Literacy in the Curriculum [C]. Middle States Commission on Higher Education, 2003,78 - 81.

[152] Millar, R. Constructive criticism [J]. International Journal of Science, 1989,11(5), 587 - 596.

［153］Mostrom, A. M. & Blumberg, P. Does Learning-centred teaching promote grade improvement? ［J］. Innovative Higher Education, 2012,37(5),397 – 405.

［154］Murray, C. , & Malmgren, K. Implementing a teacher-student relationship program in a high-poverty urban school: Effects on social, emotional, and academic adjustment and lessons learned ［J］. Journal of School Psychology, 2005,43(2),137 – 152.

［155］Nagda, B. R. A. , Gurin, P. , & Lopez, G. E. Transformative pedagogy for democracy and social justice ［J］. Race, ethnicity and education, 2003, 6 (2),165 – 191.

［156］National Center on Education and the Economy. Tough choices: Tough times: The report of the new commission on the skills of the American workforce ［M］. San Francisco, CA: Jossey-Bass, 2007

［157］Nelson, C. E. Dysfunctional illusions of rigor: Lessons from the scholarship of teaching and learning ［A］. In L. B. Nilson & J. E. Miller (Eds.), To improve the academy: Resources for faculty, instructional, and organizational development ［C］. San Francisco, CA: Jossey-Bass, 2010.

［158］Nespor, J. The role of beliefs in the practice of teaching ［J］. Journal of Curriculum Studies,1987,19,317 – 328.

［159］Newman, D. , Griffin, P. , & Cole, M. The construction zone: Working for cognitive change in school ［M］. Cambridge, MA: Cambridge University Press. 1989.

［160］Noddings, N. The Challenge to Care in Schools: An Alternative Approach to Education ［M］. New York: Teachers College Press, 1992.

［161］Noddings, N. Caring: A relational approach to ethics and moral education ［D］. Berkeley: Univrsity of California Press, 2013.

［162］Novak, J. D. , Gowen, D. B. , & Johansen, G. T. The use of concept mapping and knowledge vee mapping with junior high school students ［J］. Science Education, 1983,67,625 – 646.

［163］O'Connor, J. , & Geiger, M. Challenges facing primary school educators of English second (or other) language learners in the Western Cape ［J］. South African Journal of Education, 2009,29(2),253 – 269.

［164］O'Donnell, A. M. , Reeve, J. , & Smith, J. K. Educational psychology: Reflection for action ［M］. John Wiley & Sons, 2011,

［165］O'Neill, G. & McMahon, T. Student-centered learning: What does it mean for students and lecturers? ［A］. O'Neill, G. , Moore, S. , McMullin, B. (Eds.) In Emerging Issues in the Practice of University Learning and Teaching ［M］. Dublin: AISHE, 2005.

［166］O'Sullivan, M. The reconceptualization of learner-centered approaches: A Namibian case study ［J］. International Journal of Educational Development, 2004, 24,585 – 602.

［167］OECD. Education at a glance, 2013. OECD indicators ［R］. OECD publishing, 2013

[168] Opdenakker, M. C. , VanDamme, J. Effects of schools, teaching staff and classes on achievement and well-being in secondary education: Similarities and differences between school outcomes [J]. School Effectiveness and School Improvement,2000,11 (2),165 - 196.

[169] Orodho, J. A. , Waweru, P. N,. Ndichu, M & Nthinguri, R. Basic education in Kenya: Focus on strategies applied to cope with school-based challenges inhibiting effective implementation of curriculum [J]. International Journal of Education and Research, 2013,11(1),1 - 20.

[170] Osher, D. , & Fleischman, S. Positive culture in urban schools [J]. Educational Leadership, 2005,62(6),84 - 85.

[171] Ozmon, H. , & Craver, S. M. Philosophical foundations of education (6th ed)[M]. Upper Saddle River, NJ: Prentice Hall, 1981.

[172] Pajares, M. F. Teachers' beliefs and educational research: Cleaning up a messy construct [J]. Review of educational research, 1992,62(3),307 - 332.

[173] Paris, C. , & Combs, B. Lived meanings: What teachers say when they say they are learner-centered [J]. Teachers and Teaching: Theory and Practice, 2006, 12(5), 571 - 592.

[174] Passman, R. Experiences with student-centered teaching and learning in high-stakes assessment environments [J]. Education, 2001,122(1),189 - 199.

[175] Patterson, C. H. Humanistic education [M]. Englewood Cliffs, NJ: Prentice Hall, 1973.

[176] Patterson, C. H. Education and the humanistic crisis [J]. The Person-Centered Journal, 2006,13,7 - 11.

[177] Paulson, D. R. Active learning and cooperative learning in the organic chemistry lecture class [J]. Journal of Chemical Education, 1999,76(8),1136 - 1140.

[178] Pedder, D. Are small classes better? Understanding relationships between class size, classroom processes and pupils' learning [J]. Oxford Review of Education, 2006,32 (02),213 - 234.

[179] Pennycook, A. The concept of method, interested knowledge, and the politics of language teaching [J]. Tesol Quarterly, 1989,23(4),589 - 618.

[180] Piaget, J. The child's conception of the world [M]. New York: Littlefield Adams, 1990.

[181] Pintrich, P. R. The role of goal orientation in self-regulated learning [M]. San Diego, CA: Academic Press, 2000.

[182] Plowden, B. Children and their primary school [M]. HMSO, London, 1967.

[183] Polloway, E. A. , & Smith, T. E. Language instruction for students with disabilities [M]. Denver, CO: Love, 1992.

[184] Prabhu, N. S. There is no best method-why? [J]. Tesol Quarterly, 1990, 24 (2),161 - 176.

[185] Ralph, E. G. College Teaching [M]. New York: Novinka, 2005.

[186] Ramaley, J. A. , & Leakes, A. Greater expectations: A new vision for learning as a nation goes to college [EB/OL]. http://www. greaterexpectations. org/pdf/GEX. FINAL. pdf, 2002.

[187] Raudenbush, S. W. & Bryk, A. S. Hierarchical Linear Models: Applications and Data Analysis Methods [M]. Thousand Oaks, CA: Sage, 2002.

[188] Rogers, C. R. Client-centered therapy [M]. Boston: Houghton hfifflin, 1951.

[189] Rogers, C. R. Freedom to learn: A view of what education might become [M]. Columbus, OH: Merrill, 1969.

[190] Rosenshine, B. , & Meister, C. Direct instruction [A]. In M. J. Dunkin(ed). The international encyclopedia of teaching and teacher education [C]. Oxford: Pergamon Press, 1987.

[191] Ryan, R. M. , & Deci, E. L. Self-determination theory and the facilitation of intrinsic motivation, social development, and well-being [J]. American Psychologist, 2000, 55(1),68.

[192] Sadovnik, A. R. , Cookson, P. W. , & Semel, S. F. Exploring Education An Introduction to the Foundations of Education [M]. Boston, MA: Allyn and Bacon, 1994.

[193] Salinas, M. F. , Kane-Johnson, S. E. , & Vasil-Miller, M. A. Long-term learning, achievement tests, and learner-centered instruction [J]. Journal of the Scholarship of Teaching and Learning, 2008,8(3),20 – 28.

[194] Sapiro, R. Cognitive flexibility, constructivism and hypertext [J]. Educational technology, 1991,19,24 – 33.

[195] Schieb, L. J. & Karabenick, S. A. Teacher motivation and professional development: A guide to resources. Math and Science partnership-motivation Assessment program [M]. Ann Arbor: University of Michigan, 2011.

[196] Schmid, C. L. Educational achievement, language-minority students, and the new second generation [J]. Sociology of Education, 2001,74(1),71 – 87.

[197] Schmidt, W. H. , McKnight, C. C. , Houang, R. T. , Wang, H. , Wiley, D. E. , Cogan, L. S. , & Wolfe, R. G. Why schools matter: A cross-national comparison of curriculum and learning [M]. San Francisco, CA: Jossey-Bass, 2001.

[198] Schon, D. A. Educating the reflective practitioner [M]. San Francisco, CA: Jossey Bass, 1987.

[199] Schratz, M. , & Walker, R. Research as social change: New opportunities for qualitative research [M]. London: Routledge, 2005.

[200] Schuh, K. L. , Wade, P. A. , & Knupp, T. L. Intellectually useful personal connections: Linking what students know with what they learn [C]. American Educational Research Association, Montreal, Quebec, 2005.

[201] Schunk, D. H. Self-efficacy and achievement behaviors [J]. Educational Psychology Review, 1989,3(1),173 – 208.

[202] Schunk, D. Attributions and the development of self-regulatory competence [C].

Paper presented at the Annual Meeting of the American Educational Research Association, New York City, New York, 1996.

[203] Schunk, D. H. , & Zimmerman, B. J. Conclusions and future directions for academic interventions [A]. In D H Schunk, & B J Zimmerman, Self-regulated learning: From teaching to self-reflective practice [C]. New York: Guilford Press. 1998,225 – 235.

[204] Scriven, M. Evaluation thesaurus [M]. Newbury Park, CA: Sage, 1991.

[205] Seligman, M. E. , & Csikszentmihalyi, M. Positive psychology: An introduction [J]. American Psychologist, 2014,55(1),5 – 14.

[206] Slavin, R. Class size and student achievement: Is smaller better? [J]. Contemporary education, 1990,62(1),6 – 19.

[207] Spady, W. G. Organizing for results: The basis of authentic restructuring and reform [J]. Educational Leadership, 1988,46(2),4 – 8.

[208] Spady, W. Outcome-based education: Critical issues and answers [M]. Arlington, VA: American Association of School Administrators, 1994.

[209] Stage, F. K. , Muller, P. A. , Kinzie, J. , & Simmons, A. Creating learner-centered classrooms: What does learning theory have to say? [C]. Washington, DC: George Washington Univ. , Graduate School of Education and Human Development, 1998.

[210] Stepp-Greany, J. Student perceptions on language learning in a technological environment: Implications for the new millennium [J]. Language Learning & Technology, 2002,6(1),165 – 180.

[211] Steffy, B. E. , et al. Life cycle of the career teacher [M]. Thousand Oaks, CA: Corwin Press, 2000.

[212] Stiggins R J. Assessment Literacy [J]. Phi Delta Kappan, 1991,72(7),534 – 39.

[213] Strobel, J. , & van Barneveld, A. When is PEL more effective? A meta-analysis of meta-analyses comparing PBL to conventional classrooms? [J]. Interdisciplinary Journal of Problem-based Learning, 2009,3(1),44 – 58.

[214] Sue, D. W. , & Sue, D. Counseling the culturally diverse: Theory and practice(4th ed)[M]. New York: John Wiley & Sons, 2012.

[215] Suskie, L. Assessing student learning: A common sense guide [M]. New York: John Wiley & Sons, 2010.

[216] Taylor, S. M. Term papers for hire: How to deter academic dishonesty [J]. The Education Digest, 2014,80(2): 52 – 57.

[217] Tharp, R. G. , & Gallimore, R. Rousing minds to life: Teaching, learning and schooling in social context [M]. Cambridge, MA: Cambridge University Press. 1998.

[218] Thorndike, E. L. Educational psychology: The psychology of learning (Vol. 2)[M]. New York: Teachers college, Columbia University Press, 1921.

[219] Tower, G. C. , & Towers, J. M. An elementary school principal's experience with implementing an outcome-based curriculum [J]. Contemporary Education, 1996,68

(1),67 - 72.

[220] U. S. Department of State Bureau of International Information Programs. [EB/OL]. http://infousa. state. gov/education/overview/docs/education-brief2. pdf, 2012.

[221] Van Petegem, K. , Aelterman, A. , Rosseel, Y. , & Creemers, B. Student perception as moderator for student wellbeing [J]. Social Indicators Research, 2007, 83(3): 447 - 463.

[222] Van Petegem, K. , Creemers, B. , Aelterman, A. , & Rosseel, Y. The importance of pre-measurements of wellbeing and achievement for students' current wellbeing [J]. South African Journal of Education, 2008,28(4),451 - 468.

[223] Vanderstraeten, R. , & Biesta, G. Education, diversity, and constructivism: A pragmatic point of view [C]. Paper presented at the Annual Meeting of the American Educational Research Association, San Diego, CA. 1998,26 - 33.

[224] Vavrus, F. , Thomas, M. & Bartlett, L. Ensuring quality by attending to inquiry: Learner-centered pedagogy in sub-Saharan Africa. Addis Ababa [C]. UNESCO: International institute for capacity building in Africa, 2011 - 11 - 1.

[225] Van Petegem, K. , Aelterman, A. , Rosseel, Y. , & Creemers, B. Student perception as moderator for student wellbeing [J]. Social Indicators Research, 2007, 83(3): 447 - 463.

[226] Verst, A. L. Outstanding teachers and learner-centered teaching practices at a private liberal arts institution [D]. Cambridge: ProQuest, UMI Dissertation Publishing, 2010.

[227] Volet, S. Process-oriented instruction: A discussion [J]. European Journal of Psychology of Education, 1995,10(4),449 - 459.

[228] Von Glasersfeld, E. Radical constructivism: A way of knowing and learning [M]. London: Falmer Press, 1995.

[229] Vygotsky, L. S. Mind in society: The development of higher psychological processes [M]. Cambridge, MA: Harvard university press, 1978.

[230] Vygotsky, L. S. Thought and language [M]. Cambridge, MA: MIT Press, 1986.

[231] Wachanga, S. , & Mwangi, J. G. Effects of the cooperative class experiment teaching method on secondary school students' chemistry achievement in Kenya's Nakuru District [J]. International Education Journal, 2004,5(1),26 - 36.

[232] Weiler, K. Myths of Paolo Freire [J]. Educational Theory. 1996,46(3),353 - 371.

[233] Weimer, M. Learner-centered teaching: Five key changes to practice [M]. San Francisco, CA: John Wiley & Sons, 2002.

[234] Weimer, M. Learner-centered teaching and transformative learning [A]. In E. W. Taylor & P. Cranton (Eds.), Handbook of transformative learning: Theory, research, and practice [C]. San Francisco, CA: Jossey-Bass, 2012,439 - 454.

[235] Wheatley, M. J. , & Kellner-Rogers, M. Bringing life to organizational change [J]. Journal of Strategic Performance Measurement, 1998,2(2),5 - 13.

[236] Wheatley, M. J. Reclaiming hope: The new story is ours to tell [D]. Summer

Institute, July, University of Utah, 1999.

[237] Wright, M. C. , Bergom, I. , & Brooks, M. The role of teaching assistants in student-centered learning: Benefits, costs, and negotiations [J]. Innovative Higher Education, 2011,36(5),331 – 342.

[238] Zady, M. F. , Portes, P. R. , & Ochs, V. D. Examining classroom interactions related to difference in students' science achievement [J]. Science Education, 2002, 87,40 – 63.

后记

多年前参与华东师范大学课程与教学研究所"中国学校课程和教学调查"（Investigation of Curriculum and Instruction in China，ICIC）数据库项目时，我就对基于证据的课程与教学研究产生了浓厚的兴趣。然而，在确定具体研究话题时，经历过一些波折，但是最终根据文献阅读将话题聚焦于课程改革的主阵地——课堂教学。在对文献进行深度阅读的基础上，结合我国课程教学改革实际情况，将研究话题进一步聚焦于学习中心教学。当然，这一话题对于毫无课堂教学经验的我来说还是具有很大挑战的。但幸运的是，我接受基础教育的时候恰逢新课程改革刚起步，因此，我亲身体验过新课程改革指导下的课堂学习；并且，在读博期间，导师也经常带我们到中小学开展课堂观察。正因为上述种种实践，我对新课程改革有了更为深入的理解，并更加坚定了继续开展学习中心教学研究的信念。

学习中心教学作为课堂转型的关键，在很大程度上决定着课程改革的成败。在记忆中，直至我读中学时，课堂中教师提问学生回答的情况才愈发多起来，但是，教师仍然是课堂教学的主导者。在十多年之后，我以研究者的角色再次深入课堂，在课堂观察中发现：课堂教学已经发生了翻天覆地的变化，师生角色的转换促进了课堂深度互动，学生自主学习、探究学习以及学生之间的合作学习也成为新常态。我对新课程改革的阶段性成果感到由衷的欣喜，而这些成果更成为学习中心教学的研究构想能够真正落地的有力保障。

鉴于上述情况，了解我国学习中心教学的真实状况及其形成和功能机制是非常重要的。而要解决这些问题，首先需要建构学习中心教学的本体框架，并且据此开发相应的评估工具。建构学习中心教学理论模型的出发点是要能够从本质上与教师中心、内容中心教学作出区分。基于这一思考，本成果建立了学习中心教学五要素模型。并且在此基础上探究了教师信念、学校管理对学习中心教学的作用机制，同时分析了学习中心教学对学生学业成就和非学业成就的功能机制。

以学习中心教学开展研究的初心是整理归纳出课堂教学中存在的典型问题，并且为解决这些问题提供实证依据，但是由于时间和能力的限制，最终形成的成果并未完全实现这一目标。所幸本成果基于大型数据库开展的学习中心教学实证研究确实发现了一些问题，比如，课堂教学中对内容的作用发挥不够，多停留于教教材；教学实践中教师对形成性评价的运用比较缺乏等。而要聚焦于这些关键问题并提供可操作的解决路径是未来学习中心教学研究中需要进一步思考的问题。

本成果由博士学位论文修改而成。在整个研究过程中凝聚着我的导师——崔允漷先生的大量心血。在博士论文的整个选题和撰写过程中，先生投入大量的时间，甚至在会议间隙仍在为我的论文撰写提出修改建议；在选题和写作过程中，先生曾就论文选题的适宜性、行文安排的合理性、结论的针对性等给予了我许多启发，提供了许多的帮助，有时还直接帮我提炼结论中的观点。当然，先生不仅是我学位论文的指导老师，更是我未来学术启航的灯塔。学术之路布满荆棘并充满挑战，正是先生严谨的治学态度、敏锐的学术思维和深厚的学术涵养，使得我对学术产生了更多的崇敬和向往，也鞭策我在学术之路上更加不敢懈怠和妄自菲薄。

本成果的完成还得益于华东师范大学课程与教学研究所诸位老师的悉心教诲。在这样一个相互支持和包容的强大的团队里面，老师们对中国基础教育课程改革的热情、所具有的深厚专业功底和国际化视野，深深地激发着我对课程与教学研究的热情。感谢求学路上老师们的持续帮助和支持，感谢同门的帮助，感谢亲朋好友们的鼓励与支持。本书在出版过程中，得到了华东师范大学出版社编辑们的诸多帮助，在这里特别感谢！

雷　浩

2021 年 8 月 8 日